現代社会を読む経営学⑫

東アジアの企業経営

多様化するビジネスモデル

Nakagawa Ryoji　Takakubo Yutaka
中川涼司・髙久保 豊 編著

ミネルヴァ書房

「現代社会を読む経営学」刊行にあたって

　未曾有の経済的危機のなかで「現代社会を読む経営学」（全15巻）は刊行されます。今般の危機が20世紀後半以降の世界の経済を圧倒した新自由主義的な経済・金融政策の破綻の結果であることは何人も否定できないでしょう。

　しかし，新自由主義的な経済・金融政策の破綻は，今般の経済危機以前にも科学的に予測されたことであり，今世紀以降の歴史的事実としてもエンロンやワールドコム，ライブドアや村上ファンドなどの事件（経済・企業犯罪）に象徴されるように，すでに社会・経済・企業・経営の分野では明白であったといえます。とりわけ，近年における労働・雇用分野における規制緩和は深刻な矛盾を顕在化させ，さまざまな格差を拡大し，ワーキング・プアに象徴される相対的・絶対的な貧困を社会現象化させています。今回の「恐慌」ともたとえられる経済危機は，直接的にはアメリカ発の金融危機が契機ではありますが，本質的には20世紀後半以降の資本主義のあり方の必然的な帰結であるといえます。

　しかし他方では，この間の矛盾の深刻化に対応して，企業と社会の関係の再検討，企業の社会的責任（CSR）論や企業倫理のブーム化，社会的起業家への関心，NPOや社会的企業の台頭，若者のユニオンへの再結集などという現象も生み出されています。とりわけ，今般の危機の中における非正規労働者を中心とした労働・社会運動の高揚には労働者・市民の連帯の力と意義を再認識させるものがあります。

　このような現代の企業，経営，労働を取り巻く状況は，経営学に新たな課題を数多く提起すると同時に，その解明の必要性・緊急性が強く認識されています。現実の変化を社会の進歩，民主主義の発展という視点から把握し，変革の課題と方途について英知を結集することが経営学研究に携わる者の焦眉の課題であるでしょう。

　しかも，今日，私たちが取り組まなければならない大きな課題は，現代社会の労働と生活の場において生起している企業・経営・労働・雇用・環境などをめぐる深刻な諸問題の本質をどのように理解し，どのように対処すべきかを，そこで働き生活し学ぶ多くの労働者，市民，学生が理解できる内容と表現で問いかけることであるといえます。従来の研究成果を批判的に再検討すると同時に，最新の研究成果を吸収し，斬新な問題提起を行いながら，しかも現代社会の広範な人々に説得力をもつ経営学の構築が強く求められています。「現代社会を読む経営学」の企画の趣旨，刊行の意義はここにあります。

　　　　　　　　　　　　　　　　　　　　　　　「現代社会を読む経営学」編者一同

はしがき

　本書は「シリーズ現代社会を読む経営学」の第12巻として，東アジアの企業経営の特徴について明らかにすることを目的としている。

　東アジア地域は世界銀行の『東アジアの奇跡』(1993年)において考察されたように，世界的にも高い経済成長を遂げてきた。東アジア経済の成長に関しては，雁行形態論（赤松要，小島清）や構造転換連鎖論（渡辺利夫）等により，アジアにおいて真っ先に工業化に成功した日本を先頭に，連鎖的な発展を遂げてきたという見方が強く出されている。また，アジア的価値論や儒教資本主義論など価値観の共通性を指摘する見方も根強い。

　もちろん，マクロ的にはある程度の共通点を見出すことはできる。輸入代替工業化から輸出志向工業化への転換を図ったこと，積極的な外資導入政策を採ったこと，権威主義的な政府が主導性をもってこれらの工業化を促進したこと，人材教育を重視したことなどである。

　しかし，各国・地域の社会的・文化的背景と発展経緯に留意しながら仔細に各国企業の主たるビジネスモデルを検討すると，そこには共通点とともに多くの多様性を見出すことができる。また，各国のビジネスモデルも必ずしも一様ではなく，多種多様なビジネスモデルが混在し，一企業のビジネスモデルすら，いくつかのモデルの複合体である。しかも，昨日までのビジネスモデルが明日以降も有効であるとは限らない。企業を取り巻く環境の変化に対応して，企業自身が革新を遂げなければならないからである。本書は，共通性よりもむしろこの多様性と複合性のダイナミズムに着目して，アジアの企業経営の特徴を明らかにしていくものである。

　本書の特徴は，東アジアの各国・地域（韓国・台湾・中国・ベトナム・タイ）別のビジネス・モデルの特徴を明らかにするとともに，職能・企業形態（人事労務，生産システム，CIO〈情報管理担当役員〉，マーケティング，中小企業）別の

考察を行うことで，縦糸と横糸から東アジアの企業経営の特徴を明らかにしようとしていることである。このようなアプローチによって，東アジアの立体的な考察ができることを狙いとしている。

また，東アジアの企業経営について理解しようとする場合，経営学の基本用語について理解するとともに，東アジア諸国の国情についても理解する必要があり，初学者にとっては二重の困難がある。したがって，本書では経営学の基本用語と東アジアの国々の特徴を示すキーワードの両方を，本文中および用語説明において懇切丁寧に説明することを心がけている。さらに，東アジアの社会や企業経営に関して，身近な話題から関心をもってもらうことを目的として，社会事情や代表的な企業事例などをコラムとして取り上げている。ディスカッションを容易にするための設問も設けられている。設問はそれぞれの章の内容を再確認するためのものと，章の中身を踏まえてさらに発展的に考察を加えるためのもの両方が準備されている。推薦図書は，本書の内容をさらに深く学びたい読者のためのものである。

東アジアの経済的一体性や相互依存性はますます高まっており，「東アジア共同体」も展望されるようになってきた。しかし，一体性や相互依存性が高まるにつれ，相互の不理解から発生する諸問題がかつてないほどリアルな問題として浮上してきている。東アジアの社会や企業に対して，先進国に抑圧・収奪されるというような見方や，あるいは逆にアジア的価値を背景に躍進しているといった単純な見方をしていてはこのような時代に対応できない。本書のめざす東アジアの企業経営のリアルな把握が，東アジア経済の健全な発展に貢献することを願うものである。

本書刊行にあたって，「シリーズ現代社会を読む経営学」企画事務局として，シリーズ全体の構想，編者の組織，編集方針等の面でご尽力いただいた夏目啓二，百田義治両先生には御礼申し上げたい。また，厳しい出版事情の中で，新たにシリーズを起こし，編集作業にもご尽力いただいたミネルヴァ書房梶谷修氏にも感謝申し上げたい。

2009年3月

編　者

東アジアの企業経営
―――多様化するビジネスモデル―――

目　次

はしがき

序　章　東アジアにおけるビジネスモデル ……………中川涼司…1
　1　本書にいう「ビジネスモデル」とは何か？　東アジアの範囲はどこか ……………………………………………………………1
　2　東アジア各国・地域の経済発展状況 …………………………2
　3　東アジアにおけるビジネスモデルの多様性と複合性 ………5
　4　東アジア各国のビジネスモデル ………………………………6
　5　東アジアにおけるビジネス職能 ………………………………11
　6　本書の構成 ………………………………………………………18

第Ⅰ部　国・地域別編

第1章　韓　国 ………………………………………柳町　功…23
　　　──財閥の形成，発展，諸問題──
　1　韓国財閥の現況と構造 …………………………………………23
　2　韓国財閥の生成・発展要因 ……………………………………30
　3　経済危機後の財閥改革と企業統治問題 ………………………35
　4　韓国財閥の今後 …………………………………………………44

第2章　台　湾 ………………………………………中原裕美子…48
　　　──黒子に徹するIT企業群──
　1　台湾のビジネスモデルの背景にある特徴 ……………………48
　2　これらの特徴を生かした2つの顕著なビジネスモデル ……54
　3　21世紀の模索 ……………………………………………………60

第3章　中　国 ………………………………………髙久保　豊…69
　　　──重層構造から読み解くビジネスモデル──
　1　「中国のビジネスモデル」：その立体的なとらえ方とは ……69

2　「中国のビジネスモデル」を組み立てる構成要素 ……………… 74
　　3　急速な社会変化に対応しうるビジネスモデルを探る ………… 87

第4章　ベトナム ………………………………………………… 上田義朗… 94
　　　　――発展途上国から中進工業国への離陸――
　　1　ベトナムの経済成長と投資環境 ………………………………… 94
　　2　ベトナム企業の発展と課題 ……………………………………… 103
　　3　「ベトナム・プラス・ワン」：カンボジアとラオスの企業経営 … 112
　　4　日本とベトナムの協力関係：アセアン共同体の成立に向けて … 116

第5章　タ　イ …………………………………………………… 木村有里… 122
　　　　――多様性社会と日系企業――
　　1　タイ王国とその発展 ……………………………………………… 122
　　2　タイのビジネス主体 ……………………………………………… 126
　　3　タイ投資環境と日系企業 ………………………………………… 132
　　4　「足るを知る経済」とは何か …………………………………… 139

　　　　　　　　　　第Ⅱ部　職能・企業形態別編

第6章　人事・労務 ……………………………………………… 中村良二… 147
　　　　――東アジアにみる成果主義の諸相――
　　1　人事・労務とは …………………………………………………… 147
　　2　共通性と多様性 …………………………………………………… 149
　　3　中国の人事管理を考えるために ………………………………… 152
　　4　中国における人事管理 …………………………………………… 158
　　5　人事管理と中国の行く末 ………………………………………… 172

第7章　生産システム …………………………………………… 善本哲夫… 176
　　　　――日中企業の製品アーキテクチャ――
　　1　設計思想から描き出すアジア域内製造業の姿 ………………… 176

2　擦り合わせ要素のカプセル化とアーキテクチャ発想 …………… *179*
　　3　テレビ事業の製品設計：中国企業と日本企業 ………………… *186*
　　4　アーキテクチャの地政学からみた中国企業の設計能力 ……… *194*
　　5　アーキテクチャでアジア域内製造業を大観する ……………… *201*

第8章　CIO ………………………………………… 李　東・中川涼司… *207*
　　──中国における現状と課題──
　　1　CIOという概念の出現 …………………………………………… *207*
　　2　CIOの発展 ………………………………………………………… *209*
　　3　CIOの概念内容 …………………………………………………… *211*
　　4　CIOの役割 ………………………………………………………… *213*
　　5　企業情報化とCIO満足度調査 …………………………………… *215*
　　6　中国におけるCIOの役割と今後の展望 ………………………… *225*

第9章　マーケティング ……………………………………… 齋藤雅通… *229*
　　──東アジアの経営環境と市場の多様性を軸として──
　　1　東アジアと企業のマーケティング ……………………………… *229*
　　2　東アジアにおける格差構造の存在とマーケティング環境の
　　　　多様性 ……………………………………………………………… *236*
　　3　マーケティング活動の多様性と二極分化 ……………………… *241*

第10章　中小企業 ……………………………………………… 駒形哲哉… *249*
　　──東アジア8カ国・地域の課題──
　　1　「東アジア中小企業論」の視点 …………………………………… *249*
　　2　経済発展過程における中小企業の位置づけとその特徴 ……… *252*
　　3　東アジアにおける中小企業の多様性 …………………………… *266*
　　4　東アジア中小企業の行方 ………………………………………… *275*

終　章　東アジアにおける企業経営の展望 ………………中川涼司…*281*
　　　1　東アジアのビジネスモデルの成果 …………………………………*281*
　　　2　東アジアのビジネスモデルの課題 …………………………………*283*

索　引……*289*

序章
東アジアにおけるビジネスモデル

1 本書にいう「ビジネスモデル」とは何か？　東アジアの範囲はどこか

　ビジネスモデルとは通俗的にいえば企業がビジネスを行って利益を上げる仕組みのことである。どのような顧客に対し，どのような価値（製品そのものよりその製品がもたらす効用に着目した概念）を，どのような経営資源（ヒト，モノ，カネ，情報）を使って提供し，どのように利益を上げるのかという仕組みのことである。このように中身を規定すると企業戦略や経営戦略と呼ばれるものと大きな差異はない。ただし，企業戦略や経営戦略がどちらかというと市場競争において他社に対する競争優位を如何に確保するかに力点があるのに対して，ビジネスモデルという場合は，他社との競争関係以前にそもそも顧客との関係において利益を上げうるシステムなのかどうかが問われる。
　しかし，本書で「ビジネスモデル」という場合は，個々の企業が選択したビジネスの仕組みというだけでなく，社会的広がりをもった概念として使用している。すなわち，ある特定の国・地域の置かれた社会的・経済的諸条件の中で，経済成長をもたらしていくような企業活動のあり方である。
　地域的な定義もしておく。東アジアという場合，大きくいえば北東（東北）アジアだけを指す場合と東南アジアも含める場合の両方がある。前者であれば，日本，中国，韓国，北朝鮮，モンゴルといった国々に台湾，香港，極東部ロシアを加えた地域が概ね該当する。後者であれば，さらに ASEAN 各国（シンガポール，タイ，マレーシア，フィリピン，インドネシア，ブルネイ，ベトナム，カンボジア，ミャンマー）が入ってくる。本書は東北アジア，東南アジアを含めた後者の意味で東アジアと規定する。世界銀行『東アジアの奇跡』にみられる

ように東南アジアを含めて東アジアというケースも少なくないことと，日中韓各国と東南アジア各国の経済関係の緊密化があり，一体として論じることが経済学的にも適切だからである。もっとも，紙幅の制限もあり実際に章立てをして詳細に論じることができたのは，韓国，台湾，中国，タイ，ベトナムに留まった。その他の国・地域については序章・終章で触れることとしたい。

2　東アジア各国・地域の経済発展状況

まずは，東アジア各国・地域の経済発展状況等を確認しておこう（**表序-1，表序-2，表序-3**）。

NIES（新興工業経済地域）と呼ばれる韓国，台湾，香港，シンガポールのうち，韓国・台湾は1人あたり **GNI**（国民総所得：数値的には **GNP** と同じ）で2万ドル近く，香港，シンガポールについては2万ドルを超え，すでに高所得国水準*に達している。購買力平価（市場為替レートではなく実質的な購買力による為替換算，**PPP**）でみると，香港はすでに日本を凌駕し，シンガポールもほぼ同等である。ASEAN（東南アジア諸国連合）加盟10カ国のうちの原加盟国5カ国からさらにNIESに分類されるシンガポールを除いたASEAN4（タイ，マレーシア，フィリピン，インドネシア）についてはマレーシアが5000ドルを超え，タイも約3000ドルと中所得国の中上位に位置するようになっているに対し，フィリピン，インドネシアは1420ドルと中所得国ではあるもののその低位に位置している。中国とベトナムは社会主義的な計画経済体制から市場経済体制

GDP（国内総生産）／GNP（国民総生産）／GNI（国民総所得）：GDP（Gross Domestic Product）は国内総生産と訳され，一国経済規模をみる基本指標である。国内の居住者による経済活動の結果生産された付加価値（産出額－原材料などの中間財の投入額）の総額である。GNPはこれに海外からの純所得（海外からの所得流入－海外への所得流出）を加えたものである。GNIはGNPを所得の面からみたもので，数値的にはGNPと一致する。もっともGNIには設備の減価償却費にあたる固定資本減耗が含まれており，それを除いたものが国民所得（NI）となる。

PPP（購買力平価）：PPPはPurchasing Power Parityの略。外国為替市場レートは貿易財を中心に決まるため，非貿易財を含めた通貨の実質的な購買力を必ずしも反映していない。そこで，実質的な購買力からみた異種通貨間の換算比率を算定するため，ある商品バスケットの値段を比較したものである。

序　章　東アジアにおけるビジネスモデル

表序-1　東アジア各国・地域経済基礎データ①（2007年）

	人口 (100万人)	GNI (10億ドル)	同1人 あたり GNI (ドル)	PPP 表示 GNI (10億ドル)	同1人 あたり (ドル)	GDP (名目) (100万ドル)	輸出 (100万ドル)	輸入 (100万ドル)	経常 収支尻 (100万ドル)	FDI 受入額 (100万ドル)
日　本	128	4,813	37,670	4,421	34,600	4,376,705	712,839	620,967	210,490	-6,784
韓　国	49	956	19,690	1,201	24,750	969,795	371,554	356,648	5,954	3,645
台　湾	23	3,949	17,299	n.a.	n.a.	384,768	246,677	219,252	32,979	7,769
香　港	7	219	31,610	305	44,050	206,706	349,663	370,733	27,405	42,891
シンガポール	5	149	32,470	223	48,520	161,347	299,271	263,150	36,326	24,191
タ　イ	64	217	3,400	503	7,880	245,818	152,469	141,347	14,921	9,010
マレーシア	27	174	6,540	360	13,570	180,714	176,211	146,982	28,931	6,064
フィリピン	88	143	1,620	328	3,730	144,129	50,276	57,160	5,897	2,345
インドネシア	226	373	1,650	881	3,580	432,817	118,163	91,715	11,009	5,580
中　国	1,320	3,121	2,360	7,084	5,370	3,280,053	1,217,939	955,845	249,866	78,095
ベトナム	85	67	790	217	2,550	71,216	48,387	60,830	-6,992	2,315

（注）　GNIは国民総所得で，数値としてはGNPと同じ。PPPは購買力平価，GDPは国内総生産，FDIは対外直接投資。
（出所）　世界銀行／田村勝省訳（2008）『世界開発報告2009』一灯社。台湾はGDPまでは中華民国統計資訊網　http://eng.stat.gov.tw/lp.asp?ctNode=3567&CtUnit=1179&BaseDSD=7，台湾の輸出以降はJETRO　http://www.jetro.go.jp/world/asia/tw/stat_01/

表序-2　東アジア各国・地域経済各種比率（2007年）
（単位：％）

	輸出対 GDP比	経常収支尻対 GDP比	受入FDI対 GDP比
日　本	0.163	0.048	(0.002)
韓　国	0.383	0.006	0.004
台　湾	0.641	0.086	0.020
香　港	1.692	0.133	0.207
シンガポール	1.855	0.225	0.150
タ　イ	0.620	0.061	0.037
マレーシア	0.975	0.160	0.034
フィリピン	0.349	0.041	0.016
インドネシア	0.273	0.025	0.013
中　国	0.371	0.076	0.024
ベトナム	0.679	-0.098	0.033

（出所）　表序-1より算定。

に移行している「移行経済」の国々である。中国は市場経済化をめざした1978年の改革開放以来の高度経済成長により，フィリピン，インドネシアを凌駕し，タイに接近するようになった。ベトナムは1996年のドイモイ政策導入以降急

表序-3 東アジア各国・地域経済基礎データ②（2007年）

	人口 (100万人)	GNI (10億ドル)	同1人 あたり (ドル)	PPP 表示 GNI (10億ドル)	同1人 あたり (ドル)	GDP (名目) (100万ドル)	輸出 (100万ドル)	輸入 (100万ドル)	経常 収支尻 (100万ドル)	FDI 受入額 (100万ドル)	1日1 ドル以 下人口 (％)	1日2 ドル以 下人口 (％)
モンゴル (2006年)	3	2	880	6	2,280	2,689	1,529	1,489	84	182	10.8	44.6
北朝鮮 (2006年)	23	26	1,108	n.a.	n.a.	n.a.	947	2,040	n.a.	n.a.	n.a.	n.a.
カンボジア	14	8	540	25	1,690	8,628	4,400	5,300	−506	483	66	89.8
ラオス	6	3	580	11	1,940	4,008	980	1,400	n.a.	187	27	74.1
ミャンマー	55		234	n.a.	n.a.	12,954	6,453	3,367	n.a.	n.a.	n.a.	n.a.

（注）　ミャンマーの人口は2005年。GNI1人あたりの欄はGDP名目額は1人あたり。GDP名目は人口とGDP
　　　 1人あたりからの推定。輸出入は1ドル＝5.47チャットで算定。
（出所）　モンゴルおよび各国貧困人口は世界銀行／田村勝省訳（2008）。カンボジア，ラオスは世界銀行／田
　　　 村勝省訳（2008）。ミャンマーはJETROデータ（http://www3.jetro.go.jp/jetro-file/archive.do?country-
　　　 name=%A5%DF%A5%E3%A5%F3%A5%DE%A1%BC），北朝鮮は韓国銀行推定。

成長を遂げているとはいえ，依然低所得国のレベルである。

　＊世界銀行は世界銀行アトラス方式を用いて算出された1人あたりGNI（国民総所得）に
　基づき，各国・地域を低所得国（905ドル以下），低位中所得国（906～3595ドル），高
　位中所得国（3596～1万1115ドル），高所得（1万1116ドル以上）に分類している。

　これらの国々の輸出入と対外直接投資（対外投資のうち投資先の支配目的のもので，子会社の設立などを行うもの，以下FDI）の受入額を**GDP**との対比でみると経済発展の特徴点が現れる。貿易・金融・情報の地域センターとして成長している香港とシンガポールの輸出対GDP比，経常収支尻対GDP比，FDI受入額対GDP比はいずれも極めて高い。また，韓国と台湾は中継地点という性格は小さいため，香港・シンガポールほどには高くはならないが，それでも輸出対GDP比が日本の数倍に上っている。ただし，受入FDI対GDP比は韓国はかなり低く，台湾もタイ，マレーシア，中国，ベトナムよりも低い水準である。同じ輸出志向であるとはいえ，FDIへの依存度が高いASEAN4と比べると，自国・地域企業の主導性がみて取れる。ASEAN4については高い輸出志向性をFDIが支えている構造がみえる。中国，ベトナムについてはFDIに依存した輸出志向性はより顕著である。

　モンゴル，北朝鮮，カンボジア，ラオス，ミャンマーについても簡単にみて

おこう。これらの国は北朝鮮が韓国銀行の推定ではようやく低所得国の水準を脱しているだけで，その他は低所得国に分類される。これらの国はいずれも社会主義国であったが，モンゴル，カンボジア，ラオスは市場経済化が進められており，そのことはモンゴル，カンボジアの輸出比率の高さにも現れている。もっとも，カンボジアの繊維輸出などの成果はあるものの，到達点はNIESはもちろん，ASEAN 4と比べてもかなりの差がある。

3 東アジアにおけるビジネスモデルの多様性と複合性

東アジアは**雁行形態**（赤松要，小島清）や**構造転換連鎖**（渡辺利夫）等により，連鎖的な経済発展を遂げてきた（小島清〔2004〕『雁行型経済発展論 第1巻』文眞堂；渡辺利夫〔1996〕『開発経済学 第2版』日本評論社）。すなわち，アジアにおいて真っ先に工業化に成功した日本を先頭に，輸入→国内生産→輸出と構造転換をし，また，それが輸出入と比較劣位に陥った産業の対外直接投資に媒介されて東アジアに連鎖的な構造転換を引き起こしていくということである。そこから，東アジアを一体としてビジネスモデルをみる見方は根強い。雁行形態論，構造転換連鎖論に加えて，世界銀行の *The East Asian Miracle*（1993）の影響もある（世界銀行〔1994〕『東アジアの奇跡』東洋経済新報社）。すなわち，東アジアは政府の部分的な介入によって高成長と分配の公平性の同時達成という「奇跡」を成し遂げたという見方である。あるいは，アジア的価値を強調する元マレーシア首相マハティールの主張，あるいは，儒教資本主義論など価値観の共通性を指摘する見方も根強い。すなわち，法の下の平等な個人を主体とし，権利・義務関係を明確にしながら社会を構成する欧米的な社会に対し，集団を主体とし，信頼関係や情感といったものに重きを置き，また，上下関係を

雁行形態：当初は赤松要によって提唱されたもので，後発工業国の経済発展は消費財の輸入→国内生産→輸出，生産財の輸入→国内生産→輸出という経路をたどるとされ，その形が飛雁の形に似ていることからこう名づけられた。さらに小島清によって対外直接投資を通じて東アジア地域に伝播をしていくことが示された。

構造転換連鎖：上記の雁行形態論を継承・発展させる形で渡辺利夫が提唱したもの。日本を起点として，NIES，ASEAN，中国に連鎖的に構造転換が起こっていることを指している。

重視するのがアジア的な価値観であって，このアジア的価値観がアジア的なビジネスモデルを生み出したという見方である。

　もちろん，マクロ的にはある程度の共通点を見出すことはできる。**輸入代替工業化**から**輸出志向工業化**への転換を図ったこと，積極的な外資導入政策を採ったこと，権威主義的な政府が主導性をもってこれらの工業化を促進したこと，人材教育を重視したことなどである。

　しかし，仔細に各国企業の主たるビジネスモデルを検討すると，そこには共通点とともに多くの多様性を見出すことができる。また，各国のビジネスモデルも必ずしも一様ではなく，多種多様なビジネスモデルが混在し，また，一企業のビジネスモデルすら，いくつかのモデルの複合体である。本書は，共通性よりもむしろこの多様性と複合性に着目して，アジアの企業経営について考察していくものである（アジア各国・地域経済の歴史的発展プロセスについては，大野健一・櫻井宏二郎〔1997〕『東アジアの開発経済学』有斐閣アルマ；原洋之介編〔2001〕『新版　アジア経済論』NTT 出版等を参照）。

4　東アジア各国のビジネスモデル

1　アジア NIES

　まず，**アジア NIES** から考えてみよう。

　韓国と台湾は，ともに**権威主義開発体制**（韓国：朴正煕，台湾：蔣介石・蔣経国）のもとで，基礎産業（韓国：銀行など，台湾：プラスチック等の川上産業）を

輸入代替工業化：従来輸入していた製品を国内生産できるようにすることを目的とした工業化路線。第二次世界大戦後，政治的に独立した多くの発展途上国はこの工業化路線を採ったが，国内市場の小ささや製造設備の輸入による貿易赤字の拡大といった問題に突き当たってしまった。

輸出志向工業化：技術や資本を積極的に海外から受け入れるとともに，製品を国外市場に輸出する工業化路線。NIES, ASEAN 4，中国といった諸国はこの工業化路線を採ることによって大きく経済成長を達成した。

アジア NIES：NIES は Newly Industrializing Economies の略。韓国，台湾，香港，シンガポールの4カ国・地域を指す。1979 年に OECD（経済協力開発機構）が 10 カ国・地域を新興工業国（NICs）と命名したが，台湾や香港の国際的地位の問題から，1988 年のトロント・サミットにおいて，NIES に名称変更された。

公有としつつ,繊維産業等の労働集約産業を輸出志向化することで急成長を開始した。しかし,ともに1960年代末から,賃金上昇等の下で構造転換を図ることが求められるようになり,1970年代から重化学工業化路線が採られた。ところが,そこから両者の発展モデルは大きく分岐していく。

韓国は,自動車,鉄鋼,造船,電子など文字通りの重化学工業が,**財閥**（**チェボル**）を中心として発展を遂げ,特に1985年の**プラザ合意**に基づく急激な円高は韓国企業が日本企業から市場を奪取する大きな契機となった。現代,三星,LG(金星),大宇を中心とする財閥体制が構築された。1997年の**アジア金融危機**は韓国を直撃し,その後成立した金大中政権によって,大規模な財閥改革が進められたこともあり,小財閥の淘汰,大財閥の分裂,閉鎖的オーナー支配からの脱却などが起こった（松本厚治・服部民夫編〔2001〕『韓国経済の解剖　先進国移行論は正しかったのか』文眞堂）。しかし,現時点でも財閥系企業が韓国経済の中核を担っていることは変わりがない。ただし,従業員数でみれば約70％は中小企業に勤務し,また,ネットゲームに象徴されるように金融危機後多くのベンチャーが輩出していること,にも着目しておく必要がある。

台湾は「十大建設」として同じく,鉄鋼,造船,などの育成も図られたが,実際に大きく発展していったのは,IT産業である（R.ウェード〔2000〕『東ア

権威主義開発体制：渡辺利夫の命名。「強力な軍・政治エリートが開発を至上目的として設定し,有能なテクノクラート群に開発政策の立案・実施にあたらせ,開発の成功をもって自らの支配の正統性の根拠とするシステム」。「開発独裁」と呼ばれることが多かった政治システムの内容を明確化したもの。

財閥（チェボル）：日本にも韓国にも適用しうる一般的な「財閥」の定義は「特定の家族ないし同族の封鎖的な所有・支配体制の下にある,大規模かつ多角的な事業経営体」である。日本の場合,第二次世界大戦後の財閥解体によって,少なくとも当時の巨大財閥について「家族・同族」という要素がなくなり,銀行を中核とする企業集団となった。しかし,戦後に成長した韓国の現代,三星,LG(金星),SK,大宇(のち分裂)といった財閥の場合は,家族・同族の要素が依然として強く存在している。

プラザ合意：1985年の先進5カ国（米,日,英,独,仏）の財務相・中央銀行総裁会議(G5)におけるドル高を是正の合意。これにより,1ドル=250円の為替レートが1987年初には140円にまでなるという急激な円高が進行し,輸出条件の悪化した日本企業が対外直接投資を急拡大させることになった。

アジア金融危機：1997年に発生した,アジア各国における連鎖的な金融危機。経済ファンダメンタルズ（基礎的な経済条件）の悪化だけではなく,国際的な投機資金の動きがその大きな原因であった。タイ,韓国,インドネシアの3国はIMF（国際通貨基金）の救済措置を受けた。

ジア資本主義の政治経済学』同文舘）。特に，1981年にIBMがPCに進出する際に業界標準を奪うためにアーキテクチャを公開し，多くのクローンメーカーを輩出することになったことは，台湾に大発展の契機をもたらした。つまり，IBMその他のPC等のハードウエア生産が台湾に持ち込まれ，**OEM**（Original Equipment Manufacturing：相手先ブランドによる製品供給）のビジネスモデルが確立したからである。また，シリコンバレー不況を契機としてIT人材が台湾に帰り，新竹科学工業園区に結集して，多くのベンチャービジネスを立ち上げたこともこのモデルの確立に大きく貢献した。PCだけでなく，半導体についても台湾積体電路製造（TSMC）および聯華電子（UMC）が同様にファウンドリー（半導体生産における受託専業）というビジネスモデルを確立した。これらのビジネスの担い手は広達（Quanta），鴻海（Honhai, Foxccon）その他のOEM/ODM企業（ODMはOriginal Design Manufacturingで製造だけでなく設計まで受託する形態を指す。なお，その後，デザイン，技術サポート，販売支援まで行うトータルビジネスサポート型に進化した）であるが，これらのビジネスモデルは韓国のように財閥主導で**規模の経済**を生かしていくモデルではなく，中小企業を柔軟かつ短時間で組織し，顧客ニーズにすばやく対応していく**速度の経済**を生かしていくモデルであった。

　香港とシンガポールの両者は似通っているが，韓国や台湾とはともにかなり異なる。香港とシンガポールの両者は1960年代前半まではともに中継貿易を中心とする経済であったが，周辺各国の政治環境の悪化等があり，1960年代後半から70年代前半にかけて，輸出志向工業化が採られた。しかし，70年代末からは，自国・地域の賃金上昇と周辺各国の政治的・経済的環境の改善（香港：1978年の中国改革・開放および1980年の深圳経済特区の設置，シンガポール：

規模の経済，速度の経済：規模の経済は，製造やサービスの事業規模を拡大したとき，製品・サービスの単位あたりコストが減少することを指す。それに対し，速度の経済は，財・サービスの供給の決定から実際の供給までの時間を短縮することで，直接費用と機会費用（あることを行わなかったとするときに発生が予測される逸失利益）が減少することを指す。

OEM：「相手先ブランドによる製品供給」と訳される。他社から製造を受託し，製品の生産を行うが，商標（ブランド）は委託した企業のものとなる。製造だけでなくデザイン，技術サポート，販売支援まで行うトータルビジネスサポート型に進化したものもある。

マレーシアとの関係改善，1985年のプラザ合意を契機とする日系企業のASEAN大量進出とASEAN経済の発展）等の下で，脱製造業化が図られ，製品貿易，部材調達（IPO），金融，情報（統括本部）のセンターとしての役割が強くなっている。製造業企業は大半は製造拠点を中国やマレーシアに移し，統括，物流，資金調達，情報収集などの拠点を香港・シンガポールに設置するモデルとなっている。すなわち，**ビジネス・ハブ**としての成長戦略である。

2 ASEAN 4

ASEAN 4 もまた権威主義開発体制のもとで，輸入代替工業化から積極的な外資導入策に基づく輸出志向工業化への路線転換を図ったことはある程度，アジアNIESとも共通している。しかし，土地改革の不徹底と大地主等の地方勢力の温存（フィリピン），政権の不安定と政策的一貫性の乏しさ（タイ），1973年の「オイルブーム」によるオランダ病（インドネシア），経済的優位にあるが政治的には少数派である華人とその逆の現地民族との間の対立関係（各国）などのもとで，アジアNIESほど早期かつ徹底した形で政策転換を行うことができず，1971年の新経済政策で明確な輸出志向工業化をめざすこととなったマレーシアを除いては，実質的に明確な輸出志向工業化路線が採られたのは80年代半ば以降である。特に，1985年のプラザ合意とその後の急激な円高によって促された日系企業のマレーシア，タイ等への大量進出は「歴史的日本機会」とも呼ばれ，輸出志向工業化モデルの確立に大きく寄与した。また，アジアNIESと比較すると，**FDI**（**対外直接投資**）による外資系企業への依存度がより高くなっており，現地系企業の主導性が比較的小さい。

外資依存構造がある一方で，それとも協力しつつ，大企業グループが経済的

ビジネス・ハブ：ネットワークを効率的に運用する考え方であるハブ・アンド・スポークの考え方をビジネスにも応用したものである。人流，物流，資金流，情報流がハブとなる地点を経由することで，ネットワーク全体として経路の数を減らすことができ，効率的な運用が可能となる。ビジネス・ハブとなる地点は，地理的条件に加えて，物的，制度的インフラストラクチャの整備が必要である。

ASEAN 4：ASEANは東南アジア諸国連合のことで，1967年に反共産主義的な立場を採る5カ国で結成され，現在はかつては共産主義国であった国々を含め10カ国が加盟している。ASEAN 4は原加盟国5カ国（シンガポール，タイ，マレーシア，フィリピン，インドネシア）のうち，経済学的にはNIESに分類されることの多い，シンガポールを除いた4カ国のことである。

な支配力をもっている。華人財閥ではタイのバンコク銀行，CP，サハ，マレーシアのクォック，ホン・リョン，フィリピンのユーチェンコ，ルシオ・タン，インドネシアのサリム，シナール・マス，バリト・パシフィックなど，民族系（土着化した外資系含む）ではタイのサイアム，インドネシアのバクリー，（スハルト政権下の）ビマンタラ，フィリピンのアヤラ，ソリアノなどであり，華人系などは家族同族が支配力をもつファミリービジネス（財閥）の形態を採る。もっともこれらのファミリービジネスはオーナー経営者の強大な権力が特徴的であったが，次第にビジネス規模が拡大し，多角化を遂げ，グローバル化の波にさらされる中で社外取締役の導入などの経営近代化も迫られている（末廣昭〔2007〕『ファミリービジネス論――後発工業化の担い手』名古屋大学出版会）。

3 移行経済

　中国とベトナムについてはさらにこれらに**移行経済**としての特質が加わる。1978年以降の中国の「改革・開放」路線，1986年以降のベトナムの「ドイモイ」（刷新）政策によって共産党政権は社会主義政権から権威主義開発体制への転換が進んでおり，計画経済と国有企業の比重は下がり，市場経済と民間企業の比重が上昇している。また，積極的外資導入による輸出志向工業化はASEAN 4とも共通するものである。しかし，比重を下げているとはいえ，石油，電力，電気通信，航空，鉄鋼，鉄道等のインフラ・基礎素材関連は国有企業によって占められており，売上でみたトップ200社の大半も国有企業である。また，国有でなくても，政府の業界への介入度は（歴史的には徐々に減少していっているとはいえ）依然として，資本主義国に比べれば高い。中国に関していえば，単に移行経済というだけでなく，13億人の人口，GDP世界第4位という巨大な国内経済をもつという他の途上国ではみられない特色もみておく必

FDI（対外直接投資）：FDIはForeign Direct Investmentの略。対外直接投資と訳される。外国に対する資本の投資のうち，海外子会社・支店の設置・拡張等，直接的な経営支配を目的とした投資のことを指す。これに対し，配当や利子の取得を目的としたものは対外証券投資（対外間接投資）という。現在では経済開発のために先進国からのFDIの誘致を行う途上国が多い。

移行経済：社会主義的な計画経済から，資本主義的な市場経済への移行過程にある国・地域の経済システムを指す。東アジアでは，中国，ベトナム，ラオス，カンボジア，モンゴルなどである。

要がある。

5 東アジアにおけるビジネス職能

1 ビジネス職能の多様性と複合性

　ビジネス職能（ビジネスファンクション）は，ビジネスモデルに従ってそのシステムが構築されるのが基本である。ビジネスモデルから来るミッション（遂行課題）に最も適合的なビジネス職能のあり方が求められる。ビジネスモデルは社会・経済環境によって変化し，また，市場競争条件も変化するため，求められるビジネス職能もまた変化する。ただし，それぞれの人々のもつ社会的規範や習慣がある程度の慣性をもって存在しているのももう1つの事実である。特に，価値観を反映しやすい人事・労務についてはそうである。

　したがって，東アジアにおけるビジネス職能を考える上で以下のことがいえる。

　各国・地域のビジネスモデルの違いは，生産，販売，人事・労務，情報管理等のビジネス職能の差異としても現れる。しかし，ビジネスモデルがたとえ接近したとしても，価値観の相違から来る差異は残る。

　また，一国内にいくつかのビジネスモデルが存在し，また，慣性をもつ社会規範や習慣の存在がある以上，一国内においてもビジネス職能の多様な形態が混在するだけでなく，一企業も複合化・ハイブリッド化をせざるを得ない*。紙幅の都合や執筆者の知見の限界もあり，これらの多様性・複合性を一挙に明らかにすることは容易ではないが，基本的な視点としては確認しておきたい。

  ＊　日本的経営の海外移転を研究についての代表的な論者の1人である安保哲夫は日本的経営の移転が論じられ始めた1980年代の日本企業の経営スタイルがすでに伝統的なもの，欧米的なもの，欧米的なものを日本的に作り変えたもの等のハイブリッドであること，また，アメリカやEUに移転される場合も，部分的な移転が行われるに過ぎず，別の形態でのハイブリッド化が起こることを詳細な現地調査を通じて明らかにしている（安保哲夫編〔1999〕『日本的経営・生産システムとアメリカ——システムの国際移転とハイブリッド化』ミネルヴァ書房）。また，高久保 豊は現代中国企業組織が「ユートピア動機」，「現実志向の動機」，「進取改革の動機」の「三要素せめぎあい構造」となっ

ているとしている（髙久保 豊〔2003〕「中国企業組織の『三要素せめぎあい構造』とその背景」『中国経営管理研究』第3号　http://wwwsoc.nii.ac.jp/scms/journal/journal 003/03 pptakakubo.pdf など）。

2　生産モデル

　生産モデルとしては韓国は財閥系企業の規模の経済を生かしたモデルが取られ，台湾ではフレキシブルかつ迅速な生産ネットワーク形成による速度の経済を生かしたモデルが取られている。韓国と台湾の違いとしては自社ブランド中心かOEM/ODM中心かという区別もできる。もっとも台湾はすでに単なる下請け的なOEMビジネスの段階は過ぎており，デザイン，技術サポート，販売支援までの総合サポートを行うほか，TSMC等にみられるようにTSMCの生産モデルに従って逆に製品設計もされるなどのレベルにあることに，単純なOEM生産そのものは中国等に移転して，そのマネージだけを行っていることなどは注意を向けておく必要がある。香港やシンガポールは周辺国・地域にある製造拠点の統括が中心となる。ASEAN 4では外資系企業による国際分業の一環を担った生産システムが特徴だが，その一方で食品加工型アグリビジネス（タイ）などの自国のアドバンテージを生かしたキャッチアップモデルの存在も特徴として存在している（末廣昭〔2000〕『キャッチアップ型工業化論——アジア経済の軌跡と展望』名古屋大学出版会）。中国は外資系企業による国際分業の一環を担った生産システムという性格をもつとともに，巨大な国内市場を前提にしたキャッチアップモデルが特徴的である。つまり，「**擬似オープン・アーキテクチャ**」（藤本隆宏・新宅純二郎編著〔2005〕『中国製造業のアーキテクチャ分析』東洋経済新報社）の存在とそれを前提にした「垂直分裂」（丸川知雄〔2007〕『現代中国の産業』中公新書）の生産分業システムの存在である。つまり，日本等で**インテグラル（擦り合わせ）型製品**として発達した自動車，家電，オ

擬似オープン・アーキテクチャ：藤本隆宏らによる概念である。「オープン・アーキテクチャ」はモジュラー型の一種で，インターフェイスが業界全体で標準化しており，企業を超えた寄せ集めが可能なタイプを指す。擬似オープン・アーキテクチャとは本来クローズドであったアーキテクチャを擬似的に事実上オープンなものにしてしまったものを指している。

ートバイなどを，模倣と改造の繰り返しによって汎用部品の寄せ集めに近い**モジュラー（組み合わせ）型製品**に変えてしまう「アーキテクチャの換骨奪胎」を行い，それによって，日本等では垂直統合されている生産プロセスを分業化してしまうことである。

3 マーケティングモデル

　マーケティングについても同様である。韓国においてはサムスン（三星：Samsung），LG，現代（Hyundai）などのブランドイメージを如何に上げ，自社の影響力を行使できるチャネルを整備し，アフターサービスを充実していくことが課題であるのに対し，台湾では，OEM/ODM ビジネスにおいて社内に独立の開発チームを編成して委託企業との間で密接な関係を保ち，そのニーズに的確かつ迅速に答えていくことが課題となる。もっとも，OEM ビジネスを展開していた企業の一部が自社ブランドによる展開を志向し始めたのも 1 つの特徴である。エイサー（Acer）は自社ブランドによる売上が約半分を占める台湾企業としては異例な存在であったが，明基が Ben-Q，華碩が Asus ブランドで展開をし始めている。ただし，自社ブランド販売と OEM/ODM ビジネスは利益が相反し，エイサー（Acer）も結局，2 つの部分を分社せざるを得なかった。これらの調整も台湾企業の大きな課題である。また，ASEAN 4 や中国などに進出している外資系企業に関していえば，その拠点自体としては主に企業内国際移転が行われるだけで，マーケティングの課題は大きなものではない。しかし，これらの拠点もグローバルなマーケティングに即した活動を行わざるを得ない。例えば，厦門に東アジアの製造拠点を置くデルの場合，ネットによるオーダーに即応する形で生産，配送を行っていく必要がある。

　国内マーケティングに関しても，発展段階の違いによる差異およびその他の社会要因による差異が存在する。マーケティングを代表する存在ともいえる自

インテグラル（擦り合わせ）型・モジュラー（組み合わせ）型：藤本隆宏ら東京大学ものづくり経営研究センターによって提唱されている概念。製品設計の基本思想である「製品アーキテクチャ」のうち，部品設計を相互調整して，製品ごとに最適設計しないと製品全体の性能が出ないタイプを擦り合わせ（インテグラル）型，部品（モジュール）の接合部（インターフェイス）が標準化していて，これを寄せ集めれば多様な製品ができるタイプを組み合わせ（モジュラー）型と呼ぶ。

動車販売を取り上げて考えれば，韓国ではメーカー直営制が，1970年代に始まり，1980年代に広範に普及し，90年代後半には一般的な流通経路となっていた。しかし，1997年のアジア金融危機以降は代理店が大半を占めるようになり，同時に新車販売だけの1S店から部品販売，アフターサービス，顧客情報管理までを行う4S店への転換が進んでいった（塩地洋〔2002〕『自動車流通の国際比較――フランチャイズ・システムの再革新をめざして』有斐閣）。従来は多段階・多経路を特徴としていた中国では，この動きは少し遅れ2001年の**WTO加盟**以降に顕著となった。政府規制によって自動車流通に外資系が参入できなかったのが，WTO加盟による規制緩和によって可能となったからである。特に，ホンダなどの日系企業は4S店化の動きを強めた。ただし，政府の規制の産物ともいえる「汽車交易市場」（汽車は中国語では自動車の意味）が中国版オートモールとして機能しているという特徴を見出すことができる（塩地洋・孫飛舟・西川純一〔2007〕『転換期の中国自動車流通』蒼蒼社）。

4　人事・労務モデル

　人事・労務のあり方もアジア各国・地域で違いがみられる。韓国の場合，構造化した学歴社会の中で著名大学から如何に人材を確保していくかという課題がある一方，1980年代の民主化措置以降先鋭化した労働運動に如何に対処するのかが大きな課題である。台湾の場合，1980～90年代にかけては台湾IT産業の発展の原動力となったシリコンバレー等からの帰国人材の確保が大きな課題であった（A. サクセニアン〔2008〕『最新・経済地理学グローバル経済と地域の優位性』日経BP社）。今日では帰国人材の役割はやや低下し国内大学からの供

4S店：4Sとは新車販売（Sales of new car），部品販売（Sales of parts），アフターサービス（service），顧客情報の管理と情報のフィードバック（Survey of customer information）の4つを指し，自動車ディーラーがこの4つの機能を兼ね備えているときに4S店という。アジアでは多様で多段階的な自動車流通が特徴であったが，4S店の拡張が進んでいる。

WTO加盟：WTOとはWorld Trade Organizationの略で，世界貿易機関と訳される。1947年に調印されたGATT（関税貿易一般協定）が1995年に従来からの物的財の貿易にとどまらずサービス，投資，知的財産権等に領域が拡大されるとともに組織整備がなされ，WTOとして生まれ変わった。日本，韓国，タイはGATT時代のそれぞれ1964年，1967年，1982年に，中国，台湾（独立関税地域），ベトナムはWTO成立後のそれぞれ，2001年，2002年，2007年に加盟している。

給が増加したが質的ミスマッチ問題は残っている。また，台湾企業の中国進出が進むにつれ，家族も含め100万人が大陸に居住するようになっており，両岸における人事のマネージも大きな課題である。タイやマレーシアでは労働組合はさほど強くはない。しかし，ジョブ・ホッピング（頻繁な転職）が大きく，賃金も上昇傾向にある。中国との競争関係もあり，労働コストを抑えつつ，技能養成を行っていけるかどうかが大きな課題である。中国は依然労働集約的産業において競争優位をもつ。しかし，A. ルイス的な「**労働力の無制限供給**」の局面は徐々に失われつつある（中国社会科学院人口・労働研究所所長・蔡昉）。労働集約産業における競争優位を維持しつつ如何に高付加価値産業の担い手たる高技能人材の採用・育成を図っていけるのかが大きな課題である。

　もっとも，人事・労務モデルは文化や価値観の問題とも深く関わり，一国の中でも様々のモデルが存在し，また，一企業のモデルすら各種の要素がコンフリクトを起こしつつも補完的に混在しているのが実態である（ミン・チェン／長谷川啓之・松本芳男・池田芳彦訳〔1998〕『東アジアの経営システム比較』新評論）。

⑤　企業情報管理モデル

　企業情報管理モデルに関していえば，韓国企業でも IT 投資が活発になったのは 1990 年代以降である。このことはレガシーシステムが無いことによるコスト減にはなるものの，社員の情報リテラシーや社内情報システムの遅れをもたらしている。ERP パッケージ（統合基幹業務パッケージ）に関しては導入が進んでいるものの，「設計支援・技術情報管理」や「受発注管理」等の分野や SCM では日本企業に比べ導入が遅れており，また，CIO の設置率が日米に比べ低く，また，IT 部門長が役員でない比率も高い（元橋一之〔2007〕『日米韓企

労働力の無制限供給：カリブ出身の経済学者 A. ルイスの提唱した概念。農村等の伝統的セクターには限界生産性 0 であるが，共同体維持原理に従って生活を永らえている大量の労働力が滞留しており，これを工業セクターに投じれば，最低生活水準維持レベルの低賃金労働力を（限界点までは）ほぼ無制限に利用できるという考え方。

CIO：Chief Information Officer の略で「最高情報責任者」や「IT 担当役員」など様々な訳があてられる。企業において情報化戦略を立案，実行する責任者のこと。アメリカ等では CEO（最高経営責任者），CFO（最高財務責任者），COO（最高執行責任者）などと並んで，企業経営陣の中で極めて重要な役割をもつとされる。

業の IT 経営に関する比較分析』RIETI Discussion Paper Series 07-J-029　http：//www.rieti.go.jp/jp/publications/dp/07 j 029.pdf）。これらの遅れがあるとはいえ，韓国企業の水準は日米と比較可能なレベルにあるといえる。

　それに対し，中国においては韓国にまして，最新の設備を導入する傾向があり，レガシーコストは少ないが，アクセンチュアによれば「新しい技術への投資によって新しい機能の提供ではなく，既存の断片的で陳腐化したプロセスの単なる自動化を行うことが多いため，部署間や業務間で全く統制が取れていないガバナンス構造が生じ，プロセスの大規模な変更に対しても消極的になってしまっている」。IT を単なるバック・オフィス・サービスからビジネス機能に変換する必要があり，CIO の役割を他の主要な部署のマネジャーと同様なレベルまで高める必要がある（T. メイベリー・S. ワン・B. スー（年号不明）「IT 整備のファーストステージ：中国企業の CIO が直面する新たな課題」アクセンチュアスペシャルレポート　http：//www.accenture.com/Countries/Japan/Services/By_Subject/Infrastructure_Solutions/Sep 06 CninaCIO.htm）。CIO の企業内における地位も社会的も低く，サラリー，権限とも十分ではない。また，大規模な IT 業務を統括するという業務を行える人材が乏しく，アメリカ等からスカウトしてきているのが実情である（S. オーバビー〔2007〕「中国企業に引き抜かれる米国人 CIO たち」『*CIO Magazine*』2007 年 6 月号　http：//www.ciojp.com/contents/?id=00003980 ; t=13）。国有企業や計画経済的なスタイルから抜け出せない幹部も多く，多くの政治的な障害や組織面での障害を乗り越えなければならない。

6　中小企業

　中小企業に関しても機能と役割は各国・地域でかなり異なる。韓国における中小企業の位置は日本と類似していた。事業所数で 99% 以上，従業員数で約 70% を占めながら，付加価値額では 50% を切る水準であった。もっとも，1960 年代には大企業優先の経済政策の中で一貫して下がり，1970 年代初頭には 20% 代にまで低落していたものが，2000 年代には 50% 程度にまで回復しているので，韓国の全体的な経済成長の中で中小企業もまた成長を遂げたことがわかる（権五景〔2005〕「通貨危機後，韓国中小企業問題は改善されたか」『長岡大学研

究論叢』第3号)。

　1997年のアジア金融危機後,「ベンチャー育成に関する特別措置法」の制定があり,**ベンチャー企業**の設立が進んだ。韓国のネットゲームの隆盛はこれらベンチャー企業によるものとされており,ベンチャー企業も大いに着目された。ただし,ベンチャー企業の発展は大きくは進まなかった。これに対して,台湾の中小ベンチャー企業の役割は大きい。工業技術研究院 (ITRI) 等から次々とスピンアウトしていく中小ベンチャーが台湾のITビジネス発展の担い手となっていった。

　中国における中小企業の位置づけは複雑である。国有企業改革の中では「大企業を摑み,小企業を放つ」の方針の下で,中小国有企業は整理の対象となっていったが,その一方で農村工業化の担い手として郷鎮企業の発展がみられた。郷鎮企業も当初は蘇南などの集団所有制モデルが主流であったが,徐々に,温州などの非公有制のモデルが中心となっていった。これらの中で1998年に中小企業政策官庁としての中小企業司が設置され,2002年には中小企業促進法が制定された。同時に北京中関村をはじめとするハイテク地域におけるベンチャー企業育成の方針が採られ,**ベンチャー・キャピタル**等の設立も進められた。これらの中でいくつかのハイテクベンチャーがベンチャー・キャピタルから資金を得つつ急成長し,NASDAQ等に上場を果たしていっている。

　中国では中小企業の範囲が比較的広くとってあるが,中小企業は2005年末でみて事業所数で99.6%,GDPの59%,納税額の53%,都市雇用者の80%を占める(陳乃醒・傅賢治編〔2007〕『中国中小企業発展報告 (2006-2007)』中国経済出版社)。インフラ部門や基礎素材部門を中心に巨大国有企業集団が形成される一方で,非公有制を主体とする中小企業の発展がみられるのが,中国的特徴である(中国の中小企業の概況については駒形哲哉 (2005)『移行期中国の中小企業論』税務経理協会)。

ベンチャー企業/ベンチャー・キャピタル:経営的なリスクが高く,倒産の可能性も高いが,高い技術力,優れた経営能力・人材などを背景に将来性も見込める企業をベンチャー企業という。また,そのような企業に対して,株式購入の形で資金を提供し,成長させ,株の売却益を得ることを目的とする投資会社をベンチャー・キャピタルという。

6　本書の構成

以下，本書の構成を紹介する。

第Ⅰ部は国・地域別編であり，東アジアにおける国・地域別の特徴を明らかにすることを課題にしている。取り上げた国・地域は韓国，台湾，中国，ベトナム，タイである。

第1章「韓国――財閥の形成，発展，諸問題」（柳町功執筆）は韓国のビジネスモデルを最も特徴づける存在である財閥の形成，発展過程および現状をフォローし，その特徴と諸問題を明らかにするものである。

第2章「台湾――黒子に徹するIT企業群」（中原裕美子執筆）は台湾のビジネスモデルの特徴であるOEM（相手先ブランドによる製品供給）ビジネス，特にIT産業におけるその発展のプロセスとメカニズムを明らかにするとともに，その諸問題について分析を加えるものである。

第3章「中国――重層構造から読み解くビジネスモデル」（髙久保豊執筆）は今日の中国企業を「伝統中国」，「社会主義の中国」，「改革・開放の中国」からなる三層構造から捉えることで，その複合性を明らかにしている。

第4章「ベトナム――発展途上国から中進工業国への離陸」（上田義朗執筆）はベトナムの投資環境について明らかにするとともに，市場経済化の中での企業経営の課題について明らかにしている。

第5章「タイ――多様性社会と日系企業」（木村有里執筆）はタイ経済の発展プロセスとタイ財閥・華人について明らかにするとともに，日系企業のプレゼンスとその課題について明らかにしている。

第Ⅱ部は職能・企業形態別編であり，アジア（の全部ないし一部）に特徴的にみられる企業経営上の職能について明らかにするものである。検討するのは，人事・労務，生産，情報管理，マーケティング，中小企業である。

第6章「人事・労務――東アジアにみる成果主義の諸相」（中村良二執筆）は東アジアにおける人事・労務の共通性と多様性を捉えようとするものであり，特に中国における成果主義導入の意義と問題点について考察している。

▶▶ **Column** ◀◀

『東アジアの奇跡』論争とその後

　世界銀行『東アジアの奇跡』は各界に大きな影響を与えました。その概要は以下のようなものです。

　東アジアの8カ国・地域（日本，韓国，台湾，シンガポール，香港，マレーシア，タイ，インドネシア）は1965～90年に至る4半世紀において世界のどの地域よりも高い経済成長を達成した（アジアの他の地域の2倍，中南米・南アジアの3倍，サハラ周辺アフリカ諸国の5倍，中東産油国以上）。しかも，それは「成長の分かち合い」（成長と分配の同時達成）を伴っていたのである。これは「奇跡（miracle）」である。成長の要因としては次のものが挙げられる。①高率の貯蓄と高率の民間投資，②人的資本の積極的な育成政策，③経済ファンダメンタルズの堅実な維持，④政府の効率的支援に基づいた輸出指導型戦略，⑤社会間接資本の充実，⑥外国技術の積極的な導入，⑦開発をリードする金融機関の育成等である。以上です。

　米MIT教授のP.クルーグマンは1994年に *Foreign Affairs* に「アジア奇跡の神話」と題する論文を発表，『奇跡』報告を真っ向から批判しました。クルーグマンは東アジア経済成長は基本的に労働と資本の大量投入による要素主導型成長にほかならず，東アジアでは労働と資本の投入が今や限界にぶつかっており，もはや高成長は維持できなくなった，と主張したのです。

　この世界銀行とクルーグマンの主張をめぐっては世界各国から多くの主張が出され，国際的な大論争となりました。

　しかし，1997年に起こったアジア金融危機によって，世界銀行のポジションも大きく変わりました。アジア経済が模倣（imitative）な段階から，革新的（innovative）な段階に移行する必要が強調されるようになりました。それは，アジア金融危機の影響をほとんど受けずに高成長を続けてきた中国に対しても同様でした。中国政府も生産性の高い経済への転換を課題として打ち出しました。

　第7章「生産システム――日中企業の製品アーキテクチャ」（善本哲夫執筆）は「設計」に着目しながら，製品アーキテクチャの分析概念でアジア域内製造業の姿を明らかにしている。

　第8章「CIO――中国における現状と課題」（李東・中川涼司執筆）は中国におけるCIO（情報管理担当役員）の役割とその課題をアンケート調査に基づき明らかにしている。

第 9 章「マーケティング——東アジアの経営環境と市場の多様性を軸として」(齋藤雅通執筆) は東アジア市場環境の多様性に着目し，その中で適合的なマーケティング戦略のあり方について論じている。

第 10 章「中小企業——東アジア 8 カ国・地域の課題」(駒形哲哉執筆) は東アジア 8 カ国・地域における中小企業の役割と課題をアンケート調査に基づき明らかにしている。

東アジアのすべての国・地域を取り上げることは紙幅上難しく，また，東アジア全域に共通する企業経営職能の特徴がそもそもあるのか，という問題があり，取り上げられた国・地域も限定され，また，ビジネス職能についても東アジアの一部の国・地域の特徴を述べているに過ぎないといったことはある。しかし，それでも，東アジアの主要国をカバーし，また，国・地域別ではなく，職能別にも考察するといういわばマトリックス的な考察方法をとることで，東アジアの企業経営の全体像は概ね描くことができたのではないかと思う。

[推薦図書]

世界銀行／白鳥正喜監訳，海外経済協力基金開発問題研究会訳 (1994)『東アジアの奇跡』東洋経済新報社
　　東アジアの高い経済成長と比較的平等な分配の同時達成が政府の選択的加介入によってもたらされたとする。

原洋之介編 (2001)『アジア経済論　新版』NTT 出版
　　アジア各国の経済発展を歴史的にコンパクトにまとめたもので，アジア各国の経済発展モデルの理解に最適。

丸川知雄 (2007)『現代中国の産業——勃興する中国企業の強さと脆さ』中公新書
　　中国企業の成長要因 (かつ問題要因) としてコア部品を外部調達する「垂直分裂」があることを示している。

(中川涼司)

第Ⅰ部

国・地域別編

第1章

韓　国
――財閥の形成，発展，諸問題――

　　三星（サムスン）電子，LG電子，現代自動車，――。皆さんはこれら韓国企業の名前をよく耳にすると思います。世界のエレクトロニクス産業や自動車産業のメジャー・プレーヤーの一員となり，欧米や日本の企業と熾烈な国際競争を繰り広げています。一方彼らは自国経済の主軸を形成し，社会全般に至るまで広範な影響力を及ぼす財閥の主力企業に位置づけられます。では，韓国の財閥はどのように形成・発展したのでしょうか。10年前の経済危機はどのような影響を与えたのでしょうか。直面する諸問題を考察していきましょう。

1　韓国財閥の現況と構造

1　韓国経済と財閥

　財閥の存在を抜きにして韓国経済の議論を行うことはできない。まず現状の把握から始めよう。**表1-1**は毎年公正去来委員会（日本の公正取引委員会に相当）から発表される，各種法規制の対象となる企業集団の規模別リストであり，いわゆる財閥ランキングとなっている。2008年4月時点で，公企業集団を除外した合計14の民間企業集団が法規制の指定を受けることとなったわけだが，資産総額をみる限り三星（サムスン）の存在は抜きん出ており，14集団全体（575兆ウォン）の4分の1（144兆ウォン）を占めている。この三星グループの中核が三星電子であるが，同社の2007年の売上高は671億ドル（63兆2000億ウォン），純利益は78億ドル（7兆4000億ウォン）であった（『三星電子アニュアルレポート（2007年）』）。

　韓国経済のマクロ指標（2007年）をみると，GDPが9699億ドル（世界13位），1人あたり国民総所得は2万ドルを超えた。韓国全体の輸出3715億ドル，

表1−1　2008年出資総額制限企業集団　指定現況

(2008年4月3日基準，社・兆ウォン)

	企業集団	同一人（総帥）	系列会社	資産総額（2007年）
1	三　　　星	李健熙（イ・ゴンヒ）	59(59)	144.4(129.1)
2	現代自動車	鄭夢九（チョン・モング）	36(36)	74.0(66.2)
3	Ｓ　　　Ｋ	崔泰源（チェ・テウォン）	64(57)	72.0(60.4)
4	Ｌ　　　Ｇ	具本茂（グ・ボンム）	36(31)	57.1(52.4)
5	ロ　ッ　テ	辛格浩（シン・キョクホ）	46(44)	43.7(40.2)
6	Ｇ　　　Ｓ	許昌守（ホ・チャンス）	57(48)	31.1(25.1)
7	現代重工業	鄭夢準（チョン・モンジュン）	9(7)	30.1(20.6)
8	錦湖アシアナ	朴三求（パク・サムグ）	52(38)	26.7(22.9)
9	韓　　　進	趙亮鎬（チョウ・ヤンホ）	27(25)	26.3(22.2)
10	ハンファ	金升淵（キム・スンヨン）	40(34)	20.6(18.0)
11	斗　　　山	朴容昆（パク・ヨンゴン）	21(20)	17.0(14.4)
12	Ｓ　Ｔ　Ｘ	姜徳寿（カン・ドクス）	15(11)	10.9(5.9)
13	新　世　界	李明熙（イ・ミョンヒ）	15(15)	10.7(9.9)
14	Ｃ　　　Ｊ	李在賢（イ・ジェヒョン）	66(64)	10.3(8.4)
	14企業集団合計		―	574.9(471.6)

（出所）　公正去来委員会『2008年度出資総額・相互出資制限企業集団等指定』2008年4月3日。

輸入3568億ドルと比べて三星の比重の大きさがうかがわれる。

　他の企業集団と比較すると，2位の現代（ヒョンデ）自動車と3位のSKの両グループ合計でほぼ三星ひとつ分に相当し，その他の企業集団との比較を待つまでもなく，グループ間の規模の格差は明らかである。

　ここで韓国政府による企業集団規定について触れておこう。日本の独占禁止法に相当するのが公正去来法（1980年制定）であるが，これを法的根拠にして公正去来委員会が対財閥政策を推進してきた。公正去来委員会では財閥という表現の代わりに「企業集団」という用語を用いている。企業集団とは公正去来法において「同一人が事実上その事業内容を支配する2以上の会社の集団」と規定されている。1986年の同法第1次改正時の大規模企業集団の指定制度新設によって，「総資産額合計が4000億ウォン以上の企業集団」に該当する32グループが「大規模企業集団」の指定を受けた。該当グループは持株会社の設立禁止，相互出資の禁止，出資総額の制限，金融・保険会社所有株式の議決権制限，企業結合申告の拡大・強化といった各種の規制条項が強化された。経済規模拡大とともにグループの資産規模も拡大したため，1992年には第3次改

正として「資産順上位30大企業集団」が新たな大規模企業集団指定基準となった。規制内容が一層厳しくなったのはいうまでもない。

大規模企業集団指定制度は，この後第10次改正（2002年）で，「資産規模によって各個別規制形態別に適用企業集団を指定し規律する」ことになった。というのも，30グループに対しての様々な規制（出資総額制限，相互出資禁止，債務保証禁止，金融保険社の議決権制限，大規模内部取引の公示など）が一律に適用されることの非合理性が際立ったためである。2002年度より企業集団指定の「二元化」が始められ，「資産総額5兆ウォン以上」で出資総額制限企業集団となり，「資産総額2兆ウォン以上」では相互出資制限企業集団および債務保証制限企業集団と指定されることとなった。

以上のような変遷過程をたどった大規模企業集団であるが，実態としては上で述べてきた財閥と同じものを示しており，呼称上の違いであった。近年になっては公企業集団や，公企業が民営化されて新たに形成された民間企業集団が相互出資制限企業集団に位置づけられ，「総帥の有無」，「公企業集団か民間集団か」という区分がなされるようになってきている。従来のように単純に大規模企業集団＝財閥という見方ではなくなっている。

２ 外国資本の影響

次に，各グループに対する市場評価を見てみよう。**表1-2**は上位10グループの時価総額と外国人保有分を示したものである。グループ時価総額が最大なのがやはり三星（153兆ウォン）で，10大グループ全体（388兆ウォン）の4割を占めている。しかしそのうち外国人保有割合は45％にも達し，外国資本からも市場を通じて最も高い評価を受ける一方で，三星電子が稼いだ利益の多くが外国資本への流出に至る様子が構造化している。その他のグループでは，現代自動車，SK，LGの上位グループの時価総額はそれぞれ10大グループ全体の1割を占め，外国資本による保有割合は4割弱となっている。

韓国経済の近年の構造的特徴として，財閥間における大規模・中規模・小規模グループ間の格差が顕在化し，さらに上位4グループ（三星，現代自動車，SK，LG）の中でも三星の影響力は他を圧倒し，上位グループを中心に外国資本に

表1-2　10大グループ時価総額と外国人保有分

(2007年6月20日現在,億ウォン,%)

順位	グループ名	グループ全体		外国人保有分	
		時価総額	割合	保有額	割合
1	三　　　星	1,535,015	39.6	693,588	45.18
2	現代自動車	553,838	14.3	163,126	39.29
3	Ｓ　　　Ｋ	456,882	11.8	167,110	36.58
4	Ｌ　　　Ｇ	415,166	10.7	205,936	37.18
5	現代重工業	293,900	7.6	75,041	25.53
6	ロ　ッ　テ	200,529	5.2	53,875	26.87
7	錦湖アシアナ	154,870	4.0	21,946	14.17
8	Ｇ　　　Ｓ	115,905	3.0	46,014	39.70
9	韓　　　進	77,834	2.0	17,287	22.21
10	ハンファ	76,911	2.0	19,612	25.50
10大グループ合計		3,880,849	—	1,463,534	37.71

(出所)　韓国証券先物去来所『10大グループ社外国人株式保有比重』2007年6月20日。

よる株式保有が非常に高まっているという状況が確認できる。

　ここで韓国企業の株式保有に対する外資保有の増大がもたらす意味に注意しておきたい。すでに1990年代の中盤には韓国経済の世界化を推進する流れから資本市場の開放が始まったが，外資の韓国上陸が本格化したのは1997年のいわゆるIMF経済危機以降のことである。外国資本の大挙進出は，非財閥企業を含む多くの民間企業や金融機関の株式所有構造の変化を顕在化させ，有力企業の多くにおいて経営権が外国資本に移ったり，あるいは大株主として経営に対する圧力を強める場合が見受けられた。

　特に財閥の場合，オーナー一族による従来型の閉鎖的経営スタイルが，外資の経営圧力によって大きく変化するきっかけを得たといえる。その典型的な事例が，大手財閥の1つであるSKグループとモナコ系投資ファンドのソブリンとの一連の摩擦である。

　粉飾決算事件の余波で株価が暴落したSKグループ企業の株式を短期間で大量取得したソブリンは，逮捕・起訴されたグループ創業家のオーナー（グループ主力企業会長）の崔泰源（チェ・テウォン）が引き続き代表理事（代表取締役）に留まっていることに経営倫理上の異議を唱え，株主総会での解任要求に

発展した。議決の結果ようやくソブリン側の敗北＝経営権の防衛に成功した経緯がある。その後ソブリン側は大株主としての臨時株主総会の開催を要求し，拒否されると訴訟にまで訴えるなど両者間の摩擦は極限にまで達するかにみえた。後にソブリンが保有株式全量を売却し莫大な投資収益をあげて韓国から撤退することで一連の騒動に結末を迎えた。

　ソブリンとSK間のように激しい摩擦が繰り広げられる一方，米キャピタルグループは非常に静かにかつ着実に影響力を行使している。キャピタルグループは三星や現代自動車，SKなどに大株主として関与していたが，同社幹部が訪韓し当該企業の経営状況の説明を受ける際にはCEO（最高経営責任者）や財務担当責任者が直接説明に出向くなど，大株主としての外資に対し非常に神経を使った対応をしていた。

　いずれにせよ，大株主としての外国資本の存在とその影響力は韓国の大手財閥にとって脅威となっており，それへの対応問題は非常に重大な経営課題である。経営権の安定的な保持および強化を進めるために，外国資本との良好な関係を維持する一方でオーナー家（グループ総帥）による株式持分の高度化を図るなどの方策が追求されている。

3　日本の財閥（ざいばつ）と韓国の財閥（チェボル）

　ここでは議論の対象としての韓国の財閥について，その構造を定義づけておくことにしたい。はじめに日本の財閥についての代表的な定義を，森川英正と安岡重明の定義からみておこう。森川は「富豪の家族・同族の封鎖的な所有・支配下に成り立つ多角的事業経営体」（森川英正〔1978〕『日本財閥史』教育社，16頁）と定義し，「ルーズな規定」を主張している。一方安岡は「財閥とは，家族または同族が出資し支配する多角的事業体であって，そのうちの大規模な事業部門（または企業）は国民経済・地方経済に大きい影響力を及ぼすほどの規模を有する」（同志社大学人文科学研究所編・安岡重明他〔1985〕『財閥の比較史的研究』ミネルヴァ書房，5頁）とし，森川に比べて規模に関する規定を追加した形になっている。

　両者の議論は，「家族・同族による封鎖的な所有・支配」と「高度に多角化

した事業経営体」という2つの要素に注目する点で共通している。日本の財閥を想定したこれらの議論は，韓国財閥を説明する場合においても十分に有効であると考えられる。

ところで，韓国の財閥を議論する際注意しなければならない点として，財閥を構成する家族の構造自体が日本のそれと大きく異なっていることを指摘しなければならない。

服部民夫による社会学からの財閥研究が明らかにしているように，韓国では一般に「家産」という概念が成立していない。それゆえ創業者の時代はすべての財産は基本的に創業者個人の財産とみなされる。創業者が完全に引退するか死去し世代交代が行われる場合，その財産の相続をめぐっては家族間での紛争に発展することが多い。特に子息が複数いる場合，その紛争は複雑化する場合がある。そのため家族間の財産争いを回避するために世代交代期に家族構造の原則に沿ってスムーズな財産分割が行われたり，また逆に分割を回避するためには独特の「制度的装置」が作られている（服部民夫〔1988〕『韓国の経営発展』文眞堂，21-24頁）。

さて，所有と経営が未分離で，オーナー（所有者）が同時にトップ・マネジメント（最高意思決定権者）を兼ねており，「総帥」といった表現がみられるようにその権力は絶対的ともいえる状況がこれまでの韓国財閥の一般的な姿であった。ここでは，創業者の時代に顕著にみられたこうした状況を「オーナー経営体制」と呼ぶことにするが，これこそが韓国財閥の強さの本質であった。

莫大かつ安定的な所有基盤に立脚しオーナーが経営の最前線で陣頭指揮をとるというスタイルこそが成功した韓国財閥に共通する要素であった。財閥創業者の多くはこのオーナー経営体制の構築をめざし，その構築によりさらなる積極的な企業家活動を実践することができた。第二次世界大戦後の混乱，国家建設と南北分断，**朝鮮戦争**による破壊と再建，軍事的対峙と政治・経済の混乱，革命による政権崩壊——1960年代までの韓国はこうした時代であったのであ

朝鮮戦争：1950年6月25日早朝，北朝鮮人民軍は北緯38度線を奇襲突破し南侵を開始し，朝鮮戦争が勃発した。3日後には首都ソウルは陥落した。韓国の要請により国連軍が参戦する一方，北には中国軍が参戦し，一進一退を続け1953年7月の休戦まで3年間戦争は続いた。

り，こうした時代を生き抜いて財閥化を達成するには，企業家にとって絶大なる権限の集約したトップダウン式の経営，強力なリーダーシップに基づくワンマン経営のスタイルが必要であった。こうした時代に適応した経営のあり方がオーナー経営体制であった。三星の創業者・李秉喆（イ・ビョンチョル）や現代の創業者・鄭周永（チョン・ジュヨン）などは典型例であった。

　オーナー経営体制は，創業者の時代と二代目の時代とでは中身に差があった。創業者時代には，創業者のカリスマ性もまた，強いリーダーシップと並んでオーナー経営体制の核心部分であり創業者個人の属性を色濃く反映していた。しかし二代目時代になると，父親が個人の力で引っ張ってきた財閥を組織として，またシステムの総合力として引っ張っていくことになった。個人の時代から組織の時代への移行に伴い，オーナー経営体制の仕組みもまた変化したと考えられる。

　韓国財閥にとっての世代交代は，「オーナー経営体制」という支配のあり方の継承，言い換えるとグループ経営権の継承にも重大な影響を及ぼしている。父親が創業したグループを複数いる子息の中でどの人間が継承するのかという問題は，息子が単に「社長」あるいは「会長」という最高意思決定権者としてのポストに就任するということに止まらない。支配的な大株主（オーナー）としての機能に加えて最高意思決定権を掌握するという「オーナー経営体制」自体を継承するのであって，当然莫大な財産の相続を伴う。

　長男が「家長」としてのみならずグループ全体の総帥としての器に恵まれている場合，世代交代に伴う子息間での摩擦は少ない。長子単独相続を基本とする韓国的価値観に適合するからである。しかし現実には複数子息間でのグループ経営権継承紛争がしばしば勃発している。2000年上半期にみられた現代グループにおける創業者子息間での経営権継承紛争（＝「王子の乱」）は典型的な例であろう。やはり韓国社会においては，グループ自体が社会の公器という側面以上に創業者一族の所有物だとみる意識が強いのが事実であろう。以上のような特徴をもつのが韓国の財閥（チェボル）である。

2 韓国財閥の生成・発展要因

　韓国財閥の生成・発展は，どのような要素によって実現したのであろうか。結論的にいうと，2つの側面，すなわち強いリーダーシップと企業家精神を備えた創業企業家による企業家活動の側面と，強い開発の意志をもった為政者を中心とする国家が政策的に民間企業の発展を主導したという側面の存在を指摘することができる。ここでは両者の側面を考察したい。

1　企業家精神と企業家活動：自生的に生まれた側面

　韓国企業の歴史を遡ると，日本の植民地時代あるいは朝鮮時代末期にまで至る企業がいくつか存在する。民族銀行あるいは民族企業として，非常に困難な時代を生き抜いてきた事例が存在している。しかし先の定義にあるような「財閥」としての形態を確立させた時期をみると，早いものでも1950年代＝李承晩（イ・スンマン）政権期であり，大部分は1960年代以降の工業化の進展とともに財閥化を達成している。

　李承晩政権期（1948〜60年）は植民地解放後の混乱期を経て成立したが，建国初期の朝鮮戦争（1950〜53年）とその復興過程の中で多くの企業家が登場し，成長と没落のドラマが展開した。李承晩政権期には反日色の強い政治姿勢が一貫してとられたため，和信の朴興植（パク・フンシク）や三養社の金秊洙（キム・ヨンス）など日本統治期末期にすでに民族企業家として朝鮮財界に君臨していた企業家たちも「親日派」としての烙印を押され，戦後の韓国財界の主流からは阻害された。反対に海外活動が多かったために国内政治基盤の弱かった李承晩を積極的に支援し結びつきを強めた泰昌の白楽承（ペク・ナクスン）などは，1950年代に急成長を遂げた。

　1950年代を通じて企業成長のための事業機会としては，旧日本人所有の企業・工場や各種生産設備などの帰属財産の払い下げ，合法非合法を含めた貿易，米国をはじめとする国連などからの援助物資，戦後復興過程での各種金融支援など，多様なルートがもたらされた。利権化したものも多かったが，そうした

事業機会にいち早く接近するためにも大統領をはじめとする政治的有力者との関係強化は欠かせない要素であった。

しかし皆平等に困難な時代にあって一部の企業家に顕著な質的成長がみられたことは，彼らの中に一過性の利益追求にとどまらず継続的な企業成長に結実できる能力があったからにほかならない。それこそがこうした時代背景の中から形成されてきた企業家精神であり，様々な形で経営理念化されたのである。

企業家として事業活動を通して国家の再建に積極的に寄与し貢献するという「事業報国」理念を明確に掲げ，個々の企業よりも強力な国家としての存在こそが優先されるべきだという理念を主張した三星の李秉喆の企業家活動は，その意味で非常に注目される。絶対的な物資不足という状況下，多くの企業家が貿易により莫大な利益を上げている中で，彼自身は外貨の浪費につながる貿易にのみ依存する状況をいち早く脱却し，製造業としての製糖事業に乗り出している。援助物資の加工という水準ではあったが，本格的な製造業を立ち上げ，さらに製糖から毛織物という輸入代替工業化の実践を成し遂げている。

商業資本から産業資本への転換を進めた三星は，その後様々な分野にまで多角化し，一時は複数の銀行をも支配下におさめるほどであった。三星に限らずとも，朝鮮戦争の混乱を体験した企業家の多くは明確な反共意識とともに国家意識をもち，国家の発展への寄与をめざした経営ナショナリズムを理念化していたといえよう。

そうした企業家の代表例が，先にあげた鄭周永（現代），具仁會（グ・インフェ：楽喜，後のラッキー金星，現在のLG），趙重勲（チョウ・ジュンフン：韓進）などである。

2 国家政策による保護・育成：国家によって創られた側面

1960年の学生革命によって李承晩政権が崩壊し，翌1961年の軍事革命によって朴正熙（パク・チョンヒ）政権が成立した。前政権下において成長を遂げた多くの企業家は，権力中枢との結託あるいは癒着が問題視され，政治家や軍人などとともに「不正蓄財者」として厳しい糾弾を受けるに至った。この不正蓄財処理の断行によって主要企業家はことごとく逮捕され，財界は大いに混

乱した。この時の状況を収拾したのが李秉喆であった。自らが「不正蓄財者第1号」として身柄を拘束されつつも、財界を代表して最高権力者・朴正熙将軍との対面を通し企業家の立場を主張し、事業活動を通し国家再建へ献身するというプランを具体化させたのである。

為政者となった朴正熙の理念は「一面開発、一面国防」というもので、北朝鮮との軍事的対峙の中においても国力の基盤となる経済力の培養を推進した。新たな政府機関として経済企画院を設立し、経済開発5カ年計画を発表・実現していく一方、前政権下で民営化されていた銀行の国有化を断行し、政府が一元的に金融機関を統制・管理する「官治経済」という経済発展スタイルが構築された。ここでは為政者の強いリーダーシップとともに開発に対する強い意思が存在し、国家主導の開発政策が展開した。

ではこのような開発プランの中で企業や財閥はどのような役割を担ったのであろうか。具体的な産業部門が国策的戦略産業として指定され、主だった財閥をそれらの業種へ進出させ、海外からの借款の調達なども同時に獲得することで重要産業の基盤構築を進めた。

韓国経済の基軸は早い時期から工業化に求められ、中心は軽工業（1960年代）から重化学工業（1970年代）へと変化した。また輸入代替工業化・国産化から始められた政策の遂行は、1960年代末ごろからは輸出指向工業化へと比重の変化をもたらした。

また韓国経済の発展にとって欠かせない視点が日本との関係である。李承晩政権時代は反日政策が明確であり、正式な外交関係がなかった。戦時下（朝鮮戦争）での**国連軍**を経由した例外的な関係、あるいは戦時物資を扱う通商関係がすべてであった。外交関係構築をめざした日韓会談は断続的に行われてきたが、前政権下での目立った成果はなかった。最終的に会談が終了し日韓国交正常化がなされたのは1965年、朴正熙政権の成立後になってからであった。

韓国にとって日本との国交正常化は国内に様々な摩擦を生み、反対派勢力を

国連軍：朝鮮戦争の勃発にあたり国連は北朝鮮を侵略者と断定、マッカーサー将軍率いる国連軍が組織され韓国軍を助けるべく参戦した。中心は米軍であった。休戦後も韓国内に多数基地を保有し、韓国軍と並び現在でも韓国における重要な軍事機能を有している。

力で抑え込んでの国交回復であった。「一面開発，一面国防」を掲げ経済再建をめざす朴正煕政権としては，国交正常化に伴う対日請求権資金の獲得，さらに同じ 1965 年に成立した外資導入法によって投資財源を基本的に海外に求めることになった。米国や日本企業の積極的な誘致を行い，外国企業からの資本や技術，経営ノウハウなどを導入し，馬山（マサン）輸出自由地域などの開発を進めることで工業化を推進しようとした。同時に社会経済インフラの整備も進み，京釜高速道路や国営浦項（ポハン）綜合製鉄所（現在のポスコ），ソウル地下鉄などが建設された。

特に 1973 年の重化学工業化宣言によって石油化学・機械・造船・非鉄金属・電子・鉄鋼の 6 大投資産業分野が決定すると，政府からの手厚い保護を獲得すべく，財閥系民間企業は挙って参入競争を繰り広げた。当該分野での財閥系企業の急成長は，こうして実現に向かった。

端的にいうと，1960 年代初めから 1970 年代末までの朴正煕政権期においては，政府からの保護・育成と規制・介入という，相反する理念が混在した対財閥政策が強力に推進され，それにより財閥が急成長するとともに輸出志向工業化を軸とする経済発展が本格化したと理解できる。その過程で生まれてきたのが新興財閥であり，大宇（デウ）グループの創業者・金宇中（キム・ウジュン）は代表例である。新たな政策変化に迅速に対応し，政府からの金融支援などによって積極的な事業拡大＝多角化を進め，既存財閥と並ぶほどの財閥化を達成した。一連の様子は，韓国経済の発展が生んだ典型的な成功物語として世の注目するところであった。しかし十分な自己資本をもたず，官治金融に深く依存した借金経営による企業規模の急拡大という発展パターンは，常に破綻する危険を内在化していた。また意思決定のシステムは会長の独善によって成立したが，その姿は「皇帝経営」と呼ばれた。それはオーナー経営体制の明らかな行き過ぎであり，チェック機能の欠如した暴走以外のなにものでもなかった。

3　経済与件の変化と IMF 経済危機

1979 年の暗殺によって崩壊した朴正煕政権以後，過渡的性格をもった崔圭夏（チェ・ギュハ）政権を経て，朴正煕と同じ軍人出身の全斗煥（チョン・ド

ファン）・盧泰愚（ノ・テウ）という2人の将軍が政権を引き継いだ。盧泰愚政権の終了する1993年までの期間において特筆できることは1987年の6.29民主化宣言である。この宣言によってそれまでの政治的経済的制約が大きく変化することとなった。翌年のソウルオリンピック開催を睨んでの社会主義国家との大幅な関係改善は，民主化宣言における社会主義の認知といった政治的自由と連動するものであった。他方経済面での変化としては，労働組合の設置が自由化され，企業ごとの賃金交渉が認められた。このため労使紛争は一気に激化し，組合側の先鋭化する活動に対し経営側は一方的な譲歩を重ね，労働賃金は急上昇した。それまでの低賃金は完全に否定され，労務コストを吸収できない企業の競争力は明確に弱体化するに至った。

民主化の動きは世界的な流れの中で実現したものだが，結果として民主化宣言は，それまでの韓国企業の武器であった「良質で低賃金の労働力」が廉価な輸出商品の生産・輸出・販売を支えるといったスタイルを完全に破壊することとなった。

またソウルオリンピック開催の成功によって，韓国は国際社会への公式デビューを果たした。アジアNIES（新興工業経済群。アジアでは韓国，台湾，香港，シンガポールが該当）の優等生として，経済的には先進国入りを目前にするまでになった。その結果アメリカからは市場開放圧力が加えられ，**IMF 8条国**への移行（1988年）を契機に為替自由化が義務づけられ，**GATT 11条国**移行（1990年）によっては関税引き下げと輸入自由化が義務づけられた。1992年からは資本市場の段階的開放が始まり，金融業やサービス業，さらには農産物市場の部分開放も進んだ。

「世界化」を標榜する金泳三（キム・ヨンサム）大統領は，政治的な狙いもあ

IMF 8条国：IMF（国際通貨基金）は自由貿易を目的に1945年に設立された。第二次世界大戦後の国際金融体制の基軸をなした。加盟国の出資により，国際収支不均衡に陥った国に融資プログラムを実施し通貨安定・経済調整を行う。IMF協定8条に移行することで為替制限が実施できなくなり，本格的な開放経済体制へと進むことになった。

GATT 11条国：GATT（関税および貿易に関する一般協定）は，IMF同様，自由貿易を推進するため1947年に創設された。GATT 11条国は国際収支上の理由によって輸入制限を続けてはならないとするもので，11条国移行により輸入自由化が一層進展することとなった。

り1996年にOECD加盟を果たし，韓国経済の一層の対外開放と質的向上を狙った。閉鎖的といわれてきた韓国市場は世界に一層開放されることになったが，商品市場と並んで資本市場の開放は，韓国企業にとっては先進国企業との競争を国内市場においても繰り広げなければならない状況がもたらした。こうした経済与件の変化は，韓国財閥に本質的な国際競争力の構築を求めることとなったが，現実にはどうであったのだろうか。

　従来型の官治経済，あるいは官治金融という枠組みの中での「政経癒着型ビジネス」は明らかな限界であった。財閥総帥の強烈な個性と企業家精神が積極的な企業成長を牽引してきた面は事実である。しかし金融機関への借り入れ依存と，それによる無理・無分別な規模拡張が不毛な競争をもたらした反面，高品質商品を有する日米欧の先発企業と低賃金労働力を武器とする後発の途上国企業の間に挟まれ，韓国企業は品質面では先発企業に劣り，価格面では後発企業に劣るというサンドイッチ状態に陥ってしまった。競争力の源泉をどこに求め，どのように構築し高度化を図っていくのかという問題意識が希薄であったといえる。国際認識の甘さが危機意識の欠如をもたらしていたのである。

　こうした中，1997年夏にタイで起こった通貨危機が秋には韓国にも波及した。韓宝をはじめ真露，三美，ヘテ，新東亜，起亜など中堅財閥の大量倒産が発生し，金融機関（銀行・ノンバンク）の不良債権が急増するなど，連鎖的経営破綻が相次ぐ事態となった。政権末期にあり，政治スキャンダルによってレームダック現象（残り任期が少なくなり，政治的影響力を喪失した状況）に陥っていた金泳三大統領にはもはや強力な経済政策を打ち出す余力はなく，IMFへの緊急支援要請に至った。いわゆるIMF経済危機と呼ばれる状況は，韓国経済が先進国化に成功したとの判断を打ち砕き，政府の経済運営にも抜本的な方向転換を求めるに至った。

3　経済危機後の財閥改革と企業統治問題

[1]　財閥改革の進展

　IMF経済危機の最中大統領選挙が行われ，野党候補の金大中（キム・テジュ

ン)が当選した。同政権の当初の目標は政治目標としての経済再建であり，IMFからの莫大な借金の早期返済であった。正式な就任前，金大中は現代・鄭夢九（チョン・モング），三星・李健熙（イ・ゴンヒ），LG・具本茂（グ・ボンム），SK・崔鍾賢（チェ・ジョンヒョン）の4人の財閥総帥と会談を行い，財閥改革に関する「5大合意」を伝達・発表した。骨子は以下の通りであった。

①経営透明性を高度化——結合財務諸表作成の早期義務化と主要財務情報の公開を通じ，経営悪化の隠蔽を防止

②相互債務保証の解消——グループ内企業相互の資金，営業面の支援慣行を原則廃止，個別企業の財政的独立性を強化

③財務構造の画期的改善——自己資本比率を向上させ，財務構造の健全性と企業運営の安全性を確保

④核心部門の設定と中小企業との協力関係強化——放漫な多角化路線から脱皮し，経営資源を中核事業分野に集中，国際競争力を強化

⑤支配株主および経営陣の責任強化——経営悪化に対する経営陣の責任明確化

　ここで財閥の所有・支配構造に関連する具体的政策を概観してみよう。第一は，グループ会長および会長秘書室の「廃止」である。従来から創業者（およびその家族）は企業の「主人」であるという意識と各種の操作による莫大な所有状況によって，絶対的ともいえる支配権を行使してきた。総帥と呼ばれる彼らはグループ会長の地位に座り，自らの手足となってグループ全体を管理・統率する会長秘書室あるいは企画調整室なる組織をコントロールしてきた。これらは絶対的な権限の象徴でもあったが，商法をはじめとする法的な規定がなかったため，彼らに対する法的な責任は問われないのが常であった。

　一連の対財閥政策として打ち出された責任経営・透明経営という目標提示により，グループ会長や会長秘書室なる存在が廃止され，総帥も具体的な系列企業の代表理事に就任することで法的な責任が問われる「枠組み」が作られた。この結果，例えば現代の鄭周永は現代建設，三星の李健熙は三星電子の代表理事に就任した。彼ら総帥は特定企業の代表理事に就任する一方，非常勤理事と

して形式的にも多くの系列企業への影響力を行使できる立場にあるため,グループ全体に対する絶対的支配権の維持という点では従来と大きな変化はなかった。会長秘書室が廃止されたとしても,三星の場合,総帥の三星電子会長就任に合わせて,グループ全体の統轄機関としての機能は,新設された「構造調整本部」が担当することになったからである。

　第二に,上場会社に対する少数株主の権利が大幅に強化された。株主代表訴訟のための必要最低持分が従来の1％から0.01％にまで引き下げられたが,こうした動きを受け参与連帯に代表される市民団体が,少数株主の利益防衛の立場から財閥の経営監視活動を積極化するようになった。1999年1月には「5大財閥との対決宣言」なる声明を発表し,三星電子など5大財閥傘下企業に対し投資失敗に対する総帥の責任,不当内部取引に対する役員の責任,海外現地法人の負債内訳公開などを要求する行動を起こし,財界との摩擦が高まった。

　このような市民団体の存在は,外国人株主の増加とともに,財閥に対し株主重視型経営への移行を促進する要素として作用し始めた。

　第三に,「企業支配構造模範基準」の策定である。この基準案の特徴としては社外理事(**社外取締役**)の比重を大幅に高め,総理事数の2分の1にまでする(従来は「4分の1以上」)ということにあった。こうした民間人組織で作られた基準案が企業支配構造のあるべき姿として目標視され,政策の枠内に位置づけられたことは注目された。

　第四に,**変則相続・贈与**の防止対策として,相続税・贈与税の強化が図られた。富の世襲化の是正を目標とする相続税率の上方修正,変則的な金融取引による相続・贈与の防止などのための法的整備が進められた。

　次に事業構造の側面を見てみよう。当初の「5大合意」に基づき,事業構造

社外取締役：効果的なコーポレート・ガバナンス(企業統治)の構築の核心は,取締役会の改革にある。緊張感を取締役会に付与すべく,生え抜き経営者たる社内取締役に加えて,社外の目による経営監視を目的に一定人数の社外取締役を招聘することが,大統領主導によりルール化された。韓国の「理事」は日本の「取締役」に相当する。

変則相続・贈与：韓国では創業家が所有と経営の両面を掌握し,オーナー経営体制が構築されてきた。世代交替を期に莫大な富の継承が行われたが,法律的な不備を突いて財閥側が先行し,国税当局はいつも後追いで法改正を実施してきた。財閥改革の一環として一層の法的強化がなされた。

の改革に関し直接的なリストラ要求と，間接的な財務指標改善要求が出された。リストラ要求としては，多角化路線の放棄と業種専門化を図るべく，企業整理や売却などによる多くの系列企業数の削減を求める一方，財務状態の極度に悪化した系列企業（不実企業）に対しては強制整理が行われた。財務指標改善要求としては，財閥の借金経営体質改善の意味も込め，グループ全体の負債比率を200％以下にすることを筆頭に，結合財務諸表の早期導入，従来の系列企業拡大方法であった相互債務保証の解消などが決められた。

　ここで政府主導の強制リストラとして始められた**ビッグ・ディール**（Big Deal）と呼ばれる大規模事業交換を振り返っておきたい。ビッグ・ディールとは，高い国際競争力を確保するために，特に5大財閥間に重複存在する事業部門を統合しようというもので，財閥間の直接的利害が衝突する問題そのものであった。

　代表的事例の1つが半導体であった。三星電子に匹敵する巨大半導体メーカーをもう1つ政策的に作ろうとしたものであった。難産の末現代電子とLG半導体の統合が行われ，新・現代電子，現在のハイニックス半導体が誕生した。現代・LGともに統合後の新会社の経営権掌握を巡って激しく争ったが，結局LGの経営権放棄が政治的に決定された。その間従業員たちのビッグ・ディール反対ストライキによる操業中断，さらに現代への吸収を嫌ってのLG側からの人材流出など，深刻な副作用が続いた。

　もう1つの事例が，三星自動車と大宇電子の財閥間での異種事業交換である。金泳三政権期に，最後発メーカーとして自動車産業に参入できた三星であるが，ようやく生産開始の時期になって経済危機に見舞われ，巨額の負債を抱え経営上破綻の危機に直面していた。三星が起亜自動車買収計画に失敗した後，政府は，政策的に三星自動車と大宇電子の異種事業交換を発表した。自動車は大宇に一元化し，電子は三星に一元化するという奇抜な統合計画であった。

ビッグ・ディール：政府主導の財閥改革の一環として実施された大規模事業交換がビッグ・ディールであった。負債を抱え経営力の劣る企業同士の強制リストラでは，規模こそ巨大化したものの合併のシナジー効果には至らず，ほとんどが問題解決の先送りにとどまった。政策的には失敗に終わった。

しかし，そうした異種事業交換が実現する前に，三星自動車は，1999年6月に法定管理を申請（会社更生法申請に相当）し，事実上の破綻処理に入ってしまうことで，いったんは合意できていた大宇とのビッグ・ディールが白紙化してしまった。三星自動車の下請部品メーカーの多くが連鎖倒産し，地域経済への影響は深刻であったが，紆余曲折を経て同社はフランス・ルノーによって買収され，ルノー三星自動車として再出発を図ることとなった。

　経済の論理を無視したビッグ・ディールの強行は生産的な結果を生み出すことなく，深刻な後遺症を残すこととなった。その後遺症に関連して1999年夏に発生した大宇グループ解体という事件が指摘できる。

　上述したように，大宇グループは典型的な借金経営によって急速な事業拡大＝財閥化を実現してきた。それゆえ財務状態の悪さは周知の事実であった。当時他のグループが必死に構造調整＝リストラを進める中，大宇のみは古い経営パターンから脱却できずにいた。政府からの金融支援を当てにしつつ，相変わらずの拡大路線に固執していたのである。危機意識の欠如した経営には再三警告が発せられたが根本的な改善はみられなかった。最終的に金大中政権は，財務状態の悪化した多くの系列企業を強制的に売却・処分する一方，金融機関の管理下で経営改善を図るなどを指示した。そして一連の経営責任を明確にするという意味から，総帥である金宇中の経営権剥奪が決定され，ここに大宇グループは解体に至ったのである（その後金宇中は海外逃避）。

　以上のように，強制力を伴った金大中政権の一連の財閥改革の流れは，2003年に成立した盧武鉉（ノ・ムヒョン）政権においてはどのように受け継がれたのだろうか。各種法的規制を伴った財閥規制の方向は，基本的に前政権と変わらなかった。注目すべき点は，公正去来委員長に，財閥解体論者として有名な学者である姜哲圭（カン・チョルギュ）・ソウル市立大教授が任命され，政府の財閥規制の姿勢が一段と鮮明になったことである。同委員長は財閥としての所有・支配のあり方そのものを「前近代的」であるとして先進国型の企業構造の構築をめざさなければならないとの主張を展開した。この公正去来委員会がリードする形で出資総額制限制度の強化，系列金融会社の議決権制限など，財閥の所有・支配構造に直接影響する規制の一層の強化を進めたが，その一方で韓

国市場に進出した外国企業には規制緩和が大幅に行われ，財界からは「国内企業に対する逆差別」といった批判が向けられた。

盧武鉉政権期の大きな変化としては，政権誕生の背景となった若年層・市民勢力の政治的成長を背景に，各種市民団体が非常に積極的に活動するようになった。「左派政権」と特徴づけられる盧武鉉政権の躍進という政治的環境の下，財閥問題については先の参与連帯や老舗の経済正義実践市民連合（経実連），さらに経済改革連帯といった左派系・進歩系の市民団体が多数登場し活発な議論を展開した。特に法改正や政府の財閥規制と歩調を合わせ，株主代表訴訟などの手段により財閥総帥や系列会社 CEO などを告訴するという事例が増加した。市民団体もまた，基本的に財閥としてのあり方そのものを否定的にとらえる立場に立っていたといえる。次項では，この点について概観してみよう。

2　家族支配と経営権の継承

韓国財閥はその多くが創業者の時代を経て，現在では創業家 2 代目がグループの求心力を担い，その次の世代の 3 代目が役員クラスの地位に就任している。従来から一部マスコミなどにおいては経営の「世襲」といった視点からの批判も向けられてきたが，韓国社会においては，こうした動きは概ね容認する傾向が続いてきた。

創業者からその息子への継承は，ファミリー・ビジネスとしての形態をとる財閥であればこそ，それ自体は自然な流れであった。しかし極端に企業業績が悪化した場合や政界との癒着がスキャンダルに発展した場合など，一部の財閥の場合に対しては，経営の「世襲」は企業を私物化した結果として，厳しい批判が向けられるようになった。

先述した株主代表訴訟の制度が改められたことを契機に，参与連帯などの市民団体が小規模株主として株主総会に出席して経営者側と激しくやり合ったり，あるいは株主利益の侵害などを理由にオーナー経営者や CEO たちを告訴したりする事例が頻発している。このため経営を取り巻く緊張関係が一気に高まることとなった。現在としては，いくら基本路線としての家族・同族経営の維

持・強化が正当化されようとも，良好な経営成果が上げられない場合は，当然のこととして厳しい批判にさらされるようになったといえる。では最近の事例として，三星グループと現代自動車グループに関する問題についてそれぞれ問題点を考察してみよう。

①三星グループ問題

まず2005年から2006年の主たる動きを見てみよう。第一に，一連の三星問題の発端となった三星エバーランド転換社債裁判がある。同社（未上場）は不動産と総合レジャーを担当するグループ企業であるが，事実上の持株会社機能をもつことで，2代目会長の李健熙から長男の李在鎔（イ・ジェヨン）三星電子専務への不正な財産形成過程に関与したというものであった（同社CEOが有罪となる）。第二は，公正去来法の改正と金融産業構造改善法の改正がなされた。系列金融会社の議決権を制限し，出資総額制限制度とともにグループ支配構造を規制する狙いをもっていた。三星は主要グループ企業間で「循環出資」をすることで支配の基礎となる所有を強化してきたが，一連の法改正は明らかに三星を狙った政策であったと考えられる。第三が，三星の私財提供と摩擦回避努力の表明である。一転して三星は政府との対決姿勢から和解の姿勢へと転換し，李健熙会長による謝罪コメント，社会への私財8000億ウォンの提供，三星側からの対政府訴訟の取り消し，構造調整本部（旧会長秘書室）の縮小などのプランを発表した。

しかしこうした動きでは事態が一時的に沈静化したに過ぎなかった。2007年から2008年の動きとしては，三星問題は一層深刻なものとして社会全般を揺るがすこととなった。2007年秋，かつて三星の顧問弁護士を務めた人間が，在職中に関わった不正行為を大々的に暴露する事件が発生した。三星が政界，官界，検察などへのロビー活動を不正に行い，そのための秘密資金を作り出す過程で様々な不正行為を繰り広げてきたというものであった。特に検察にまでロビー活動が及んでいたとの暴露内容は国会を巻き込んでの騒動となり，特別検察官による捜査は三星関係者のみならず李健熙会長およびその一族にまで幅広く行われた。総帥以下幹部経営者に対する直接の逮捕はなかったものの，捜査期間中，三星の経営は大幅な停滞を余儀なくされた。

2008年4月，背任容疑などで李健熙会長や幹部は在宅起訴されたが，その直後三星は会長引退をはじめとするグループ経営の大幅刷新案を発表した。戦略企画室（旧構造調整本部）の完全解体によるグループ経営体制の終了，それに伴う系列会社ごとの独立経営体制への移行などが打ち出された。

　同年7月16日には判決（ソウル中央地裁）が出され，脱税容疑で一部有罪とする執行猶予付きの判決であった。李健熙前会長に対しては，エバーランド転換社債（CB）の便法贈与の疑いについては無罪，三星SDSの新株予約権付社債（BW）低価格発行の疑いは公訴時効が過ぎているとして免訴とした。借名での株式取引による脱税容疑に関しては一部有罪と判断し，懲役3年，執行猶予5年，罰金1100億ウォン（約114億円）を宣告した（『聯合ニュース』2008年7月16日）。

　起訴内容として，李健熙前会長には懲役7年と罰金3500億ウォンが求刑されていたことと比較すると，執行猶予判決が出たことは大きな意味をもったといえる。その他の元経営幹部に対しても執行猶予が付くか無罪，あるいは免訴といった判決が出された。この判決結果については検察側が控訴したが，同年10月10日には控訴審判決（ソウル高裁）でも一審と同様に，李健熙前会長に懲役3年，執行猶予5年，罰金1100億ウォンが宣告された（『聯合ニュース』2008年10月10日）。

　一連の結果が明らかにしているのは，脱税に関してのみ有罪となり，財閥としての経営の「世襲」といわれる長男・李在鎔専務への経営権の継承という点では無罪との判断がなされたことである。今回の裁判結果が，韓国財閥としての本質である「オーナー経営体制」の維持や継承にどのような影響を及ぼしていくのか，今後を見守っていかなければならない。李健熙は会長職を退いたが，三星電子をはじめ主要系列企業に対しては個人としての大株主の地位を依然維持しており，オーナーとして経営に対する影響力を及ぼすことは従来どおり可能だからである。

　②現代自動車グループ問題

　現代自動車グループの場合も三星グループの場合と本質的には共通した側面がある。2006年4月，巨額の不正蓄財を行い，それを横領したとの疑いで総

帥である鄭夢九会長が逮捕され，2カ月にわたって収監される事態が発生した（長男で起亜自動車社長の鄭義宣〔チョン・ウィソン〕の逮捕は見送られ，最終的には起訴猶予処分）。

鄭夢九会長の場合，系列会社を通じて1380億ウォンの不正な資金蓄財を行い，これを横領していたほか，系列会社に債務過多で経営が悪化している企業の有償増資に参加させ4000億ウォンの損害を与えた容疑で逮捕・収監された。68歳と高齢であるにもかかわらず，被疑者段階での検察の取調べに対しても容疑を否認し，証拠隠滅の恐れもあるとのことで逮捕に至ったと伝えられている（『聯合ニュース』2006年4月28日）。財閥総帥が直接逮捕されること自体異例であるが，保釈に2カ月も要したことは，検察の厳しい姿勢がその後も続いたことを示している。

背任と横領により起訴され，一審では懲役6年が求刑されたが，2007年2月，鄭夢九被告に対し懲役3年の実刑判決が下された。裁判所は公訴事実4点についてはすべて有罪と判断し，執行猶予が付かない実刑判決となった。現代自動車のみならず財界全体に失望感が高まり，韓国経済全般に対するマイナスの影響が心配されたが，2007年9月に出された控訴審判決では同被告に対し懲役3年，執行猶予5年の判決が宣告された。あわせて2013年までに8400億ウォン（約1031億円）を出資し低所得層向け文化施設の建設や環境保全事業を行うこと，順法経営をテーマとした全国経済人連合会での講演を行うことなどを柱とした社会奉仕命令が下された（『聯合ニュース』2007年9月6日）。

この社会奉仕については検察が控訴し，大法院（最高裁）が原審破棄・差し戻しを命じたが，差し戻し審でも執行猶予付きの判決となった。ここでは300時間の社会奉仕が課せられることとなったが，鄭夢九会長が上告をしなかったため判決が確定した（『聯合ニュース』2008年6月12日）。

2008年8月には恒例の光復節特赦が実施され，多くの財界人が特赦・復権の対象となったが，鄭夢九会長もその中の1人であった。2008年2月に成立した現在の李明博（イ・ミョンバク）政権の「韓国経済再生のため何より財界人の赦免が必要だという財界の要請とこれまでの経済発展功労などを考慮し，国家経済に貢献できる機会を付与した」との説明にあるように，財閥関連では

SKの崔泰源会長，ハンファの金升淵（キム・スンヨン）会長をはじめ，孫吉丞（ソン・ギルスン）SK前会長，羅承烈（ナ・スンリョル）元居平会長，李在寛（イ・ジェグァン）元セハン会長，崔元碩（チェ・ウォンソク）元東亜会長，崔淳永（チェ・スンヨン）元新東亜会長といった大物財界人の特赦が目に付いた（『聯合ニュース』2008年8月12日）。

　以上のように，現代自動車グループ・鄭夢九会長の場合は，三星グループ・李健熙会長のように第一線からの退陣こそなかったものの，直接の逮捕・収監といった状況に追い込まれ，一時は執行猶予なしの実刑判決が下されるなど，法的には厳しいペナルティが科せられた。今回の事態の経営的な意味を考えてみるならば，また異なった問題が明らかになってくる。というのも，2008年3月の現代自動車の株主総会時，韓国最大の機関投資家である国民年金公団が鄭夢九会長の理事再任案に反対票を投じたからである。不正疑惑に絡んだ人間は経営者として不適格であるとの判断を示したのであり，従来は存在しなかった「モノ言う株主」の出現を招いたことは，会社側にとっての大きな衝撃であった（『日経産業新聞』2008年4月25日付）。会社提案の議案が承認されたとはいえ，今後国民年金公団のような行動が他の機関投資家，特に外国人株主などと連繋して起こり得ることは十分に予想されることだからである。

4　韓国財閥の今後

　近年，韓国財閥を取り巻く環境はますます厳しさを増している。政府，市民団体，外国資本などからの監視圧力は，いわゆる企業統治（コーポレート・ガバナンス）の構築をめざし，一層の努力が求められていることを示している。一般国民からは，財閥と権力層との癒着が引き起こす様々な負の連鎖が存在する限り，「反企業情緒」となって財閥を否定的に見る傾向がますます強くなってくると考えられる。

　では財閥経営は今後どうあるべきなのだろうか。財閥の本質を「オーナー経営体制」ととらえるならば，本来有する二面性，すなわち同族経営の長所と短所を考慮した意思決定システムを，当該グループの状況に応じた形で構築しな

▶▶ *Column* ◀◀

市民団体

韓国現代政治史の流れをみると，1987年の民主化宣言を境に市民団体が登場したことが指摘できます。民主化宣言の2年後の1989年，経済正義実践市民連合（経実連）が設立され，宗教家や大学教授，弁護士といった韓国の知識層が結集し，韓国社会に蔓延している深刻な経済不正を正し，経済正義を樹立・実践することが掲げられました。独占・寡占の視点から財閥への批判がなされましたが，1993年2月に文民の金泳三が大統領に就任すると，経実連は政府との協力姿勢をとるようになる一方政治権力からの包摂も進み，多くの幹部が政府や大統領府の要職に登用されました。それゆえ在野勢力からは「保守的市民運動」と厳しく批判され，経実連への批判勢力として1994年に参与連帯が設立されました。

参与連帯は代表的な進歩的市民団体で，財閥問題に関しては，経済危機後の1998年に始まった少額株主運動が注目されます。その中心が張夏成（チャン・ハソン）高麗大教授（参与連帯経済民主化委員会委員長）で，株主代表訴訟の実践，株主総会への出席と積極的発言などを通して会社側との様々な摩擦を繰り広げ，財閥からも警戒される存在となりました。

同委員会はその後経済改革センターと改称（2001年）され，2006年には参与連帯本体から分離し，経済改革連帯として少額株主の権利保護，コーポレート・ガバナンスの改善，政府の財閥・金融政策の監視などをより専門的に実践しています。運営委員長には張夏成，所長には金尚祚（キム・サンジョ）漢城大教授がそれぞれ就任し，反財閥の視角から訴訟活動や意見表明などを活発に展開しています。

一方進歩派政権の終了とともに，正反対の保守・右派の立場から自由企業院やニューライト全国連合といった市民団体やシンクタンクが登場し，左派市民団体の政治活動を監視し，活発な企業擁護的活動を進めています。

ければならない。オーナー経営体制の「強み」が大胆な意思決定にあるとすれば，それはシュンペーター型企業家の生み出す1つのスタイルであった。反対に「弱み」は，独善・皇帝経営の弊害に陥りやすいところであり，大宇の金宇中や西武の堤義明が典型例であった。

韓国の企業社会が1987年の民主化宣言，さらに1997年のIMF経済危機を経て大きく変化してきたのは事実である。しかし血族志向を重視する経営風土までもが簡単になくなるとは考えにくい。グローバル化が進展し，国内外の市

場でますます激烈な競争を繰り広げていかなければならない企業にとって，如何に強力な国際競争力の源泉を確保し，高度化していくかが競争社会での生存課題である。そのためには迅速な意思決定こそが求められるのであり，財閥の存在意義もまたここに求められるのではないだろうか。

　一層の発展のためには財閥自らが率先して効果的なガバナンス装置の構築を進めなければならない。外部からの監視主体としては，政府を別にすると，本来の機関投資家をめざす金融機関や国民年金公団などの存在が一層必要になってくる。現在は財閥側と対立関係にある市民団体は，感情的な「反企業情緒」とは別物としての冷静かつ健全な監視主体にならなければならない。内部の監視主体としては，本当の意味での理事会（取締役会）改革を進めるためにも，総帥に対してNOと言える理事が，社内理事の中にも，また社外理事の中にも存在しなければならない。残念ながら現在の韓国においては，総帥にNOと言える理事はまだほとんど存在していないのではないだろうか。

　総帥の力があまりにも強い韓国の場合，究極的には，総帥自身の状況認識や倫理水準の占める比重は極めて大きくなる。日本取締役協会の『ベストガバナンス報告書』（2007年7月）に示されるように，韓国財閥にとっても，自己認識能力と自己矯正能力をいかに構築するかが大きなカギとなっていくと考えられる。

[推薦図書]
池東旭（2002）『韓国財閥の興亡』時事通信社
　　韓国経済の発展を光と影の両面から捉え，財閥の生成・発展・変容といった視点に基づき，具体的事例を豊富に取り入れて解説した。
古田博司・小倉紀蔵編（2002）『韓国学のすべて』新書館
　　韓国に関する広範囲かつ基本的理解を深めるための入門書。当該分野における日韓の研究動向にも触れた。
片山裕・大西裕編（2006）『アジアの政治経済・入門』有斐閣
　　韓国を含むアジア全般について，政治経済的視点と歴史的視点から概説した。事実関係の解説もよく整理されている。

第1章 韓　国

設　問
1．韓国財閥の構造上の特徴とその形成の背景について，整理してみましょう。
2．現在の韓国財閥はどのような問題に直面し，どのような解決方法を模索しているのか，考えてみましょう。

(柳町　功)

第2章

台　湾
──黒子に徹するIT企業群──

　台湾は，1980年代以来，IT産業に特化した発展を遂げてきました。その結果，ノートパソコンで9割近くなど，ITハードウェアの世界市場で高いシェア（市場占有率）を占めています。しかしそれらは，先進国のブランド企業など他企業に製品を提供し，自分の名前が表に出ることはない，黒子としてのビジネスです。人口わずか2000万の台湾が，世界のIT市場で高いプレゼンス（存在感）を示している秘密は，台湾固有のビジネスモデルにあるといわれます。それはどんなものでしょうか。また，そもそもなぜ台湾企業は，黒子としての存在に徹することを選んだのでしょうか。

1　台湾のビジネスモデルの背景にある特徴

　本節では，台湾固有のビジネスモデルを規定している数々の特徴──中小企業の機動性と柔軟性，流動性の高い労働市場，旺盛な起業家精神，帰国者のプレゼンスとシリコンバレーとのつながり，外部技術の導入を順にみていく。

1　中小企業の機動性と柔軟性

　台湾では，全企業数に占める中小企業*の比率は97.7％と（経済部中小企業処〔2007〕『2007中小企業白皮書』286頁），中小企業がほとんどを占める。英『エコノミスト』誌（1998年1月3日）が「柔軟性をもつ虎」と形容した通り，台湾は，中小企業中心で小回りが利き，市場の変化に迅速に対応できる体制（機動性と柔軟性のある体制）をもっている。これについて以下にみていく。

シリコンバレー：アメリカのカリフォルニア州にある，アメリカ最大，そして世界最大のIT産業のクラスター（集積地）のこと。

＊　ここでいう中小企業とは，製造業および建設業で従業員200人以下，その他の産業で50人以下の企業を指す（経済部中小企業処〔2007〕『2007中小企業白皮書』266頁）。

　台湾企業が，パソコンでここまでシェアを伸ばせたのは，ライフサイクル（製品寿命）が極めて短く市場の変化が激しいパソコン産業に適した機動性と柔軟性を備えていたからにほかならない。

　この機動性と柔軟性の源泉には，第一に，中小企業間の分業ネットワークの機動性と柔軟性があり，第二に，台湾企業の組織形態がある。

　まず，第一の中小企業間の分業ネットワークの機動性と柔軟性である。台湾の中小企業の間では，緊密な分業ネットワークが構築されている。この分業ネットワークの構成員である個々の中小企業は，1つの作業に特化しており，少ないロット（発注量）での受注や，急な変更への素早く柔軟な対応が可能である。それは，この分業ネットワークを構成する生産単位が均質ではないことによる。代表的な生産単位である中小企業の規模は，家族労働力のみからなる家庭工場から，外国企業と直接取引する比較的規模の大きい中型企業まで，大小様々である。これら生産単位が分業ネットワークを形成し，ネットワークの構成員同士で，機能間分業（開発，部品調達，製造，最終検査などの機能を受け持ちあう）・生産工程間分業・水平的分業（企業間の注文の交換や横請け）などの融通を利かせ合い，柔軟で機動的な組織を形成している（伊藤信悟〔2003〕「世界のIT産業における台湾企業のプレゼンスの拡大——積極的な対中進出を梃子とした躍進」みずほ総合研究所『みずほリポート』6頁）。また，この分業ネットワークへの参入障壁は低く，構成員も頻繁に入れ替わる。

　次に，第二の，企業の組織形態の機動性である。台湾企業のパソコン開発における開発開始から市場投入までのリードタイムは先進国企業の約3分の2と極めて短く，変化の激しいパソコン産業に適したものとなっている。このリードタイムの圧倒的な短さは，企業規模が小さいため小回りの利く組織形態であること，一担当者への権限委譲が進んだ，ボトムアップの迅速な意思決定体系をもっていることなどによる。

2 **流動性の高い労働市場**

　台湾の労働市場の流動性は極めて高い。日本のような終身雇用制という考え方はなく，平均勤続年数は6年程度と非常に短い（行政院労工委員会〔2002〕『中華民国台湾地区就業者職業訓練実況調査報告』）。

　そして，ほとんどの場合，**内部労働市場**は形成されていないと考えられる。それは，中小企業に就業している者が大半を占め，多くの労働者が家族経営に代表される曖昧な人事制度の下で就労していること，そして企業特殊的技術でない普遍的技術が使われていることが多いからである。また，台湾においては，内部労働市場の大きな特徴である，企業内訓練もあまり行われていない。それは，人事制度が未確立であることに加え，労働移動が盛んなため，雇用主がいつ離職するかもしれない労働者に対しての訓練はコストに対しリターンが少ない，との認識をもつことによる（李誠〔1995〕「台湾地区労働市場功能的実証研究」劉克智編『台湾人力資源論文集』聯経）。

　つまり，台湾では内部労働市場の形成が進んでいないため，離職にも，内部労働市場が存在する組織において一定程度進んだ昇進階梯を途中で放棄して離職することほどのデメリットがない。これが，台湾の労働市場の流動性を一層高くしているといえる。

　また，求職方法では，日本のように学校卒業時の一斉就職という形態がないこと，男子には兵役が課せられているため若年層の就職が安定的でないこともあって，長らく縁故募集という伝統的方法が大きな比重を占め，1990年代になっても，「親戚・友人の紹介」という，いわゆる縁故によるものが半数近くを占めていた。

内部労働市場：ドーリンジャーとピオレが提唱したもの。企業内部の労働の配分・価格づけが，競争的市場とは異なる規則によって支配されている実態を，「技能の企業特殊性」「職場内訓練（OJT）」「職場の慣行」という3点で特徴づけられる「内部労働市場」として，競争的労働市場である外部労働市場との対比において説明するものである。内部労働市場は雇い入れ口でのみ外部市場と接する。雇い入れ口から内部労働市場に入った労働者は，企業内訓練を受けて企業特殊的技術を蓄積し，内部労働市場において配分・価格づけされる。企業内の各種の職務は，すでに雇用されている人々の配分によって満たされ，外部市場における競争から隔離されている，とするものである（P. B. ドーリンジャー，M. J. ピオレ／白木三秀監訳〔2007〕『内部労働市場とマンパワー分析』早稲田大学出版部）。

そして，転職先としては，前職と類似性のある産業へ向かう傾向が強い。
新竹科学工業園区の中での流動性も極めて高い。

3　旺盛な起業家精神

　台湾の人々の起業家精神は，極めて旺盛である。複数の企業で経験を積み人脈を形成した後に，自分で会社を興すことを最終目標としている者が多い。
　この背景として挙げられるのは，第一に，民族に元来備わった特質であろう。台湾人は冒険を好み，新しいことや変化を常に求め迅速に行動する特質をもっている（『天下雑誌』1994 年 9 月 1 日）。また，「鶏口牛後」という考えが浸透しており，雇用される側という地位と固定された賃金は，台湾の労働者の自尊心を，心理的にも経済的にも満足させないという（Liu, Shang-Jyh〔1998〕"Industrial Development and Structural Adaptation in Taiwan : Some Issues of Learned Entrepreneurship" *IEEE Transactions of Engineering Management*, Vol. 45, No. 4, p.344）。
　そして第二に，後述する，海外からの帰国者の存在が挙げられる。1994 年時点で，新竹科学工業園区において，全就業者中 5％ 程度に過ぎない帰国者が，園区内全企業のうち 47％ の企業の起業に参加していた。シリコンバレー流の起業文化の薫陶を受けた帰国者が，起業の先頭に立っていたのである。
　第三に，ベンチャー・キャピタルの充実が挙げられる。政府は 1980 年代に，ハイテクベンチャーを金融面で支援するために，ベンチャー・キャピタルの育成，既存金融機関のハイテクベンチャー向け融資の拡大など，様々な税制上の優遇措置を講じた（伊東和久〔2003〕「中小企業金融とベンチャーキャピタル」劉進慶・朝元照雄編『台湾の産業政策』勁草書房，52 頁）。また，工業技術研究院からの**スピンアウト**という形での起業も極めて多い。工業技術研究院とは，中小企業が中心で研究開発に資金を投入しづらい状況にある民間部門の代わりに，

新竹科学工業園区：台湾政府が 1980 年に，高度な技術をもつ外資系企業の誘致と，帰国者の受け入れを視野に入れて，アメリカのシリコンバレーを模して造成したハイテククラスターのこと。
スピンアウト：企業から，一部の部署や社員が独立して別会社を作ること。狭義には，元の組織と関係をもった別組織となることをスピンオフ，元の組織とは関係が薄い別組織となることをスピンアウトとして区別することがある。

政府の資金で製品開発に直結する実用的な技術を開発するために，政府が設立した研究機関である。ここからのスピンアウトは，2006年3月までに140社を数える（工業技術研究院〔2008〕『工業技術研究院 Innovative Technologies for a Better Future』）。工業技術研究院で開発した新技術をもってその開発チームごと起業することも珍しくない。

以上のように，民族の特質に加えて，帰国者の存在や，ベンチャー・キャピタルの充実が，起業を一層盛んにしたとみられる。

[4] 帰国者のプレゼンスとシリコンバレーとのつながり

台湾の情報産業では，帰国者と，そのシリコンバレーとのつながりが極めて重要な役割を果たしたといわれる（本章コラム参照）。

台湾から海外の大学への留学は，早くから，全学生中3～4％という高い比率で行われていた。専攻分野は工学が3～4割と多く，また留学先はアメリカが9割という圧倒的多数を占めていた（教育部統計処〔2001〕『中華民国教育統計 民国九十年度版』26-27，60-61頁）。

しかし，これら留学生は，留学後帰国せずそのまま海外で働くケースが多かった。そこで台湾政府は，1970年代より，台湾の経済発展のために，これら人材を帰国させる政策を施行した。まず，シリコンバレーの技術会合や会議に協賛して，アメリカで働く台湾人技術者に帰国を呼びかけた。そして就職先の斡旋を積極的に行った*。

* 帰国者に，帰国後の就職方法を尋ねた調査では，「政府機関を通じて就職した」と回答した者の比率は42.2％に上る（行政院青年輔導委員会〔1984〕『回国学人及留学生服務状況之研究分析』青年人力研究報告之三十六，20頁）。

政府によるこれら一連の取り組みが奏功してか，台湾に帰国して就業した者の数は1980年代に入って増加し始め，さらに90年代前半に急増した。

そして，帰国者は，帰国後もシリコンバレーとのつながりを保ち続けている。これにより常に最新の技術情報が得られるため，台湾のIT企業が，シリコンバレーで発表されたばかりの新技術を盛り込んだ新製品を開発するスピードは驚くほど速いという。

新竹科学工業園区においても，90年代に帰国者が増加し，技術開発の先端を担っていた。

⑤ 外部技術の導入

　台湾企業は，中小企業がほとんどを占め，長期的視野に立った研究開発が難しい状況にあるため，多くの場合，外部から技術を得て，技術力を形成してきた。外部とは，台湾に直接投資をしてきた先進国企業，先進国からの帰国者，ODM委託元先進国企業，労働移動してきた技術をもった労働者，工業技術研究院などである。

　まず，先進国からの対内直接投資を見てみる。1960～70年代に，先進国企業が台湾に設立した子会社には，親会社から多くの技術が移転された。1973年時点で台湾にあった電子・電気製品製造業の先進国企業の子会社への調査では，96％が，移転された海外技術を使っていたという（薛琦〔1984〕「直接外人投資，技術移転與台湾工業発展」于宗先・劉克智編『台湾的工業発展』中央研究院経済研究所）。また，先進国技術を得たのは子会社だけではない。これら先進国企業の子会社は，部品の現地調達を通じて台湾の部品会社に対する技術指導を行い，技術が移転された。例えば，1966年にIBMが台湾でコンピュータ部品の調達を始め，IBMの技術者が台湾の部品会社を定期的に訪れて指導したことにより，台湾の部品産業の水準が著しく上昇した（Dieter Ernst〔2000〕"Inter-organizational knowledge outsourcing : What permits small Taiwanese firms to compete in the computer industry?", *Asia Pacific Journal of Management*, Vol.17, p.238）。つまり，台湾は，先進国企業の直接投資受け入れにより，多くの技術を得たのである。

　また，前述した流動性の高い労働市場も，技術伝播に大きな役割を果たしてきた。労働移動が盛んであることは，すなわち，移動する労働者に体化している技術やノウハウの移動も起こりやすいことを意味する。例えば，新竹科学工業園区の労働市場を見てみよう。新竹科学工業園区における転職者は，離職後も旧企業の同僚との関係を保っており，これが現企業・旧企業双方にとって有利に働くケースがかなり見受けられる。転職していった従業員が契機となり，

その転職先企業との協業が成立した例もある。元同僚との情報交換も極めて盛んである。また，技術をもった入職者を迎える側の企業は，歓迎の意向を示している。ある企業の経営者は，経験ある労働者の加入によって訓練コストが減らせ，企業の既存の技術者たちへの刺激も増加し，技術の新陳代謝が起きるので好ましいとの評価を与えている（徐進鈺〔1999〕「流動的鑲嵌：新竹科学工業園区的労働力市場與高科技発展」『台湾社会研究季刊』第35期，101-104頁）＊。さらに，一定の年数を経た企業は新人に訓練を行い育てることも可能であるが，創立からの年数の浅い企業は即戦力として技術をもつ技術者を求める傾向がある。このように，労働移動は技術移転の非常に大きな媒介であるといえる。

* 新竹科学工業園区における労働市場の流動性は，シリコンバレーのそれと極めて類似しているという。

また，工業技術研究院の役割も大きい。これは，設立以来，数多くの技術を産業界に提供してきた。何らかの技術を開発した後に，その技術の移転公告を出して希望する企業に移転する「技術移転」は，年間800件，また，「技術支援」は年間2万6000社に対して行っている（工業技術研究院〔2008〕『工業技術研究院 Innovative Technologies for a Better Future』）。また，企業の技術者を一定期間預かっての訓練も行っている。さらに，工業技術研究院の毎年の離職率は10％程度と非常に高く，研究チームごとスピンアウトして起業することも多いため，これによっても技術を伝播させてきた（工業技術研究院林信義董事長へのインタビュー，2008年3月）。

また，1990年代初頭から，日本やアメリカなど先進国企業のODM受託を行うようになってからは，これら委託元の日本企業・アメリカ企業からの技術指導により，多くの技術を学んだ。これについては次節で詳しく述べる。

2　これらの特徴を生かした2つの顕著なビジネスモデル

次に，これらの特徴を生かした，台湾ならではの2つの顕著なビジネスモデル——パソコンのODM受託と半導体ファウンドリー——を順にみていく。

第2章 台 湾

1 パソコンのODM受託

①OEM・ODMとは

OEM・ODMというビジネス形態がある。OEMはOriginal Equipment Manufacturingの，ODMはOriginal Design Manufacturing（Original Development Manufacturingとされる場合もある）の略である。それらの定義は，一般にOEMは「受託企業が，委託企業の提供する仕様書に従って自社の生産設備を使って生産し，製品は委託企業のブランドで販売されるもの」，またODMは「OEMに加え，受託側が開発も請け負うもの」などとされている。

これを具体的に見てみる。OEMでは，例えばA社という企業が，自社で開発した設計図を他のB社という企業に渡し，B社がその設計図に沿って自らの工場で生産してA社に納入し，製品は市場においてA社の名前で販売される。

一方，ODMとは，B社が開発も行うものである。B社は，自ら開発した設計図に沿って製品を生産し，A社に納入する。製品は市場においてA社の名前で販売される。

いずれの場合も，委託を受けたB社の名前が表に出ることはない。

ところで，表2-1をみてわかるように，OEM・ODMとは，元来は途上国企業のみへの委託を指す用語ではない。パソコン産業におけるOEM・ODMは，1980年代頃より，アメリカ企業と日本企業の間や，日本企業同士などで行われてきた。これは，それぞれ高度な開発技術・自社ブランド・販路をもつ先進国企業同士のもので，②に分類し得るものであった。

しかし，1980年代後半頃より，先進国企業が途上国企業へOEM・ODM委

表2-1　技術レベルによるOEM・ODMの分類

分類	特　徴	委託の方向
①	自社では技術的問題から生産することが難しい製品を他社から調達するケース	主に技術力の低い企業から高い企業へ
②	同業他社同士が開発リソースを補い合うケース	主に同じレベルの技術をもつ企業同士で
③	自社で生産しても採算が合わない汎用品を，コスト削減の目的で社外に委託するケース	主に先進国企業から，低コストの途上国企業へ

（出所）　筆者作成。

託を行う,③に分類し得るケースが多くみられるようになった。まずアメリカが,低コストのアジア途上国への委託を始め,日本企業が追従したのである。

この③のケース,すなわち委託側が先進国企業,受託側が途上国企業というケースは,第一に,世界市場に参入できない途上国企業が販路を獲得できる,第二に,途上国企業が,先進国企業の自社ブランド品として世界市場に販売されるに足る品質をクリアしようと尽力する中で技術力を向上させられる,という二重の意味で,途上国企業にとってはチャンスになるものである。

そして,1990年代初頭から,台湾企業に,アメリカや日本のブランド企業のパソコンのODM委託が集中するようになった。OEMではなくODMであったのは,この頃にすでに台湾企業は,ODM受託が可能な(開発も受託することが可能な)技術力を備えていたからである。

では,なぜ先進国企業の委託が台湾企業に集中するようになったのだろうか。そして,なぜ台湾企業は,このようなODM受託という戦略を選択するようになったのだろうか。

②台湾企業にパソコンのODM委託が集中するようになった要因

台湾企業にパソコンのODM委託が集中するようになった要因を,先進国企業側の要因,台湾企業側の要因,技術的な要因に分けてみていく。

先進国企業側の要因としては,1990年代初頭以降の価格競争を契機に外注戦略が強まったことである。この価格競争は,先進国企業が**コアコンピタンス**に集中してそれ以外は外注する動きに拍車をかけた。1990年代のアメリカで景気が後退局面に入り,短期的な利益追求の潮流,そして**株主価値最大化**への圧力が現れた中で,企業はコアコンピタンスに資源を投入することの重要性を認識するようになった。そこで,アメリカの企業は,株価を高く維持するために,コアコンピタンスに集中し,それ以外の部分は徹底して外注するようになったのである。この動きに,日本企業も追従した。

コアコンピタンス:企業の中核的能力または事業のこと。
株主価値最大化:株価を上昇させることで株主の利益を向上させること。製造業の企業が生産を外注し,生産設備などの固定資産や生産に伴う在庫などの流動資産の一部を企業のバランスシートから外すことで企業の財務内容をスリム化させ,自己資本利益率(ROE)を上昇させるなどである。

第2章　台湾

　一方，台湾企業側の要因としては，価格競争による自社ブランド製品の販路喪失と，開発まで自社でできる技術力，機動性と柔軟性がある。

　台湾企業は，1980年代に，低価格帯のパソコンの世界市場において自社ブランド製品の販路を一定程度確保していた。しかしパソコンの価格競争が激化し，それまで高価格帯にあった先進国のブランド企業の製品価格が大幅に下がり，低価格帯に侵入してきたため，台湾企業は自社ブランド品の販路を失った。そこで，台湾企業は，柔軟な戦略変更を行った。ODM受託ビジネスを選択し，自ら開発した試作機を携えて先進国企業への営業に回り始めたのである。

　そして，開発まで自社でできる技術力（OEMでなくODM受託が可能な技術力），先進国企業側の要望に迅速に応えて設計変更を行える機動性と柔軟性のある意思決定体系と生産体系により，先進国企業からのODMの注文を，競合相手であった韓国や香港などの企業から勝ち取ったのである。

　以上のように，1990年代初頭に台湾企業がODM受託を集めるようになったという動きは，先進国企業側，台湾企業側の利害が一致した結果だった。

　そしてその背景には，技術的な要因が存在する。パソコンの**アーキテクチャのモジュラー化**の進展である。

　かつてパソコンは，製品ごと・企業ごとに異なるアーキテクチャで開発されていた。しかし，1980年代に，**デファクトスタンダード（事実上の標準）**が確立した。IBMが1981年にOS・部品・周辺機器を積極的に外部から調達してその基本仕様を公開するオープン・アーキテクチャを採用し，BIOSのソースコードを含めすべての内部仕様を公開して，市場に参入しているすべてのメ

アーキテクチャ：ここでいうアーキテクチャとは，「いかに製品を分割し，それによって部品やインターフェースをいかに設計・調整するか，に関する基本的な設計構想」で，機能と部品の関係の観点から，「モジュラー（組み合わせ）型」「インテグラル（擦り合わせ）型」に分けられる（藤本隆宏〔2001〕「アーキテクチャの産業論」藤本隆宏・武石彰・青島矢一編『ビジネス・アーキテクチャ――製品・組織・プロセスの戦略的設計』有斐閣，4頁）。

モジュラー化：ここでいうモジュラー化とは，アーキテクチャがモジュラー型になること。

デファクトスタンダード（de facto standard, 事実上の標準）：JISなどの標準化機関が定めた規格ではなく，市場での競争の結果として標準化した基準のこと。これに対して，国際標準化機関などにより定められた標準をデジュレスタンダード（de jure standard）と呼ぶ。開発サイクルが短い商品においては，決定まで何年もかかる規格よりも，市場で流布している基準であるデファクトスタンダードの重みが大きい。また，デファクトスタンダードが後の国際規格の土台となる場合もある。

ーカーに,「IBM 互換」という標準に準じての開発・生産を許容し,異なるメーカーの製品間の互換性の確立の契機を提供した。これが,パソコンのアーキテクチャのデファクトスタンダードとなったのである。これにより,パソコンの組み立て工程は,モジュラー化された部品やサブシステムを組み立てるだけの,付加価値の低い単純な工程となった。

そして,上述の価格競争により,それ以前から徐々に始まっていたパソコンのアーキテクチャのモジュラー化はさらに進んだ。モジュラー化が進むということは,外部への ODM 委託がより容易になるということである。そのため,途上国企業,すなわち台湾企業への ODM 委託は一層進んだのである。

③台湾企業の技術力向上

台湾企業は,先進国企業からの ODM 受託により,先進国企業の技術を学習し,さらに能力を向上・拡大させた。なぜなら,ODM においては,委託側の先進国企業が,自社のブランドを冠した製品としての高いレベル確保のため,技術者を派遣しての組織的・継続的な技術指導を長期にわたって行う。それにより,開発技術はもちろんのこと,経験に裏づけられた開発のノウハウや,市場でのトラブル解決の経験から蓄積された品質管理技術・生産管理技術などの学習が可能になったと考えられる。これらは,本来緊密な人的コンタクトなしには移転が難しいとされる**暗黙知**である。しかし,ODM では技術者同士の交流が極めて密接で長期にわたるため,その移転が可能となったのであった。

また,直接投資などの**企業内技術移転**と異なり,**企業間技術移転**では通常,技術を供与される側が費用を負担しなければならない。しかし ODM では,企業間技術移転であるにもかかわらず,供与する側(先進国企業)が費用を負担するため,受託側(台湾企業)は費用負担せずに技術の学習が可能となる。

暗黙知:言語により表出化されない知識のこと。言語により表出化される形式知と異なり,移転が難しく,移転には緊密な人的コンタクトを必要とする(M. ポランニー/佐藤敬三訳〔1980〕『暗黙知の次元——言語から非言語へ』紀伊国屋書店)。

企業内技術移転・企業間技術移転:先進国から途上国への技術移転には,大きく分けると,企業内技術移転と企業間技術移転がある。前者は,親会社が途上国に設置した子会社に技術を供与するもので,技術を供与する先進国側が費用を負担するものである。一方,後者には,ライセンス契約,資本財・ターンキープラントの輸入などがあり,いずれも,技術を供与される途上国側が費用を負担するのが常である。

そして，学習された技術は，前述した中小企業間の分業ネットワークや流動性の高い労働市場という台湾独自のメカニズムによって，広く産業中に伝播した。

[2] 半導体ファウンドリー

台湾においては，パソコン産業と並び，**半導体**産業が高いプレゼンスを占めている。そして，ファウンドリーという独特の業態において，TSMC（台湾積体電路製造）と UMC（聯華電子）が，世界の1，2位にランクされている。

ファウンドリーとは，発注元の企業（多くは，**ファブレス企業**と呼ばれる生産ラインをもたない設計専業会社）から IC の設計データを受け取り，その設計に沿って生産を行う企業を指す。これは，台湾が創始した業態である。

IC 生産の特徴は，生産設備の管理や新しい製造技術の開発に莫大なコストが必要で，開発周期が短いことである。このため，かなりの大規模生産を行うメーカーでないと，生産設備を自社でもつのは難しい。そこで，半導体の設計は行うが生産ラインをもたないファブレス企業と，製造専門のファウンドリーという企業とで，設計と製造が分業される形態が採られることが多くなってきた。

ファウンドリーという新しいビジネスモデルは，以下のようにでき上がった。

ファウンドリーの原型となるビジネスモデルは，UMC や新竹科学工業園区内の在米華人企業が発案していたが，実現には至らなかった。企業化のアイデアを補充したのはアメリカの TI（テキサス・インスツルメンツ）の副社長を務めた張忠謀である。張は 1985 年に帰国して工業技術研究院長に就任し，この

半導体：電気を通す導体と電気を通さない絶縁体の中間的な性質を示す，周囲の電場や温度によって電気伝導性（電気をどの程度通すかということ）を敏感に変化させる物質のこと。しかし，通常「半導体」というと，この半導体そのものではなく，半導体を用いて作られた半導体チップなどの部品を指すのが通例である。

ファブレス企業：設計に専念して製造は他社に委託する企業のこと。このような形態に転換することをファブレス化という。

IC：Integrated Circuit の略で，集積回路のこと。半導体チップともいう。特定の機能を果たす電気回路を1つの小型パッケージにまとめたもので，半導体基板上に，微細な回路（回路素子や配線など）を定着させて作る。

アイデアを発展させ，1987年にファウンドリー専業メーカーとしてTSMCを設立し，会長に就任した。工業技術研究院からTSMCには，試験工場が貸与され，技術が移転された上，150人もの技術者がスピンアウトして移籍している。そして，1995年，UMCもファウンドリー専業に転換した。

その後，TSMCは大躍進を続け，2006年には世界の半導体売り上げ額ランキング7位に入っている（『電波新聞』2007年2月19日付）。

3　21世紀の模索

以上のように，パソコンのODM受託，半導体ファウンドリーという2つの確たるビジネスモデルを築き上げた台湾であるが，21世紀に入る頃より，特にパソコンメーカーは，様々な模索を行っている。

台湾のパソコンメーカーは，上述の通り，機動性と柔軟性のある供給力を生かして先進国企業に製品を提供するODMサプライヤーとしての地位を確立した。しかし低利潤のODM受託による成長には限界がある。**スマイルカーブ**という概念が示すように，パソコン産業における最終組み立て工程の利潤は最も低い。またODMは，複数の企業が激しく競合しているため買い手優位の市場であり，その価格競争は極めて厳しい。委託側の先進国企業は主要部品の仕入先を指定し，それらの仕入値を把握した上で受託側の台湾企業と製品の価格交渉を行うこともあるため，受託側の利潤は必然的に低くなるのである。

しかし，台湾のパソコンメーカーは，ODMサプライヤーに特化した成長を遂げたため，マーケティングや販売のノウハウをもたず，自社ブランド事業ができていない企業がほとんどである。そのため，ODMに徹底して特化し大規模な投資を行って生存を図る戦略を採るほか，携帯電話機への進出も始めてい

スマイルカーブ：パソコンメーカーであるエイサー（宏碁電脳）の創業者，施振栄が発案したもので，情報産業における収益構造を示すものとしてよく利用される概念。事業プロセスの川上に位置する商品コンセプト立案や開発，川下にあたる販売や保守の収益性は高いが，中間の組み立て工程の収益性は低い傾向がある。これを，縦軸に付加価値，横軸に事業プロセスをとってグラフ化すると，図2-1が示すように，両端が高く，中ほどが低い線が描け，ちょうど笑った時の口のラインのようになることから，「スマイルカーブ」と呼ばれている。

第2章　台　湾

付加価値

商品コン
セプト立
案・開発など

組み立て
など

販売・保守
など

事業プロセス

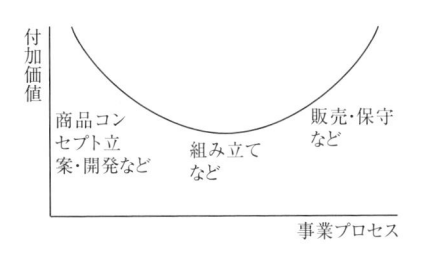

図2-1　スマイルカーブ

る。

　一方で，ODM 事業を切り離して，本体では自社ブランドを推進し，世界シェアで上位にランク付けされるようなエイサーといった企業も出てきた。

　また，大規模な EMS としての受託生産に特化する企業もある。

　以下に，その様々な模索をみていく。

1 ODM 特化戦略を採るパソコンメーカー

　多くの台湾のパソコンメーカーが自社ブランド事業を行わない要因は，以下のように考えられる。

　第一に，販路を ODM に依存した成長を遂げてきたため，自社ブランド事業に必要なマーケティング・販売などのノウハウをもたないことである。また，ハード面の投資に比べて，これらソフト面への投資には抵抗もあるとみられる。ある中国のパソコンメーカーの幹部は「台湾企業は，工場建設などへの投資は数億ドルでも顔色一つ変えずに行うが，マーケティングや広告への投資は非常に出し渋る」と評する（『工商時報』2003 年 5 月 17 日付）。

　第二に，台湾企業が自社ブランド事業と ODM 事業を同時に行うということは，ODM 顧客（先進国企業）からみれば，ODM 委託先が競合相手になるということであるため，それを嫌う ODM 顧客が離れて行くというリスクがあるものである。そのため，自社ブランド事業と ODM 事業の両立は必然的に困難になる。

　その結果，自社ブランド事業と ODM 事業を兼営する企業群の成長率が鈍化し，代わって ODM 事業に特化して資源を投入し，ブランド企業の黒子に徹し

61

て忠実にサービスを提供する姿勢が鮮明な企業群の顕著な成長がみられるようになった（川上桃子〔2005〕「台湾パーソナル・コンピュータ産業の成長要因——ODM受注者としての優位性の所在」今井健一・川上桃子編『東アジア情報機器産業の発展プロセス』日本貿易振興機構アジア経済研究所）。

　ODMに特化した企業は，先進国企業のみならず，90年代後半からは中国企業にも供給を行い始めた。また，パソコンではODM受託に専念する一方，ODM顧客と競わないニッチ市場に照準をあてて自社ブランドを展開するという，2本立てで生存を図ろうとする企業もある。

[2] 自社ブランドとODMを分社化する戦略を採るパソコンメーカー

　一方，ODM事業を子会社として切り離し，親会社は自社ブランド事業に特化した戦略を採っている企業に，エイサーがある。

　エイサーは長らく，自社ブランド事業とODM事業を兼営してきた。そして，経営が悪化するたびに，ODM事業の比重を上げることで，回復を図ってきた。しかし，1990年代末頃には，自社ブランド事業とODM事業を並行して進めることの矛盾が次第に顕著になってきた。第一に，前述した通り，ODM事業の顧客と自社ブランド事業は，市場において競合する関係になる。世界的に競争が激化する中で，ODM事業の顧客が，エイサーから他のODM専業メーカーに委託先を移すという事態が起きた。第二に，エンドユーザーを顧客とする自社ブランド事業と，ブランド企業を顧客とするODM事業とでは，経営方式に大きな違いがある。社内での資源配分において，どちらを優先するかという問題が，かねてより存在していた*。

*　楊・鄭（2003）によれば，台湾企業がODM事業と自社ブランド事業を兼営しようとする場合，ODM事業には能力が高い人材が配置され，自社ブランド事業にはいわゆる二軍が配置されることが一般的であるため，台湾人の面子を重んじる民族性からして，組織内の衝突を招く可能性があるという（楊千・鄭淑文〔2003〕「自有品牌與OEM的迷思——以宏碁為例」『中華管理学報』第四巻第一期，98頁）。

　そして，2000年，ODM事業の最大の顧客であったIBMがエイサーへの発注を停止したため，エイサーは200億元の注文を失った。この業績不振を契機

に，エイサーは本体から生産部門を切り離し，緯創資通というODM事業に特化したメーカーとして独立させた。そして，この緯創資通や他の台湾のODM専業メーカーにODM委託を行うようになった。

この戦略は奏功した。価格競争力に優れたODM専業メーカーから調達することで，エイサーの競争力は高まった。さらに，1997年に買収したTIのパソコン部門のイタリア子会社の強い販売力に助けられ，イタリアでのトップシェアを取り，そして2004年にはヨーロッパ全体でもトップシェアを取るまでになった。

その後，ゲートウェイやパッカードベルなどアメリカ企業を次々に買収し，エイサーはノートパソコンで世界上位のシェアを争うような地位に立つに至ったのである*。

 *　本節の記述の一部は，佐藤幸人（2007）『台湾ハイテク産業の生成と発展』岩波書店，を参考にした。

3　携帯での挑戦

2000年代に入り，台湾のパソコンメーカーは，コスト削減のために中国生産にシフトしていった。そのため，台湾内のパソコンの生産は激減したが，この空白を埋め合わせるように，携帯電話機産業に，クアンタ（広達電脳），コンパル（仁宝電脳）などのノートパソコンメーカーが一斉に参入した。そして2005年には，台湾における携帯電話機の生産額は，ノートパソコン生産額を上回るまでに拡大した。

それは，台湾の携帯電話の急速な普及に裏づけられている。人口あたりの携帯電話契約数の比率は，1997年の7％から，2003年の114％に急上昇した。この携帯電話市場の拡大が，ビジネスチャンスをもたらした。

さらに，中国の携帯電話機市場の拡大が追い風になった。ノキア，モトローラなどの先進国企業が，コスト削減のため，中国向けの携帯を台湾企業にODM委託するようになったのである。

しかし，パソコンに比べて，携帯電話機では先進国企業の外注比率が低い。例えば，比較的外注比率の高いモトローラでも30％程度である。したがって，

携帯では，パソコンのようなODM専業という業態は成り立たない。

これに対し，台湾のパソコンメーカーは，様々な工夫をしている。パソコンで培った小型化設計能力，設計から量産までの工程管理ノウハウ，部品サプライヤーとの関係（パソコンと携帯電話の部品の共通化や，同時調達による調達コスト引き下げ），部品に関する知識や交渉力を生かすなどである。

また，携帯電話機において，OEM事業と自社ブランド事業の兼営に挑む企業もある。HTC（宏達国際電子）は，欧米の50社以上からOEMを受注しつつ，中国で自社ブランドを展開し，さらに，アジア市場全域で自社ブランド展開を行う意向である。パソコンではどの企業もなし得なかった自社ブランドとOEM事業の両立が成功するか，関心が高まっている*。

* 本節の記述は，川上桃子（2006）「台湾携帯電話端末産業の発展基盤——受託生産を通じた企業成長の可能性と限界」今井健一・川上桃子編『東アジアのIT機器産業——分業・競争・棲み分けのダイナミクス』日本貿易振興機構アジア経済研究所，を参考にした。

4 大規模なEMS

一方，EMSという業態に特化し，圧倒的な生産量を誇っている企業に，ホンハイ（鴻海，またはFoxconn）がある。

1974年，コネクタなどの樹脂部品を生産する部品メーカーとして創業したホンハイは，1990年代後半にパソコンのEMSを開始して以降急成長を遂げ，EMS業界で世界最大の企業になった。

その後，携帯電話機，アップルの携帯音楽プレイヤー「iPod」，任天堂のゲーム機「DS」，デジタルカメラなどにも範囲を広げてきた。

ホンハイの強みは，まず，**金型**から筐体・コネクタ・ケーブルに至るまで，

EMS：Electronics Manufacturing Serviceの略で，他メーカーから受注した電子機器の受託生産を専門に，かつ大規模に行う企業のこと。EMSと，類似した形態であるODMの違いを明確に定義することは難しいが，概ね，表2-2のように整理できると思われる。

金型：工業製品を製造するための型のことで，多くが金属製であるためこう呼ぶ（鯛焼きの型をイメージするとわかりやすい）。専門の技術が必要なため，メーカーが自社内で作成するのではなく，金型専門の企業に外注するのが一般的である。

表2-2 ODMメーカーとEMSメーカーの差異

項　目	ODM	EMS
受託する製品の範囲	パソコン，一部携帯電話機も	パソコン，携帯電話機，デジタル家電など多様な電子機器
規　模	比較的小規模	大規模
自社ブランド	行う企業もある	ほとんど行わない
立　地	主に台湾	アメリカ，アジア，ヨーロッパ

(出所)　Sturgeon, Timothy J. and Lee, Ji-Ren (2001) "Industry Co-Evolution and the Rise of a Shared Supply-Based for Electronics Manufacturing", *Globalization Study, MIT Industrial Performance Center Special Working Paper Series*, 01-003, Cambridge, pp.10-13；1990年代に台湾企業でOEM営業に従事していた人物への取材（2003年9月），台湾企業にODM委託している日本企業への取材（2004年4月）などにより筆者整理。

様々な部品を自社内で作ることによる，生産リードタイムの圧倒的な短さと，価格の安さである。例えば，金型の製作は，外注すれば1～1.5カ月かかるのが通常であるが，ホンハイは内製するため，携帯電話機の金型ならわずか7日間で作れるという。また，iPodの裏面に使われているステンレス鏡面加工技術や，日本の自動車産業から生産技術者をスカウトして構築した効率的な生産ラインといった，高レベルの生産技術も，強みの1つである*。

　*　本節の記述の一部は，「鴻海（Hon Hai）は敵か味方か」『日経エレクトロニクス』第931号（2006年7月31日）87-114頁，を参考にした。

5　生産拠点移転

　台湾では，労働力不足，環境保全運動の高揚，労働・土地コストの上昇により，1980年代後半から対外投資を行って生産拠点を移転させる企業が増え始めた。投資先は，中国が圧倒的多数を占めているが，2000年代後半に入り，ベトナムも増加してきている。

　①中国への移転

　1990年に台湾政府が中国への間接投資を許可したことから，香港経由で，対岸にあたる，福建省・広東省などの華南地区に投資し，生産拠点を置く企業が増加していった。

　台湾政府は長らくハイテク製品の対中投資は規制していたが，この規制をか

いくぐる形での投資が後を絶たなかったため，政府は2001年，それらの投資を追認する形で，対中投資政策を「戒急用忍」（急がず忍耐をもって）から「積極投資・有効管理」に転換し，さらに，ノートパソコンをはじめとするハイテク製品の投資規制も解禁した。これにより，ハイテク製品の対中投資も進んだ。

　そして，投資先は，福建省・広東省などの華南地区から，上海近郊の華東地区にシフトしてきた。これは，華東地区は，技術者の賦存量が相対的に多いこと，大消費地上海を含むため市場としても魅力的であることによる。パソコンメーカーも，2000年頃から次々に華東地区に投資している。最大手であるクアンタとコンパルも，ともに2000年に華東地区に生産工場を設立した。こうして，華東地区の蘇州市界隈には台湾企業の一大集積が形成された。この集積がさらなる投資を呼ぶという循環を起こし，中国に駐在する台湾人は100万人に達したといわれる。

　このように，台湾企業が中国に次々に投資していることにより，台湾の空洞化を心配する声もある。しかし台湾政府は，高付加価値の活動，例えば研究開発活動などを台湾に残すことで，乗り越えようとしている。

②ベトナムへの移転

　一方，中国では，労働コストの急上昇など，投資環境が急速に悪化してきている。また，生産拠点を中国に一極集中させることにはリスクが伴う。そこで，台湾企業は，中国以外に投資先を移し始めた。台湾政府も，「南向政策」を提唱し，台湾企業の東南アジア投資を後押ししている。

　ベトナムは，労働力および土地取得コストの低さ，華人社会との関係，中国との地理的な近さ，アセアン域内での低関税などのメリットを有しており，台湾企業にとって魅力の高い投資先である。また，ベトナムは，台湾政府の南向政策の重点投資国として選定されている。そのため，投資地域を中国華南地区からベトナムに切り替える台湾企業が増えてきている。

　実はベトナムは，台湾企業にとって早くからの投資国であり，古くから，繊維，食品，製靴，化学，二輪車などの業種を中心に，南部地域への投資が行われてきたが，近年はハイテク産業の投資が増加し，また，投資先は，南部地域から北部地域へ移ってきている。それは，ベトナムの北部地域は台湾企業が集

▶▶ *Column* ◀◀

台湾における，先進国からの帰国者の貢献

　途上国から先進国への人材の移動は，かつては「頭脳流出」（brain drain）と呼ばれ，途上国にとっての人的資源の喪失と捉えられてきました。しかし 1980 年代後半頃より，先進国で高度な技術を学び，それを先進国企業で実践した後，技術のみならず経営ノウハウまで母国に持ち帰る動きが出てきました。これを「頭脳還流」（brain circulation）といいます。まず 1980 年代に台湾・韓国が，そしてその後 10 年遅れで中国やインドが，この局面に入ったといわれています。

　台湾では，主にアメリカに留学し，シリコンバレーで就労した経験をもつ帰国者により，先端技術がもたらされました。シリコンバレーから技術を持ち帰り，国立の研究機関である工業技術研究院での開発の先頭に立ち，そこで開発した技術をもってスピンアウトし，新竹科学工業園区で起業するというパターンもしばしばみられました。

　帰国者が創業した企業は，台湾の既存産業を革新することも多くありました。一例として，アメリカのヒューレットパッカードに 10 年以上勤務した黄國欣が興した，LED 製造の國聯光電が挙げられます。台湾のそれまでの LED 産業は，日本から輸入した半導体ウエハーからチップを切り取りパッケージングするという労働集約的な後工程のみを行っており，斜陽産業に属すると考えられていました。しかし黄國欣は，発光物質を埋め込んだ半導体ウエハー製造という前工程まで手がけ，國聯光電をわずか半年間で黒字に転換させたのです（『天下雑誌』1994 年 9 月 1 日）。

　帰国者がもたらしたのは，技術だけではありませんでした。それまでの，前近代的な家族経営に代わる，近代的な組織としての企業の経営スタイルをもたらし就労形態を大きく変えたという面での貢献にも，多大なものがありました。

　また，帰国者が保ち続けるシリコンバレーとのネットワークも，台湾の技術発展に対して大きな貢献をしました。

中する中国の華南・華東地区からのアクセスが良いため，陸路でのサプライチェーンを形成できるという理由によるところが大きい。

　例えば，前述した，EMS の世界最大手であるホンハイも，2007 年，ベトナム北部のバクニンに工場を設立し，中国の広東省深圳とサプライチェーンを形成した。1200 億円を投じ，1000 ha の土地を確保，コンピュータ，携帯電話機，家庭用電子機器などの生産を行い，ベトナムで最大の外資輸出メーカーとなっ

たが，この工場にとどまらず，今後もベトナム投資を拡大する予定という。

なお，ホンハイは，工場設置決定からわずか8カ月で工場の操業開始にこぎつけたという。ここにも，台湾企業のスピードの速さを垣間見ることができる。

このように台湾企業のベトナム投資は増加しており，2008年には3000社を超えた。今後，ベトナムにも，台湾企業の一大集積地が築かれることもあろう*。

* 本項の記述は，経済部投資業務処『中華民国台湾投資通信』Vol.149，2008年1月を参考にした。

[推薦図書]

A. サクセニアン／酒井泰介訳（2008）『最新・経済地理学――グローバル経済と地域の優位性』日経BP社
　コラムで紹介した，シリコンバレーからの頭脳還流がアジアのハイテク産業の発展に与えた影響に関する研究成果。

佐藤幸人（2007）『台湾ハイテク産業の生成と発展』岩波書店
　台湾の半導体産業とパソコン産業の発展を，技術者という個人を分析の中心に据えて読み解く試み。

今井健一・川上桃子編（2006）『東アジアのIT機器産業――分業・競争・棲み分けのダイナミクス』日本貿易振興機構アジア経済研究所
　携帯電話機という新しい産業のケーススタディを中心に，台湾をはじめとする東アジアにおける情報機器産業の実態を明らかにしたもの。

[設問]

1. 世界のノートパソコン市場において，台湾企業の製品が9割近くを占めている理由をまとめてみよう。
2. コラムで示した通り，先進国から頭脳還流した人材の産業発展への貢献は，他国でもみられる。他国の事例についても調べてみよう。

（中原裕美子）

第3章

中 国
——重層構造から読み解くビジネスモデル——

　近年，中国ビジネスをめぐる多くの報道を耳にします。成長著しいゆえ，変化も著しい中国ビジネスは，最新動向をつかんだと思ったとたん，新しい出来事が出現します。私たちはその特徴をどのようにとらえたらよいのでしょうか。本章では，中国の社会的・歴史的な背景を踏まえながら，その特徴を立体的に理解する方法を探っていきましょう。

1　「中国のビジネスモデル」：その立体的なとらえ方とは

1　中国企業のイメージ

　日本において，一口に「中国企業」といったとき，人々はどのようなイメージを抱くであろうか。20年前に中国を旅行した人は，雄大でゆったりした時間の流れと当時の社会主義のあり方を結びつけ，のんびりした国営企業のイメージを連想するかもしれない。それとはまったく反対に，近年の中国経済の高成長に着目して中国株に興味をもち，自分のお金を投資する対象として，「果たしてこの企業は儲かるか」，「元気のいい企業はどこか」などの情報を知りたいと思うかもしれない。また，ある人は，身の回りにある様々な製品が「メイド・イン・チャイナ」であることから，低コストの工業製品の生産拠点として中国企業をイメージするかもしれない。さらには，中国からの一部輸入食品の安全性が報道されたことから，中国ビジネスのあり方に漠然とした不安を抱く人がいるかもしれない。

　このように様々な中国企業のイメージがあり，しかもその変化が目まぐるしいとなると，いったいどのように「中国のビジネスモデル」を理解したらよいのだろうか。

2　重層構造としてのビジネスモデルの背景

　まず，現在の中国企業を，日本や米国などの企業と同じ性質をもつ企業としてとらえるか，何か独特な性質をもつものとしてとらえるか。ここから始めることにしよう。筆者の考えは，中国企業は世界の様々な企業と同様に企業として普遍的な性格をもっているが，中国をめぐる社会的・歴史的な背景が企業のあり方にかなり影響を及ぼしている，というものである。では，ここでいう社会的・歴史的な背景とは何だろうか。簡単に「伝統中国」，「社会主義の中国」，「改革・開放の中国」という3つの層に分けて考えてみよう。

　「伝統中国」というのは，「中国4000年の歴史*」の古い昔から今日までの伝統思想が脈々と伝えられていることを指している。中国では農耕を重んじる発想から，自然に対する畏れとしての「自然の天」と，祖先を敬い家族を大切にする「天命の天」とが，「天人合一」の宇宙観の中で一体化され，後代まで継承されてきた。両者はあたかも太陽と月，山と川のような互いを必要とする関係の中で，あるいは道家思想，あるいは儒家思想となり，こうして儒・仏・道が一体化した奥深い中国思想が形成されてきたのである。企業経営との対応でいえば，信賞必罰式の成果主義のルールを労務管理に応用しようという側面は「自然の天」の系列であり**，企業トップが従業員に対して示すリーダーシップと人徳という側面は「天命の天」の系列に相当するとみることができる。

　＊　夏王朝が紀元前21世紀に始まるという学説に従えば約4000年という計算になる。
　＊＊　以下の本を参照した。蘇東水（2005）『東方管理学』復旦大学出版社；高晨陽（1994）『中国伝統思維方式研究』山東大学出版社；岳智（2005）「中国古代諸家関於和諧社会的理想与実験」熊月之主編『和諧社会論』時事出版社。法家思想は，司馬遷『史記』の「老子韓非列伝」の発想にならい，自然法則に従うという意味合いから「自然の天」の流れに位置づけうる。

　ところで，今日の中国を理解するには，新しい面にも着目する必要があるだろう。まずは「社会主義の中国」がこれである。主として1949年に中華人民共和国が建国されてからの話であるが，現在の中国に与えた影響は甚大である。中国大陸では現在，**「社会主義市場経済」**という体制を掲げており，旧ソ連型の「古い社会主義」とは異なっている。かつてのように，計画経済，生産手段

の私的所有の禁止,労働に応じた分配,「社会主義に失業はない」というスローガンなどが絶対視されることはなくなった。とはいえ,現在でも中国では「最終的にともに豊かになる」という理念を掲げているし,国有企業がなくなったわけでもない。これまで堅持している社会主義の経験は,直接的・間接的な形で中国企業の経営に対して何らかの影響を与えているのである。注目されるのは,搾取・収奪・抑圧のない平等社会の構築などを旨とするマルクス主義が導入されたのは中国にとってここ100年足らずの事柄ではあるが,実は『礼記・礼運篇』などの古典にも同様の理念が謳われているという指摘である*。つまり,「社会主義の中国」における経験として認識されてきた運営方式は,「伝統中国」の理念にまで遡りうる可能性もある。

  * 溝口雄三(1991)『中国の思想』(放送大学教育振興会)は73-74頁において『礼記・礼運篇』より「孔子曰く,大道の行わるるや,天下を公と為す」の一節を挙げている。

さらに最近になると,鄧小平の打ち出した1978年末から始まる**改革・開放政策**への転換,すなわち,計画経済から市場経済へ,政治中心から経済中心の国家運営へと切り替わった「改革・開放の中国」を見落とすことができない。「改革」とは国内諸制度の改革を指し,「開放」とは対外開放を指しているが,この政策の骨子を資本主義的な手法の導入として理解する向きもある。直近30年少々の歴史であるとはいえ,現実におけるその思想的な影響は極めて大きい。改革・開放政策が始まるまでは,毛沢東の提唱した「自力更生」,すなわち,外からの援助に依存せずに自力で事を進めていく考え方が基本になっており,先進資本主義諸国との間の経済格差が歴然として現れていたのだが,当時は政治が優先される体制であるため,こうした危機感を表明することは危険であった。それだけに,文化大革命の終結後,改革・開放政策の開始を機にして,中

社会主義市場経済:計画経済期まで中国経済の主役とされてきた国有企業のほか,私営企業・自営業者や外資系企業などの様々な所有制形態の企業が,長期的に共存・発展することを認め,市場経済を通じた効率を追求しながらも社会の公平性に配慮した政策を打ち出すことにより,社会全体の利益の調和を図ろうとする経済体制をいう。

改革・開放政策:1978年12月の中国共産党第11期中央委員会第3回全体会議(第11期3中全会)以降に展開する政策路線をいう。ここでの改革とは集権的計画経済から市場経済への転換を柱とする経済体制改革などの国内諸制度の改革を指し,開放とは対外開放により海外の事物を国内に取り入れて中国経済等を活性化することをいう。

国企業が市場経済という共通の土俵で世界各国の企業と切磋琢磨しうる時代を迎えるようになったことは，格別の意義があるといえるわけである。

3　複眼思考による立体映像

以上3つの層を踏まえ，いかにして今日の「中国のビジネスモデル」が導き出されるのであろうか。ここでは「複眼思考による立体映像」の比喩でその原理を説明しよう。

例えば，ある中国企業の報道がメディアを通じて日本国内でなされたと想定しよう。この報道に接したとき，中国事情をよく知る人と知らない人が受け取る印象は，しばしば大きく異なるのである。よく知る人は，中国が歩んできた経緯を踏まえ，過去の経験に照らしながら目の前の現象を解釈する。「変化している中国」と「変化していない中国」を座標軸に対応させることで，現在と過去の2つの光が立体像を結び，少し未来の道行きを予測するのである。これが「中国のビジネスモデル」を立体的にとらえる原理にほかならない。つまり，目の前の中国企業を歴史との関連で動態的に把握するわけである。

精度の高い「立体映像の装置」を求めるためには，若干の具体的な視角を加えることをお勧めしたい。①中国的な思考方式，②中国を取り巻く外部環境の変化，③人々の意識変化（富裕層・中間層と貧困層，年配者と若者など），④都市と農村，⑤各地域の特色，⑥漢民族と少数民族，⑦中央と地方，⑧公式見解とちまたの声，⑨本音と建て前，⑩中国への各国メディアの関心と実態の違いなどがこれである。目の前の情報は，現在の実態を代弁するシグナルなのか，例外的なケースなのか，近い将来に広く発生する可能性のある萌芽なのか。①〜⑩はこうした判断を下す際の手がかりを得るレンズとして活用されたい。

重要なのは，中国企業をダイナミックな体系としてとらえようとする姿勢にある。目の前の中国企業のありさまが，別の中国企業や将来の同一企業のありさまに機械的にあてはまるとは限らない。毎年高い経済成長を示している国の企業が何年も同じ経営スタイルを保っていられるだろうか。海外からみると「中国の制度はコロコロ変わる」と映るかもしれないが，当事者の立場からすれば，外部環境の変化に適応しながら自己のシステムを維持・発展させようと

企図するものであり，複眼思考が必要なのはまさにこの理由による。モデルの陳腐化を恐れるならば，歴史を知ることがかえって早道になるのである。

4 この章におけるビジネスモデルの提起

　2008年の時点で，中国ではビジネスモデルに関する出版物が多く世に出されている。書店の書棚をみると『中国四大企業の経営モデル』，『中国市場における10種の利益獲得モデル』等々，様々である＊。これらの書物は，中国内外における既存の典型的なビジネスモデルを参考にし，これからの企業家がビジネスで新たな利益を獲得するにはどんな仕組みを構築することが有効であるか，というテーマが関心事となっている。

　＊　中国語で書かれた最近のビジネスモデル関連の本を若干紹介しておこう。程書林編著（2006）『最有効的贏利新模式』中国紡織出版社。崔毅編著（2007）『贏利模式』清華大学出版社。孫権・王東（2007）『中国四大企業的管理模式』企業管理出版社。王方華・徐飛主編（2007）『贏利模式新突破』上海交通大学出版社。徐天鐸主編（2007）『創意贏利新模式』中国紡織出版社。祝暁東・周海濤編著（2006）『影響中国企業的十大管理模式』経済管理出版社。郭金竜・林文竜（2005）『中国市場十種贏利模式』清華大学出版社。康栄平・柯銀斌・許恵竜（2006）『冠軍之道：利基戦略設計与実施』中国出版集団・中国対外翻訳出版公司。何志毅主編（2007）『中国管理創新：2006・2007"中国管理学院奨"獲奨案例集』北京大学出版社。

　これに対して，この章におけるビジネスモデルは，こうした「利益獲得の仕組み」を意識しながらも，「中国ビジネスの構造とそのダイナミズム」を認識する基本的なスキルの獲得を念頭に置き，以下の諸点をめぐる確認を重点としていきたい。第一は，中国企業の所有制形態とその関連法規をめぐる確認である。第二は，農村部への視点と民営企業の経営メカニズムに関する確認である。第三は，中国企業で働く人々の行動様式とその背景に関する確認である。これらは，「社会主義の中国」に「改革・開放の中国」が覆いかぶさり，通奏低音としての「伝統中国」が横たわる現況における中国企業の行動を理解するのに役立つであろう。最後に，応用問題として，中国社会の急速な変化に対応すべきビジネスモデルのあり方を展望し，1つの試論として経営管理の「儒法モデル」を示すことにしたい。

2 「中国のビジネスモデル」を組み立てる構成要素

1 所有制形態への視点：変化しつつある「社会主義の中国」

　はじめに，「社会主義の中国」との関連で，中国企業の所有と経営をめぐる担い手に着目していこう。1949年に中華人民共和国が建国され，社会主義建設がめざされる過程において，企業は公有化され，1978年には統計上100%の企業が公有制企業となった。しかし，改革・開放政策の開始により，公有制企業以外の所有制形態を認めようという動きが現れ始める。そうしなければ当時の先進資本主義諸国との経済格差がますます拡大することが懸念されたからである。その後30年近く経過した2006年になると，**表3-1**が示すように私営企業や外資系企業が中国経済における大きな役割を果たすまでに至っている。

表3-1　2006年の所有制形態別による中国工業企業のデータ*

	企業数		工業生産総額		資産総額		利潤総額		従業員数	
	(社)	%	(億元)	%	(億元)	%	(億元)	%	(万人)	%
内資企業	241,089	79.8	216,512	68.4	214,106	73.5	14,120	72.4	5,240	71.2
国有企業	14,555	4.8	30,728	9.7	48,942	16.8	2,012	10.3	707	9.6
集団所有制企業	14,203	4.7	9,175	2.9	5,504	1.9	529	2.7	267	3.6
株式合作企業	6,313	2.1	3,079	1.0	2,107	0.7	147	0.8	91	1.2
事業体連合企業	1,075	0.4	1,306	0.4	1,461	0.5	78	0.4	24	0.3
有限責任会社	47,081	15.6	70,814	22.4	83,023	28.5	5,380	27.6	1,708	23.2
国有独資会社	1,343	0.4	15,601	4.9	26,883	9.2	1,337	6.9	397	5.4
その他の有限責任会社	45,738	15.1	55,213	17.4	56,139	19.3	4,043	20.7	1,311	17.8
株式会社	7,210	2.4	33,597	10.6	32,173	11.0	2,751	14.1	456	6.2
私営企業	149,736	49.6	67,240	21.2	40,515	13.9	3,191	16.4	1,971	26.8
その他の企業	916	0.3	574	0.2	382	0.1	32	0.2	16	0.2
香港・マカオ・台湾系企業	29,181	9.7	33,760	10.7	27,291	9.4	1,796	9.2	1,031	14.0
外資系企業	31,691	10.5	66,317	20.9	49,818	17.1	3,588	18.4	1,087	14.8
合弁企業	13,256	4.4	29,079	9.2	22,218	7.6	1,657	8.5	388	5.3
合作企業	1,499	0.5	1,852	0.6	1,837	0.6	153	0.8	42	0.6
独資企業	16,552	5.5	33,425	10.6	23,084	7.9	1,592	8.2	629	8.5
外資系株式会社	384	0.1	1,961	0.6	2,679	0.9	186	0.9	28	0.4
合　計	301,961	100	316,589	100	291,215	100	19,504	100	7,358	100

（注）　* これは国有企業および主要業務を通じて得られた年間収入が500万元以上の非国有企業のデータを掲載した表である。
（出所）　中華人民共和国国家統計局編（2007）『中国統計年鑑：2007』中国統計出版社，501頁。

第3章　中国

表3-2　中国企業の所有制形態

日本語の名称		中国語の名称			内　容
国有企業		国有企業 (全民所有制企業)			全人民を代表して国家が生産手段を所有する形態。かつては「国営企業」と呼ばれていた。
集団所有制企業[1]		集体企業 (集体所有制企業)			労働者や村民などが自ら組織し，集団で生産手段を所有し，経営を行う形態。
株式合作企業		股份合作企業			労働者が1人1票を有する出資者になるケースが代表的な形態であるが，地域などにより様々な方式がある。株式制企業とは異なる。
事業体連合企業		聯営企業			所有制形態が同じであるか異なる複数の企業もしくは事業体の共同出資による組織形態。
株式制企業	有限責任会社	股份制企業	有限責任公司		出資者がその出資額をもって会社に対する有限責任を負う形態。有限責任会社は50名以下の出資。株式会社は2～200人の発起人。国家が全額出資する有限責任会社を国有独資会社と呼ぶ。
	株式会社		股份有限公司		
私営企業		私営企業			私人が生産手段を所有し，雇用労働を基礎とする営利組織の形態。
自営業者		個体戸			労働者個人が生産手段を所有し，労働成果を労働者個人と家族の成員が直接支配する形態。従業員数が8名未満のものをいう。
香港・マカオ・台湾系企業		港澳台商投資企業			香港・マカオ・台湾の投資者が出資する形態。
外資系企業	合弁企業	外商投資企業	中外合資経営企業[2]	三資企業[3]	中国側と外国側が出資比率を定める形態。
	合作企業		中外合作経営企業		中国側と外国側が具体的な出資条件や利益配分・リスク負担を契約する形態。
	独資企業		外資企業		外国の投資者が全額を出資する形態。
	外資系株式会社		外商投資股份有限公司		外国の投資者が出資する株式会社。

(注)　1)　企業グループやその中核会社等を指す「集団公司」は，集団所有制企業とは異なる。
　　　2)　中国語の「合資」は，日本の合資会社の意味ではなく，合弁を指している。
　　　3)　外資系企業と香港・マカオ・台湾系企業を総じて俗に「三資企業」ともいう。香港・マカオ・台湾系企業にも合弁・合作・独資・株式会社の区別がある。
(出所)　中華人民共和国国家統計局編（2007），559頁に掲載されている「主要統計指標解釈」を主として参照した。

　さて，表3-1における企業分類の仕方について，中華人民共和国国家統計局が編集した『中国統計年鑑』などを参照しながら一覧表にまとめたのが**表3-2**である。

この表で基本としてまず押さえるべき点は，公有制企業と非公有制企業という2つの大きな類型に分かれることである。国有企業，集団所有制企業，株式合作企業の三者は公有制企業に分類され，私営企業，自営業者，外資系企業は非公有制企業に分類される。

ただし，株式制企業と総称される有限責任会社と株式会社は必ずしも非公有制企業であると言い切ることができない。有限責任会社の中でも国有独資会社の形態をとる場合は公有制企業であり，株式会社の支配的株主が国有企業である場合も同様のことがいえる。

これとは逆に，公有制企業ではあるが，経営の担い手の意思決定プロセスにおいて中央政府や地方政府などの関与をあまり受けず，非公有制企業と同等水準の自主権を発揮している場合が少なくない。そのため，こうした所有制形態による分類とは別に，政府に依存せずに積極的な運営を行う経営メカニズムを企業が有しているかどうかに着目する分類がある。それは民営企業というカテゴリーである。個人業者や私営企業に加え，活発な経営メカニズムを有する株式制企業や集団所有制企業などを含めて，民営企業と呼ぶことがある。

改革・開放政策以降の30年を経てこうした民営企業が中国経済の中に占める割合が増加したことは，「改革・開放の中国」を特徴づける1つの大きな動きであるということができるのだが，そこでの企業経営の特徴に関しては後述の本節第3項の中で改めて考察したい。

[2] 企業のガバナンス改革：それでもなぜ「社会主義の中国」なのか

それでは，改革・開放政策の過程において中国企業のガバナンスがどんな変化をみせてきたのだろうか。次項以下の考察に先立ち，まずは従来の社会主義の典型ともいえる公有制企業に焦点をあててみよう。

従来の公有制企業の運営方式は，行政機関が企業に介入する形式をとるもので，しばしば市場におけるニーズよりも行政命令が重視される感があった。しかし，これでは非効率な経営に陥ることがわかり，改革・開放政策以降に様々な企業改革が行われてきた。1979年からの「放権譲利」（上部機関のもつ権限の一部を企業側に移管する），1984年からの「利改税」（利潤上納制から租税制に切

り替える），1987年からの「承包制」（上部機関と企業との間であらかじめ利益分配の仕方などの請負契約を行う）などがこれである。その後，今日の中国企業のガバナンスを理解する手がかりになる法令が提出されている。

その1つめは，1988年より施行された「工業企業法」（中国語で「中華人民共和国全民所有制工業企業法」という）である。関連する法令として，これに先立って，1979年7月「国営工業企業経営管理自主権の拡大に関する若干の規定」，1984年5月「国営工業企業の自主権を一層拡大することに関する暫定規定」などが公布・実施されている。

工業企業法では，国有企業が，法律に基づいて自主的に経営意思決定を行う権限を有し，独立の企業体として損益の自己責任を負う経済組織であることが謳われているほか，従業員代表大会，企業内党委員会，工会が支える企業内ガバナンスの構図が**表3-3**のような形で規定されている。これら3つの会は総称して「老三会」と呼ばれてきた（中国語の「老」は「古い」の意味）。このうち，企業内党委員会のトップである「**党委書記**」（企業内の党委員会書記）は，「社会主義の中国」を始めて以来，社長以上の権力を発揮することがしばしばあったが，工業企業法では社長が生産経営の長であると明記されている。

その2つめは，1992年より施行された「経営メカニズム転換条例」（中国語では「全民所有制工業企業転換経営機制条例」）である。これは，企業財産に対する占有・使用と法に基づく処分の権利をめぐって，以下の14の自主権が，政府側にではなく，企業側にあるべき経営権として明示された点が特徴的である。すなわち，1）生産経営決定権，2）価格決定権，3）製品販売権，4）物資購入権，5）輸出入権，6）投資決定権，7）留保利潤支配権，8）資産処分権，9）連合・合併権，10）労働雇用権，11）人事管理権，12）賃金・ボーナス分配権，13）内部機構設置権，14）分担金拒否権 が企業の側にある，とされたのである。

党委書記：各企業で作られる中国共産党の末端組織（中国語では「基層組織」）は，株主総会，取締役会，監査役会，社長の法による職権行使と，従業員たちの声に基づく従業員代表大会の活動を支持し，企業の重要問題の意思決定に参画する，という政治的中核の役割をもつ。本章でいう党委書記とは，こうした党の末端組織の最高責任者を指す。

表 3-3 工業企業法（1988 年）による企業内ガバナンス

日本語の名称	中国語の名称	条文	内 容（抜粋）
社 長	廠長／経理	7条	企業は社長責任制を実施する。
		45条	企業の法定代表人。生産経営のトップ，企業の中心として責任をもつ。賃金調整案などを提示する。（意思決定権，指揮権，賞罰権，行政任免権等）
企業内党委員会	（中国共産党の）基層組織	8条	党と国家の方針・政策が企業で貫かれることを保証・監督する。
従業員	職工（職員＋工人）	9条	国家は従業員の主人公としての地位を保障し，法律がその合法的権益を保護する。
労働組合＊	工 会	11条	従業員の利益を守る。青年・女性・科学技術要員がその役割を発揮できるように努める。
		51条	工会委員会が従業員代表大会の日常業務を行う。
従業員代表大会	職工代表大会	51条	従業員が民主的管理権力を行使する機関。
		52条	社長の経営方針を聴取し意見を提示する。賃金調整案を審査し同意の可否を決める。住宅割当案など従業員の福利に関する切実な問題を審議する。
経営委員会等	管理委員会等	47条	各部署の責任者と従業員代表により構成。社長がその主任。経営方針，賃金調整案など企業の重要問題に関する社長の意思決定を助ける。（設置は任意）

（注）　＊ この章では，中国語の「工会」を，「労働組合」と仮に翻訳した。ただし，組合費を企業が負担したり，副社長が組合の代表を務めたりすることなどから，日本などの団体交渉を行うイメージの労働組合とは異なるため，このように翻訳するのは適切でないという主張がある。詳細については，本書第 6 章「人事・労務」のコラムを参照されたい。
（出所）　『中華人民共和国全民所有制工業企業法』の条文による。

　例を挙げて考えよう。社長のあなたが上部機関である政府から「貴工場では××型の自転車を年間 5 万台生産しなさい。原材料はすべて××工場から調達し，販売価格 500 元で誰々に売りなさい。機械設備は従来通りのラインを用い，従業員は 100 名，役員は××氏ら 4 名です。勝手にデザインを変えないように。付近に歩道橋を建設するので 30 万元の寄付も忘れないように」等々と指令を受けた場合，果たして消費者のニーズに応えうるイノベーションを企業内で実現する自信があるだろうか。がんじがらめの行政命令方式では真の企業経営はあり得ない――こうした問題意識から，中国企業を活性化するため，工業企業法では党委書記の存在を規定しながらも企業が社長責任制を行うと明記され，経営メカニズム転換条例では企業経営権として 14 の自主権が具体的に示され

表3-4 改正会社法（2005年）における株式会社の「新三会」等

日本語の名称[1]	中国語の名称	条文	内　容（抜粋）
株主総会	股東大会	98～108条	会社の権力機構。経営方針・投資計画の決定。従業員代表でない取締役・監査役の選任・交替と報酬の決定。利益分配案等の審議と承認。
取締役会	董事会	109～117条	株主総会の招集。経営計画・投資案の決定。株主総会の決議の執行。社長の選任・交替と報酬の決定。
監査役会	監事会	118～120条	財務の検査。取締役・社長の法令違反等の監督。
社　長	経　理[2]	114～115条	取締役会決議を執行。生産経営管理を取り仕切る。

(注) 1) 日本語の名称は，日本の制度との便宜的な対応を示しているが，内容は異なる。
　　 2) 実際は中国語で「総経理」と呼ばれることが多い。また，機能上は日本の社長というより，むしろ米国のCOO（最高執行責任者）ないしGeneral Managerに近いことがある。
(出所) 『中華人民共和国公司法』2005年10月27日修訂版。

たわけである。

　3つめの法令は，「会社法」（中国語は「中華人民共和国公司法」）である。1993年12月に公布され，1994年7月に施行されたこの法律では，有限責任会社と株式会社を法に基づく企業法人として位置づけ，日本の株式会社と同型の会社機関を設置することを謳い，国有企業を株式制企業に転換する道筋が示された。この法律は2005年に改正され（2006年施行），会社設立に関する規制緩和，株主代表訴訟の明文化，外資系企業に関する法律との関連の明記など，中国出資の株式制企業はもちろん，日本からの進出企業に関わる可能性のある多くの規定が盛り込まれている点が注目されるであろう。ここでの会社機関（株主総会，取締役会，監査役会）は表3-4の通りであり，「新三会」と総称される。

　さて，中国企業のガバナンスとの関連で，最新の改正会社法のみならず，工業企業法や経営メカニズム転換条例まで含めて取り上げたのは，主に2つの理由による。第一に，党委書記と社長の力関係である。現在は改革・開放政策が始まった直後の状況と異なっているが，企業内党組織が引き続き存在していることに変わりはない。ここから，株主総会や取締役会などの役割に加えて，独特な存在としての企業内党組織が今日いかなる「保証・監督」の役割を果たしているのか，という点が見落とせない。第二に，旧来からの国有企業のガバナンスの発想が非公有制企業において準用される可能性があるからである。

　例えば，ある中国日系企業に対して工会の設置が要求されることになったと

想定しよう。その際，日本人経営者は工会をどんなイメージでとらえるであろうか。デリケートな問題になると心配するより，むしろ約20年前のガバナンスとその変遷に対する理解をヒントにすれば，案外うまい解決策が見出されるかもしれない。実際，改正会社法にも工会の組織（18条）と企業内党組織（19条）の存続に関わる規定がみられる。この点を適切に処理するにはその大本である工業企業法の発想を理解するのが役に立つだろう。

3　中国ビジネスにみる元気の由来：農村部への視点と民営企業の活力

　ここまでは公有制企業の非効率を解消しようとする歩みに着目してきたが，ここで一転して農村部に視点を移してみよう。改革・開放政策以降に出現してきた元気のよい一面にも目を向ける必要があるからである。特に，郷鎮企業と呼ばれる農村部の経済組織とその担い手に対する考察が有益であろう。その経営メカニズムの中に企業家精神の発揚とバイタリティが観察されるからである。元気のよい中国企業の原風景を，農村企業家からハイテク企業家へ，さらにグローバル企業家へ，という展開の中に見出してみよう。

　まず，中国農村部の格別の意味合いを確認したい。2006年の中国農村部の人口は7億4000万人に達する（『中国統計年鑑2007』105頁）。これは日本の人口の約6倍という巨大な数値である。それだけに農民・農村・農業に関する諸問題（＝三農問題）の解決は，建国当初から今日に至るまで，中国社会の発展にとって重要な課題として考えられてきた。

　中国では行政区分として農村部と都市部を区別し，農村で暮らす人々が都市に流入するのを厳しく制限するため，農村部に住む「農業人口」と都市部に住む「非農業人口」を戸籍上で分けてきた経緯がある。1958年に実施された「中華人民共和国戸口登記条例」（中国語表記）によって，「非農業人口」の住民は，食糧や油などの生活必需品の計画的な配給制度，統一的な就業制度，医

三農問題：農民，農村，農業という3つの「農」に関する問題を指す。1）収入と社会保障の水準が低くて困窮した農民，2）経済発展の立ち遅れた農村，3）産業化が不十分で現金収入が少ない農業という意味合いがあるが，これらを身分，居住地，産業に関する個別問題として検討するほか，一体化した問題としてとらえる視点も必要とされる。

療・教育などの各種福利制度の下における権利と保障を享受することができたが，「農業人口」の人々はこうした権利と保障を享受することができず，しかも「農業人口」から「非農業人口」に戸籍を変更することが極めて難しかった。

　このような政策を行ったのは，建国当初，農村部において集団で農業を営み，都市部おいて国営工場で工業生産を行うのが合理的，と考えられたからである。そこで，1950年代末に農村部の地区の行政と経済を一体化した人民公社が組織され，その下に生産大隊や生産隊が置かれたのである。人民公社の中では，農作物の生産という農業活動のほかに，若干の簡単な手工業品を製造することも許され，こうした生産活動を行う場は社隊企業と呼ばれていた。この社隊企業が前身となって，のちに郷鎮企業が生まれたのである。

　ところで，郷鎮企業とは，どんな性質の企業なのであろうか。単に「社隊企業から発展した農村部集団所有制企業」と説明されることがあるが，これは十分でない。1997年施行の郷鎮企業法では，郷鎮企業を「農村の集団所有制経済組織あるいは農民による投資を主として，郷鎮（所轄の村を含む）で活動を行い，農業支援の義務を負う各種企業を指す」と規定している。つまり，この条件を充たせば，自営業者・私営企業はもちろん，合弁企業なども含めて，国有企業以外のあらゆる形態の郷鎮企業があり得ることになる。そのほか，大企業に発展した郷鎮企業も存在しているので，これを「農村部の中小企業」と説明するのも正確でないことがわかる。実は読者の皆さんが日本で日常使用している様々な工業製品が，郷鎮企業で作られている可能性があることに留意していただきたい。

　このような経緯で誕生した郷鎮企業の意義は，中国に数多くの企業家を輩出し，農村部の雇用の受け皿となり，中国経済の成長に貢献したことにある。かつての人民公社が解体され，社隊企業が農村部集団所有制企業という形態の郷鎮企業に変化したことのほか，1980年代以降に中国経済の成長に乗ってビジネスチャンスを摑もうとする個人業者の旺盛な意欲が刺激され，彼らが郷鎮企業として成長した意義も大きい。中国発展門戸網＊というウェブサイトの「全国郷鎮企業主要経済指標（一）」（原出所は中国農業部）によると，2007年2月時点の郷鎮企業数は2300万社，従業員数は1億4700万人に上るという。

＊　参照ウェブは http://cn.chinagate.com.cn/reports/2007-12/10/content_9366305.htm 2008年11月19日アクセス。

　彼らが起業した初期の頃は，資金・設備・物資・技術・人材・知識などの経営資源が国有企業のそれに比べて圧倒的に劣っていたため，地元政府や家族・友人などの人脈を活用して敏速で柔軟な資源調達をし（詳細は後述第4項を参照），簡単な技術水準の軽工業製品を作る傾向が強かった。しかし，「作れば売れる」という追い風の状況を背景にして，のちに規模を拡大し，様々な業種に進出する企業も少なくなかった。こうした市場機会志向の「技術無関連的な多角化」の1つの例として，筆者が90年代初めに調査したある郷鎮企業の社長は，「3カ月前まで自転車を作っていたが，現在（＝当時）はフランスパンを手がけており，3カ月後には健康器具の製造を手がけたい」と語っていたほどである。

　経営資源の面で不利な立場の郷鎮企業が急成長したのは，改革・開放政策初期のモノ不足に加え，郷鎮企業が国有企業に比べて比較的大きな経営自主権を有していたために利潤動機に基づく企業行動が可能であったことや＊，低賃金労働を前提とする国際分業の潮流に乗って急成長を遂げた点などが挙げられよう。実際，郷鎮企業で働く労働者は，その土地の住民だけでなく，低所得の内陸部から出稼ぎに来る**農民工**が担うことが多い。

＊　後掲表3-5の江蘇陽光グループのように，農村建設に貢献するという名目で，地元政府に対して「管理費」を支払い，経営自主権を獲得することを通じて，私営企業と同様の自由度をもつ積極的な運営を実現した集団所有制企業もある。郷鎮企業法17条に「郷鎮企業は税引後利潤の中から一定比率の資金を農業支援と農村の社会的支出に用い，その比率と管理・使用方法は省・自治区・直轄市人民政府の規定による」とする旨の規定がある。

　郷鎮企業の初期の発展方式としては，典型的な地域ごとに，1）主として外

農民工：都市部にて出稼ぎで働く農村戸籍の賃金労働者。建設現場で働く男性や共働き家庭の家事手伝いを担う女性など，2億人近い数に上るとみられる（2007年）。高い学歴をもたず，専門的な技術訓練を受けず，長時間のきつい肉体労働に従事することが多い。平均月収は約800元（約1万2000円）と少なく，都市労働者の半分ほどである。

表3-5 1990年代における2つの郷鎮企業グループの経営方式

江蘇陽光グループ	紅豆グループ
・親しい人間関係を築いた役員4名による高度集権的な経営管理システム（準家族経営）。各役員がそれぞれ複数部門を担当し、重要事項は4名で決める。役員報酬と製品価格は社長が決定する。 ・比較的単純な組織構造。 ・現場作業員に対する出来高給の実施。従業員個人のレベルでやる気を喚起し、成果と報酬を連動させる。ただし、従業員は企業の意思決定に参画しない。 ・高度な技術をもつ専門家を国内外から企業に招聘し、高額の報酬と手厚い生活環境を提供する。	・企業の利益と従業員個人の利益を連動させ、従業員の勤労意欲を刺激する。 ・子会社に対して利益請負責任制を実施し、厳しく執行する。役職者には資格に応じて強制的に自社株を購入させ、年末に赤字を出した工場長は免職とし、補填責任を負わせる。 ・企業内部の経営資源の移動は市場取引に準じた方式で実施し、顧客志向・市場志向の考え方を企業内部に連鎖させる。 ・専門家の招聘、人材育成・技能訓練、技術導入に相当な資金を投入し、品質とブランドの維持・向上を図る。

（出所）劉小玄・韓朝華（1999）「中国的古典企業模式：企業家的企業――江蘇陽光集団案例研究」『管理世界』第6期，179-189頁；髙久保豊「中国民営企業の発展とその社会経済的要因」赤川元章・唐木圀和編著『東アジア経済研究のフロンティア――社会経済的変化の分析』慶應義塾大学出版会，149-153頁による。

資導入と委託加工貿易に依拠した広東省の珠江デルタモデル，2）地方政府の主導の下に経済発展を遂げた江蘇省蘇州・無錫などの蘇南モデル，3）地方政府の関与なしに自営業者が活発なビジネスを展開して成長を遂げた浙江省温州の温州モデルなどが知られている。

さて，このような郷鎮企業の経営方式を観察すると，その後に注目を集める民営企業の経営方式に通じるものが見出される。表3-5は，蘇南モデルとして起業し，90年代初頭にビッグビジネスに成長した2つの企業グループの経営方式を描写したものである。

これら2つの企業グループは，大規模に成長したのち，もはや地方政府の主導による経営から脱して，力強い独自の社内ルールの構築と執行を特徴とする経営活動を展開している。具体的に表3-5からわかることは，第一に，従業員に対するインセンティブをめぐって明確なシステムを確立した点である。現場作業員，管理職，外部から招聘する専門家のいずれに対する報酬の提示も，従来の国有企業では考えられない大胆な考え方と手法を導入している。第二は，高度な人材と技術に対する投資を惜しまず，品質とブランド力の向上に努めて

いる点である。第三は，トップに立つ企業家の剛腕な手法である。

　ところで，損益自己責任を前提とし，政府の介入を受けずに，自主的な意思決定を行う経営のあり方を「民営企業の経営メカニズム」と呼ぶことがある。農村部から出発して規模を拡大した郷鎮企業にせよ，北京の中関村(ちゅうかんそん)などで技術の強みを生かして成長したハイテク企業にせよ，元気のよい中国企業を観察すると，そのマネジメント・スタイルにある種の共通項が見出される場合がある。表3-5の企業グループも例外ではなく，ここから「企業トップの強いリーダーシップによる経営システムの構築とその執行」という特徴を描くことができる。

　元気のよい中国企業の事例として，海爾集団（ハイアール=**企業事例**を参照）に着目してみよう。海爾集団を率いる張瑞敏（Zhang Ruimin）氏は，中国の『道徳経』，『論語』，『孫子兵法』を愛読し，松下幸之助，本田宗一郎，ジャック・ウェルチから先進的な管理手法を学び，CEO（最高経営責任者）制を導入したとされるが，彼が社内に構築してきた仕組みはそれだけではない。品質管理の精神を社内で徹底するために，従業員の眼前で76台の欠陥冷蔵庫をハンマーで叩き壊したエピソードのほか，企業内で発生した損失に対して管理者が80％の責任を引き受ける（海爾集団独自の）「80：20の法則」，組織内の業務プロセスを行政命令でなく水平的な取引関係として処理する「市場連鎖」や，日々の仕事を当日中に済ませて達成度を点検・公表する「OEC管理法」などがある*。

　　* これらのエピソードは，遅双明編著／多田敏宏訳（2004）『ハイアールの企業文化――中国トップ家電メーカーの経営戦略』近代文芸社，9-14頁，97-98頁などを参照した。

　張瑞敏氏は，従業員一人一人の能力を発揮できる舞台を創造しようと努め，このような独特な管理手法を開発してきたというが，そこに業務遂行への関心が強く現れていることが垣間見られよう。興味深いのは，この事例は海外の企業経営の経験を応用したものであるとはいえ，力強いリーダーシップの発揮を前提にした管理手法と中国化した独特のネーミングという点で表3-5にみられる郷鎮企業の特徴を彷彿させるところにある。

▶▶ **企業事例** ◀◀

海爾集団（ハイアール：Haier Group）
小さな工場からグローバル企業に成長した家電メーカー
・事業内容：冷蔵庫，フリーザー，空調，洗濯機，パソコン，携帯電話など
・設立年：1984年
・従業員数：約5万人
・グループ総売上：1180億元（約1兆7700億円）2007年

　世界30数カ国にまたがって破竹の勢いでグローバル展開を続ける海爾集団の前身は，中国・青島（チンタオ）市で倒産の危機に瀕していた小規模企業2社の合併した従業員800人ほどの集団所有制企業でした。当時，工場に送り込まれた張瑞敏氏がドイツの会社から生産技術を導入し，冷蔵庫の組み立てから再出発してより今日の規模に至るまでに，海爾集団は4つの戦略段階を経験しています。

　第1段階（1984～91年）の高品質発展戦略期は，品質と企業イメージの向上が至上命題の時代でした。第2段階（1992～98年）の多角化発展戦略期には，冷蔵庫・エアコンのほかに家電全般に参入しています。この時期に「OEC (Overall Everyone Everyday Everything Control and Clear) 管理法」と呼ばれる手法を導入し，「企業の各従業員がみな，毎日の業務目標，成果および出現した問題とその原因，責任についてはっきりと理解していなければならない」という考えから，ガラス1枚の破損でも責任者に責任を負わせる厳しい管理を行いました。第3段階（1999～2005年）の国際化発展戦略期には，世界ブランドの確立を志向し，初めに欧米市場を開拓してから中東・南米・東南アジア等に輸出する，という戦略を採りました。第4段階（2006年～現在）のグローバル・ブランド戦略期になると，中国を基地にして世界に向かうのでなく，あらゆる国の市場において現地化したハイアール・ブランドを確立し，製品の競争力を高め，顧客・ユーザーとのWin-Win関係（共益関係）を実現することによって，多様性のある文化への転換と持続的発展をめざしています。

　こうした発展のプロセスにおいて，「坂の上の小球法則」，「ショック状態の魚を食べる併合モデル」などの経営手法が採用されました。張瑞敏氏の「中国という環境の中で肝心な点は一人一人に個人の能力を発揮できる舞台を創造してやることです」という言葉の中に，中国企業がこれまで元気よく成長してきた縮図をみることができるでしょう。

　　（出所）　遅双明編著／多田敏宏訳（2004）『ハイアールの企業文化――中国トップ家電メーカーの経営戦略』近代文芸社, 9-14頁, 97-98頁。ハイアール・グループのウェブサイト「企業文化」http://www.haier.cn/about/culture_index.shtml　2008年11月19日アクセス。

4 中国の人々の行動様式と思考方式：「関係」と「面子」

　元気のよい中国企業の横顔を深く理解しようとするならば，中国の人々の行動様式と思考方式について整理することが役に立つであろう。そこで，これに関連して「関係」（グワンシ：guanxi）と「面子」（ミエンツ：mianzi）というキーワードを取り上げておこう。

　中国ビジネスの経験者が「中国ビジネスは賄賂がすべて」と主張する場面にときおり遭遇することがある。本当にそうなのだろうか。実はこの表現は正しいとはいえない。ただし，「関係」が重要である，というのであれば，的を射た表現であるといえるだろう。この「関係」を理解するには，人間同士の心理的バランス感覚という観点からの体系的なアプローチが不可欠であり，米国では「関係学」という科目まで成立しているほどである。

　中国語の「関係」は，俗に「コネがある」，「コネをつける」という意味で理解されるように，自分と相手が特別な便宜を図りあう間柄にあることを指すことが多い。個人だけでなく，企業同士や地方政府などが主体となることもある。その際，お金やプレゼントを贈ることで希少資源を入手しようとする行為も「関係」の一例であるため，「関係」と賄賂が同一視されることがよくあるのだが，「関係」と賄賂は同じものではない。

　経済システムが未整備の状況を想定してみよう。物資が十分に行き渡らない状況の下，通常の経済取引に頼るだけでは，情報をもたざる弱者が資源配分において不利となる。そこで，いざというときに生き延びるためには，常日頃から何らかの形で有力者とつながりをもっておこうという知恵が働く。これはその個人にとってのある種の合理性ともいえるものであり，言い換えれば，ある種の人脈形成とも考えることができるわけである。

　ただし，こうした「裏口行為」ばかりが人々の間で常軌化すれば，通常の経済取引が機能しなくなり，規範的な秩序を形成しようとする社会的動機が阻害されることになる。そのため，できるだけ「関係」を排除すべきである，とする議論がある。他方において，知り合いを増やすことは人脈作りそのものであり，この関係ネットワーク（＝「関係網」：guanxi wang）の構築こそが中国人のビジネスの強みである，と評価する論調もある。

ところで，社会的地位や威信の異なる2人が「関係」で結ばれるときの心理的バランス感覚は，必ずしも物的に対等なものではない。「人情（renqing）」と表現される中国的美徳によれば，弱い立場の者が相対的に大きな利益を受ける傾向がある。これは暗黙に前提された資源再分配機能に相当するものであろう。また，相手との親しさの度合いに応じて，自分と相手との間の距離感覚は「自己人（zijiren）」,「熟人（shuren）」,「外人（wairen）」などに位置づけられ，赤の他人である「外人」に対してはそろばん勘定で対処するが，身内同然の「自己人」には打算を超えた無償の貢献をなすことが喜びとなることさえある*。

*　「関係」と「面子」の分析全般，ならびに「自己人」,「熟人」,「外人」の区別は，主として園田茂人（2001）『中国人の心理と行動』日本放送出版協会などを参照した。

こうした「関係」と密接な関わりをもつ考え方が「面子」である。日本語で「顔を立てる」というときの「顔」と同じ意味をもつ言葉であるが，中国においては，単なる体面という意味だけでなく，重要な場面を仕切ったり，問題を解決すべき状況の下で能力を発揮したりすることを通じて，人々に利益をもたらすことにより，社会的名声や格づけを獲得・保持・増進し，自己実現の満足を得る，というニュアンスが含まれている。中国における「面子」は極めて重要な事柄であり，十分な留意が必要であろう。高い社会的評価は価値のあることであり，多方面の「関係」を有することは有力者であることを意味する一方で，誰かの「面子」を潰すことは重大な事態となるおそれを含意するからである。

3　急速な社会変化に対応しうるビジネスモデルを探る

⬜1　「調和のとれた社会」構想から導かれる近未来の青写真

前節では「中国のビジネスモデル」を「複眼思考による立体映像」として組み立てるための若干の構成要素を提示した。ここまでは歴史の話であったが，以下では近未来を展望するための応用問題にチャレンジしなければならない。そこで，今日の中国社会のダイナミズムをとらえるキーワードとして，胡錦濤政権の打ち出した「調和のとれた社会」（中国語で「和諧社会」）の構築という

考え方をヒントにし，今後の日中共同事業における人的資源管理の問題を例として取り上げ，「中国のビジネスモデル」を考える素材としたい。

「調和のとれた社会」という構想は，2004年9月に中国共産党第16期4中全会で提出された重要思想であり，その骨子は，1) 民主と法治，2) 公平と正義，3) 誠信（＝相互扶助・信義）と友愛，4) 充満した活力（を通じた創造的活動の尊重），5)（人心の）安定と（健全な社会組織の）秩序，6) 人間と自然の調和ある共生，という6点に要約できる*。

* 中共中央宣伝部理論局（2005）『2005理論熱点面対面』学習出版社・人民出版社，218頁；本書編写組編著（2005）『構建社会主義和諧社会学習読本』人民出版社等による。

この構想の背景として着目されるのは，「ともに豊かになる」という共同富裕論の再提起の意味合いである。改革・開放政策に始まり，社会主義市場経済が提起されてから，中国では「先に豊かになれる者から豊かになる」という先富論が台頭した。しかし，その結果として，都市部と農村部あるいは沿海部と内陸部との間の新たな所得格差が顕在化してしまった。そこで，このような段階に至った今日，最終的に「ともに豊かになる」という理念を再び提起し，「様々な要素が共存できる道」を歩むことによってこうした格差を是正していこうとする含みが「調和のとれた社会」の構想の中に読み取れるのである。

政府の掲げるこの壮大な構想に対し，中国の人々や企業トップはどんなイメージを抱いているだろうか。中国には「上に政策あれば，下に対策あり」という諺がある。この言葉は「おかみ（政府）が政策を発するなら，われわれも対策を立てるのみ」という人々の反応の速さを物語っており，ここに中国社会のダイナミズムの一端を垣間見ることができる。

「調和のとれた社会」の構築を，中国社会を構成する各メンバーが誠心誠意をもって実現しようとするなら，各種の不祥事が激減するに違いない。実際は少なからぬ構成メンバーが自身の生存を優先した行動をとり，社会全体が簡単に理想状態に向かうわけではないとする向きもあるが*，このような現象はどの国でも生じうるものである。むしろ着目したいのは，中国ではこうした問題に対する議論が人々の間で盛んに交わされ，多くの中国企業がイノベーションを掲げて精進している点にある。筆者の中国社会の今後に対する長期的な見方

は必ずしも悲観的ではなく，むしろその前進に期待するものである．
 * このようなダイナミズムについては，髙久保 豊（2003）「中国企業組織の『三要素せめぎあい構造』とその背景」『中国経営管理研究』第3号，63-85頁を参照されたい．

2 企業トップの配慮すべき感覚：今日なぜ「儒」が注目されるのか

そこで，「調和のとれた社会」の構築との関連で，人々の考え方がどのように変化しつつあるのかに焦点をあて，その下における人的資源管理の可能性を探ることとしたい．

ある研究チームによれば，これまでの世界の経験から，1人あたりGDP（国内総生産）が1000～3000ドルの水準にあるときは社会的矛盾が生じやすく，今日の中国では，1）土地を失った農民の引き起こす社会矛盾の激化，2）収入格差のさらなる増大，3）資源・エネルギー・環境と持続可能な発展の問題などが生じている，との指摘がある*．こうした状況の下，企業の中で働く人々の考え方に変化が生じている．前節で述べたように，元気のよい中国企業にみられた管理手法の特徴は，業務遂行志向の企業家による強烈なリーダーシップであり，企業が利益をもたらす明確な社内ルールの構築とその執行にあった．

それでは，今後もこの発想だけでやっていけるのであろうか．例えば，中国に進出した日系企業では従来の成功したビジネスモデルが今後も通用するのだろうか．このような観点から，経営管理の「儒法モデル」を1つの試論として以下で紹介したい**．

 * 中国社会科学院"社会形勢分析与預測"課題組（2005）「構建和諧社会：科学発展観指導下的中国——2004-2005年中国社会形勢分析与預測」『管理世界』第1期による．
 ** このモデルの詳しい内容は，髙久保 豊（2006）「経営管理の『儒法モデル』試論——中国ビジネスの再吟味」『三田商学研究』第49巻第2号の中で取り上げている．

最近約10年の中国ビジネスに関する文献等を集めたところ，中国日系企業の現場管理者が腐心する事柄として，「中国の文化・歴史等を考慮すること」，「現地従業員の待遇システムを再構築すること」，「管理職の人間性が問われる」，「中国人には合理的な経営がよく合う」，「マニュアル化した管理を行うべし」，「『人作り』重視の企業イメージが望まれる」，「信賞必罰・成果主義を重視する

ことが有効」,「中国人を信頼して積極的に権限委譲するべし」などが挙げられている*。これらの事柄は大きく2つの柱に集約することができる。すなわち,企業のトップが従業員に対して,1)尊敬されるリーダーとしての風格と能力と姿勢を有することと,2)納得される合理的なルールを構築し執行することがこれである。具体的にいえば,1)は従業員の声に均等に耳を傾け,人々の価値観を理解しようとする側面であり,2)は個々人の責任事項を明確にし,成果と連動した報酬の基準を明示するという側面を指している。筆者は,上記の1)を「儒」の側面,2)を「法」の側面として整理し,中国企業のリーダーにはこの両者を併わせ持つことが期待されているものと分析した。

* 参照した文献等は,前掲の高久保(2006)19頁の注2)に示されており,本章では割愛する。また,このモデルにおける「儒」と「法」の用語法は,厳密な意味での儒家思想と法家思想を指すものではなく,むしろ「天人合一」の発想との素朴な対応を意識しながら包括的に整理したものである。

では,中国日系企業のリーダーが「儒」・「法」の両側面を併せ持つべし,という上記の帰結と,「調和のとれた社会」構想との間には,どんな関連があるのだろうか。それは,これからの中国企業が労働集約的な製造モデルから知識集約的なビジネスモデルへと転換しようとしており,企業トップはこの転換に対応すべき新しい人的資源管理のあり方を展望する必要性に迫られるであろう,という点で結びつく可能性が見出されるのである。

これまでの中国外資系企業の製造現場では,たしかに「経営側が従業員に対してあらかじめ仕事内容を明確に示したほうが,参加型の管理手法を採用するよりもスムーズに日常業務が遂行できる」という発想で対応してきた感がある。この発想は,民営企業の力強い経営手法においても垣間見られるところであり,必ずしも誤りではない。そのため,中国ビジネスの実践的な要諦として,「儒」よりも「法」を重視せよ,という経験則を強調する向きもある。

しかし,古くから伝わる「天人合一」の考え方が今日を生きる人々の間にも継承されており,「法」と「儒」のバランス感覚が活発に議論されるようになれば,労働に対する人々の考え方の変化がさらに顕在化し,企業トップがこれに対応することを余儀なくされる事態も予想されるだろう。時代の変化を敏感

▶▶ *Column* ◀◀

高級人材として期待される「海帰」の人たち

　「海帰」（haigui）とは，海外留学を終えて中国に帰国した人たちのことです。「帰」の発音が「亀」の gui と同じであり，海の向こうから帰ってきて産卵する情景を連想させるので，「海亀」と呼ばれることもあります。海外で学んだ中国人留学生の数は，1847 年から 1999 年までの 150 年間に約 35 万人いましたが，その後は急増し，2003 年から 2005 年までの 3 年間はそれぞれ毎年 11 万人台に上りました。改革・開放直後の 1978 年から 2001 年までの間は米国と日本への留学が大部分でしたが，それ以降は，英国，オーストラリア，カナダ，シンガポール，ドイツ，韓国などにも広がっています。

　中国政府は海外で高度な能力を身につけた人材が中国の各方面で活躍することを重視し，帰国後の起業環境を整えるなどの政策を打ち出しています。けれども，1978 年から 2005 年までに留学のため出国した数が 93 万人だったのに対し，同じ期間に帰国した留学生は 23 万人でした。また，近年では帰国後の就職難が問題となり，2003 年頃から「海亀から海帯への変化」ともいわれています。「海帯」の原義は「こんぶ」ですが，「帯」が同じ発音の「待」dai に通じるため，「求職中」の意味を表しています。2008 年末現在も厳しい状況のようです。

　留学終了後のコースとしては，海外での成功体験を活かして創業するタイプ，グローバル企業の中国代表になるタイプ（＝海派），海外と中国との間を頻繁に飛び回るタイプ（＝海鷗），海外に拠点を定めて中国との連絡を保つタイプ，海外で一定の基礎を築いた後で中国に帰国するタイプ（＝海根）などがあります。修士号と学士号の取得者は，帰国後に各種企業や国家機関に進むことが多く，通信，不動産，金融，物流，IT 等の業界に人気があるようです。

　（出所）　潘晨光（2006）『中国人才発展報告 No.3』社会科学文献出版社；王輝耀（2005）『海帰時代』中央編訳出版社。

にとらえ，人々の内面におけるバランス感覚に留意することにより，仕事内容の明示などの業務遂行志向のリーダーシップを継続するのと同時に，従業員が自分の将来展望を描きうるような配慮を示す人間関係志向のリーダーシップを発揮する——こうしたやり方は，中国でビジネスを展開する日本の企業が将来「予期せぬ事態が発生した」と困惑する状況を減らすのに寄与する可能性があるわけである。

3 グローバル経済下の新しい中国企業：「中国智造」への転換

　本章では，「中国のビジネスモデル」を描くための若干の観点を示すことに照準を合わせて筆を進めてきた。社会変化に伴う中国企業の変化が極めて激しいからである。とはいえ，何となく日々の経営活動をこなすだけでは競争の厳しい中国ビジネスで生き残ることは難しい。成功の鍵としてしばしば指摘されるのは，経営者の確固とした哲学をもつことである。

　最後に，『中国価格から中国価値へ』と題する書物（蔡剣・胡鈺・李東〔2008〕『従中国価格到中国価値』機械工業出版社）の主張を題材にして「中国製造（Made in China）」から（中国語で同じ発音の）「中国智造」への転換に言及し，本章のまとめとしたい。

　この本の著者たちは，その随所において，中国企業が今後も低価格戦略を継続するのは困難であるとし，価値創造戦略へと転換を遂げる必要性を強調する。中国がWTO（世界貿易機関）に加盟した2001年以降，所有制形態の違いを超え，様々な中国企業が同じ土俵の上における経済実体になった。こうした中，国内問題を反映した特殊なスタイルとしての「中国のビジネスモデル」でなく，グローバル経済において信頼されるスタイルとしてのビジネスモデルを創造する方向が模索されている，と主張している。

　この点について，本章で述べてきた文脈に即していえば，郷鎮企業の諸問題が想起されるであろう。農民工の劣悪な労働条件と低賃金を前提にした低価格品の製造モデルはもはや成立しがたい状況にある。他方において，グローバル経済の下では，どのような企業においても，製品の安全性，環境問題への配慮，知的財産権に対する意識向上や法令遵守などを含めた社会的責任が問われるようになりつつある。こうした様々な思いが「中国価値」ならびに「中国智造」という言葉に込められていることが察せられるであろう。中国企業の独特な性質とともに世界における企業という普遍性への視点がここに見出されるのである。

推薦図書

中川涼司（2007）『中国のIT産業――経済成長方式転換の中での役割』ミネルヴァ書房

　　紙幅の関係上，本章では産業に関する視点を割愛したが，この本は中国のIT産業の発展構造に焦点をあてて，経済成長方式の転換という観点から本格的な産業論が展開されており，将来のビジネスモデルを探る上で示唆に富んでいる。

唐木圀和（2007）『中国経済近代化と体制改革』慶應義塾大学出版会

　　中国ビジネスを立体的にとらえるには，改革・開放政策の歴史的展開をめぐって中国の近代化政策との関連でこれを押さえておくことが有益である。この本を学ぶことで，本章で語り尽くせなかった中国国内の諸事情を深く理解することができるだろう。

金山権（2008）『中国企業統治論――集中的所有との関連を中心に』学文社

　　国有企業から株式制企業への転換が進む今日，国有資産監督管理委員会の役割や中国上場企業の統治システムの現実をどのように体系的にとらえ，社会主義市場経済の本質をどのように理解したらよいのか，という読者の疑問に応える良書である。

設問

1. 表3-1において，国有企業，株式制企業（有限責任会社と株式会社），私営企業，外資系企業の各データを比較すると，どのようなことが読み取れるでしょうか。また，規模の小さい企業も含めて考えたとき，この表に出てこない自営業者の企業数はどのくらいあると推察されますか。郷鎮企業のデータを参考にしながら探ってみましょう。
2. 成長著しい中国では，日々新しいビジネスモデルが生み出されています。では，中国における1980年代後半から90年代前半までの企業家と現在の企業家を比較すると，どのような共通点と相違点が見出されるでしょうか。また，これからの中国の企業家にはどのような資質が期待されるでしょうか。最近の中国企業の記事などを雑誌やネットで調べ，社会変化に留意しながら考えてみましょう。

　　　　　　　　　　　　　　　　　　　　　　　　　（髙久保　豊）

第4章 ベトナム
――発展途上国から中進工業国への離陸――

ベトナムでは証券市場の開設やWTO加盟によって市場経済が広く浸透し，急速な経済成長が継続中ですが，過度のインフレーションの克服が課題です。他方，ベトナムは社会主義を目標とする一党独裁国家でもあります。本章では，このような多面的な経済環境におけるベトナムの企業経営の発展と問題点を紹介します。それらによって国際ビジネスの留意点を学習すると同時に，今後の企業経営の新しいモデルを展望することが目的です。

1 ベトナムの経済成長と投資環境

1 東アジアで中国の次に注目される経済成長国

日本企業にとって中国は，生産基地であると同時に販売のための巨大市場とみなされる。この点について異論はないであろう。より一般に世界経済の今後の成長センターはBRICs（ブリックス：B＝ブラジル，R＝ロシア，I＝インド，C＝中国）と呼ばれている。それに次ぐ経済成長国としてVISTA（ビスタ）または「NEXTイレブン」と呼ばれる国々が指摘されてきた。その両者に共通して含まれる3カ国のうちの1つがベトナム社会主義共和国（以下ベトナムと略記）にほかならない*。

* VISTAは，ベトナム（V），インドネシア（I），南アフリカ（S），トルコ（T），アルゼンチン（A）を意味する。NEXTイレブンは，イラン・インドネシア・エジプト・韓国・トルコ・ナイジェリア・パキスタン・バングラデシュ・フィリピン・ベトナム・メキシコである。両者に共通した国はベトナム・インドネシア・トルコである。

  ベトナムの基礎的な情報については，日本の外務省および在ベトナム日本大使館の以下のHPにおいて最新情報が毎年更新されている。紙幅の都合で本書では取り上げないが，ベトナムに関する最低限の知識を確認してから以下を読み進めてほしい。また日本アセアンセンターの以下のHPによってベトナムと他国を比較してほしい。さらにベト

表 4 - 1 東アジア諸国・地域における GDP 成長率

(単位:%)

国と地域	平均1996〜2006年	2003年	2004年	2005年	2006年	2007年	2008年第1四半期	ADB予測2008年	ADB予測2009年
ASEAN	4.2	5.4	6.5	5.7	6.0	6.5	6.3	5.5	5.8
ブルネイ	1.9	2.9	0.5	0.4	4.4	0.6	-	-	-
カンボジア	8.6	8.5	10.0	13.5	10.8	9.6	-	7.5	7.0
インドネシア	3.1	4.8	5.0	5.7	5.5	6.3	6.3	6.0	6.2
ラオス	6.4	5.8	6.9	7.3	8.3	8.0	-	7.7	7.8
マレーシア	5.0	5.8	6.8	5.3	5.8	6.3	7.1	5.4	5.6
ミャンマー	10.9	13.8	13.6	13.6	12.7	5.5	-	-	-
フィリピン	4.3	4.9	6.4	5.0	5.4	7.2	5.2	5.5	5.6
タイ	3.1	7.1	6.3	4.5	5.1	4.8	6.0	5.0	5.2
ベトナム	7.3	7.3	7.8	8.4	8.2	8.5	-	6.5	6.8
NIES	4.5	3.2	6.0	4.8	5.6	5.6	6.1	4.7	4.9
香港	3.8	3.0	8.5	7.1	7.0	6.4	7.1	4.9	4.9
韓国	4.6	3.1	4.7	4.2	5.1	5.0	5.8	4.7	4.9
シンガポール	5.6	3.5	9.0	7.3	8.2	7.7	6.9	4.9	5.8
台湾	4.6	3.5	6.2	4.2	4.9	5.7	6.1	4.5	4.8
中国	9.3	10.0	10.1	10.4	11.6	11.9	10.6	9.9	9.7
日本	1.3	1.4	2.7	1.9	2.4	2.1	1.3	1.5	1.5
米国	3.2	2.5	3.6	3.1	2.9	2.2	2.5	1.5	1.6
ユーロ圏	2.2	0.8	2.1	1.6	2.8	2.6	1.7	1.8	2.0

(注) -:該当なし。シンガポールは ASEAN 加盟国であるが,NIES に含めている。NIES:Newly Industrialized Economies(新興工業経済地域)。ブルネイはブルネイ・ダルサラーム国の略称。原データはアジア開発銀行,政府推計(ブルネイ),Eurostat Website(ユーロ圏),内閣府経済社会総合研究所(日本),経済分析局(米国)。各国によって集計方法や会計年度が相違しているが,その詳細は不明。
(出所) Cambodian Review, Vol.4, Issue 8, September 2008, p.34 より作成。

ナムの歴史・文化・社会の理解(松尾康憲〔2008〕『現代ベトナム入門・増補改訂版』日中出版)によって,ビジネスのパートナーとなるベトナム人の認識を少しでも深めることが,外国ビジネスの成功にとって不可欠である。

 日本外務省:http://www.mofa.go.jp/mofaj/area/vietnam/index.html
 在ベトナム日本大使館:http://www.vn.emb-japan.go.jp/index_jp.html
 日本アセアンセンター:http://www.asean.or.jp/

 事実,東アジアの経済成長率について**表 4 - 1** をみれば,2007 年において中国の次はカンボジア・ベトナム・ラオスが高い数値を示している。2008 年以降の予測値でも同様に高い成長率である。これら 3 カ国を地理的にみれば,イ

ンドシナ半島またはメコン川流域における隣接国であり，この地域が東アジアにおける新たな成長センターとみなされる。

これら3カ国のGDPと人口（2007年）をみれば，ベトナム（716億ドル・8520万人）はカンボジア（86.2億ドル・1340万人）・ラオス（39.84億ドル・580万人）を圧倒している（外務省：http://www.mofa.go.jp/mofaj/area/asia.html）。日本からみてベトナムは発展途上国であるが，ラオスやカンボジアからみれば，ベトナムは「経済大国」である。ベトナムにとって日本はODA（政府開発援助）の最大の供与国であるが，そのベトナムがラオスに対するODA供与国でもある。以上のように，東アジアにおいて中国に次ぐ経済成長が期待される国としてベトナムを見逃すことはできない。

ただし，おそらく表4-1の各国の予測値は下方修正されるであろう*。米国の大手投資銀行リーマン＝ブラザーズの経営破綻（2008年9月15日）を契機にした世界同時経済不況は，経済成長を輸出に依存する各国に大きな影響を及ぼすからである。例えば2007年の総輸出額の中で米国向けが日本では20.4％（1455億7500万ドル）に対して，ベトナムでは22.5％（103億8700万ドル）である（日本アセアンセンター：http://www.asean.or.jp/　統計集）。経済成長を輸出主導から国内需要に移行させることは，日本とベトナムに共通した課題である。なおベトナムでは，先進国向けの輸出停滞を補うために国内需要のみならず周辺国カンボジア・ラオスをはじめとするアセアン域内の輸出と需要の拡大が期待されている。

＊　読者は，各国における経済成長率など経済指標について最新データを確認してほしい。

さらにベトナムは，日本企業にとって中国偏重の直接投資に対するリスク分散のための投資国として注目されている。その実態と魅力は次のように指摘される。

2　日本企業の直接投資が拡大：外的要因

日本からベトナム向けの直接投資は，図4-1によれば，2006年に過去最高となった。ベトナムのWTO（世界貿易機関）加盟（2007年1月11日）が確実視されたことが背景にあった。これを「第2次投資ブーム」と特徴づけることが

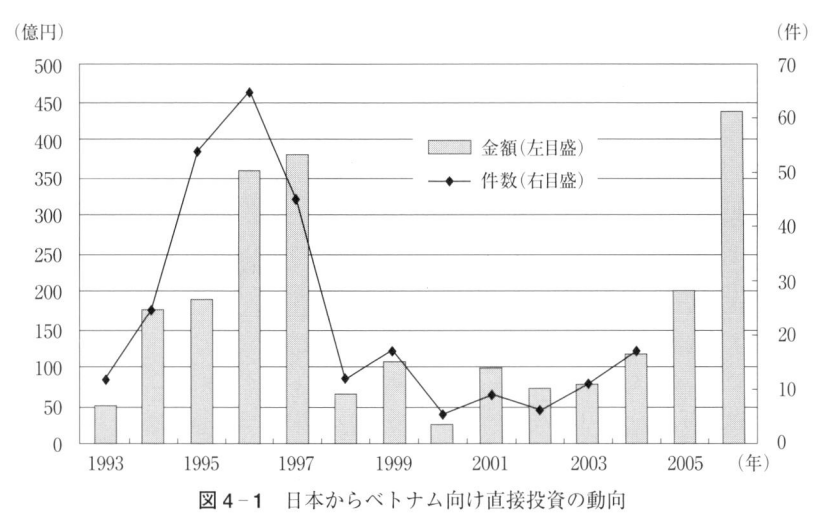

図 4-1　日本からベトナム向け直接投資の動向

(注)　公表様式の変更に伴い，2004 年までは届出・会計年度ベース，2005 年以降は国際収支・暦年ベースであることに留意を要する。
(出所)　日本財務省，日本銀行ホームページ。
(引用)　国際協力銀行・中堅中小企業支援室『ベトナムの投資環境』2008 年 8 月，23 頁。

できる。それ以前の「第 1 次投資ブーム」は，米国の対ベトナム経済制裁の解除（1994 年），ベトナムと米国の国交回復（1995 年）を契機として，1996 年に高い数値を示している。

　日本企業によるベトナム投資が活発化した契機が，第 1 次投資ブームでは米国との関係改善，第 2 次投資ブームでは WTO 加盟であった。これらはいずれも外的な環境変化である。米国は世界の中の軍事・経済の超大国であり，WTO は国際連合よりも加盟国に強制力をもった国際機関である。日本企業はベトナムの投資環境の安定性を米国と WTO が保証すると考えたのである。換言すれば，米国との国交回復と WTO 加盟がベトナムの**カントリーリスク**を縮小させたのである。

　第 1 次投資ブームは，その後の 1997 年にタイから発生したアジア通貨危機

カントリーリスク（country risk）：貿易・海外直接投資・外国融資において相手国の政情不安・財政悪化・政策変更などのために資金の回収が不能となる危険性の度合いを意味する。海外ビジネスの開始時において最初に検討されるべき要因である。

によって終息した。またトヨタ自動車・本田技研・松下電器（現パナソニック）・三洋電機・マブチモーター・富士通・ワコールなど大手企業の進出が一巡したことも直接投資が減少した理由であった。その後にそれらの大手企業の原材料・部品生産を担う中小企業の進出が継続した。そしてハノイのタンロン工業団地にキヤノンが2001年に進出決定したことで，北部ハノイ周辺の投資ブームが活発化した。それらが第2次投資ブームの開始となる*。

> * 直接投資の動向や経緯については，会川精司（2008）『ベトナム進出完全ガイド：ベトナム最新情報と投資貿易実務』カナリア書房，33-37頁。また1988～2007年の各国の直接投資の累計金額（100万ドル）は，韓国（13,533.6）・シンガポール（10,739.2）・台湾（10,528.1）・日本（9,037.7）の順であるが，実行投資金額（同上）では日本（4,988.3）・シンガポール（3,803.8）・台湾（3,079.7）・韓国（2,738.1）である（ベトナム経済研究所編・窪田光純著〔2008〕『早わかりベトナム・ビジネス 第2版』日刊工業新聞社，141頁）。このように実際の投資金額で日本は第1位である。ベトナムで日本企業は「進出の決定は遅いが確実に投資する」国として信頼されている。

また第2次投資ブームの契機の1つは，2005年7月に発表された中国の「人民元切り上げ」であった。これによって中国進出の輸出製造企業は為替差損を被り，将来の収益に対する懸念が拡大した。また中国は経済構造の近代化を進めるために労働集約的産業の優遇策を縮小・廃止する方針である。また2008年1月1日に施行された改正労働法は，経営者側のコスト負担増の内容となっている。これらは，中国の投資環境が進出企業にとって悪化したことを意味する。

さらに当時の小泉純一郎首相の靖国神社参拝などを契機として，中国人の反日感情が高揚した。このような日本と中国の関係は「政冷経熱」（政治関係は冷めて経済関係は熱い）と中国で表現された。これは政治と経済は別という中国からの自制した表現であったが，日本企業においては中国工場の操業停止の懸念が高まった。さらに最近では中国製の輸入食料品に関する安全性が不安視されるなど中国における**オペレーショナルリスク**の高まりが懸念されている。

オペレーショナルリスク（operational risk）：事務ミス・システム障害等により損失を被る危険性のほかに，従業員の不正，コンプライアンス体制の不備，災害等による操業中断による損失が発生する度合いを意味する。

このような中国に対して，傾向的な「ドン安」の為替レートを維持し，親日的なベトナムが「チャイナ・プラス・ワン」として注目されたとしても不思議でない。

3 ベトナム向け直接投資の魅力：内的要因

以上のような外的要因のみならず，ベトナム自身の直接投資の魅力として次のような内的要因が一般に指摘されている*。

①地理的な優位性がある。中国とアセアン諸国という2つの巨大市場の接点に位置する。

②政治的に安定している。

③中国の沿岸部やタイなどに比較して労働者の賃金が低い。

④ベトナム人労働者は勤勉で手先が器用で勉強熱心である。

⑤ベトナム人は儒教文化が健在であり，対日感情が良好である。

* 上田義朗＋ブレインワークス（2006）『乗り遅れるな！ベトナムビジネスがいま熱い』カナリア書房，15頁。これを加筆した。さらにベトナム投資の優位性は，本章末推薦図書の会川（2008），ベトナム経済研究所編（2008）にも詳しい。

さらにベトナムにおける即席麺の製造販売の成功企業であるビナ＝エースコック社長の浪江章一氏は，「マクロ的な視野でみれば，将来ベトナムがアセアン諸国の経済的なリーダー国として，その役割を十分果たせる国になるであろう」と述べている。そして上記に加えて次の諸点をベトナムの優位性と指摘する*。

* 浪江氏は上記の④と次の4点をベトナムの優位性と述べている。ビナ＝エースコック社の会社概要も合わせて，日越経済交流センター（2008）『日越経済交流ニュース』第176号，2008年9月号，18-27頁を参照。また同社については，上田義朗＋ブレインワークス（2006）132-140頁も参照。

⑥近い将来に人口は1億人を超え，さらに年齢30歳以下が人口の75％を占める。

⑦エネルギーと食糧の自給率が高く，両者における将来の危機に対応できる。

⑧海外在住ベトナム人（**越僑**）が400万人おり，国際的な情報網と組織を

もっている。
⑨エネルギッシュな活力をもつ。

 これらの内部要因の中で特に⑥の若年層の割合が大きい人口構成は、今後の労働力の安定的な供給を意味している。一般に経済成長にとって人口および労働力の増加は不可欠の要因とみなされる。事実、日本の少子高齢化・人口減少は今後の経済成長にとって大きな懸念材料である。このような人口問題に対する経済成長やビジネス上の影響や対応については別途に議論が必要である。

 また大手総合商社によって日系工業団地が建設されたことも日本企業の進出を後押しした（会川〔2008〕117-119頁）。日本企業が団地に入居する場合、進出の法的手続きや労働者の雇用などに工業団地管理会社の日本人が相談に乗ってくれるので、進出企業は生産活動に専念できる利点がある。このような**ワン・ストップ・サービス**の提供は企業にとって魅力であるが、ただし土地の使用料金は一般に割高になっている。

 さらにベトナム人は世界一の愛国心をもっているという指摘がある。世界60カ国における国民の価値観の調査について「もし戦争が起きたら国のために戦うか」の設問に、「はい」と答えた率は、日本が15.5％で最低であった。これに対してベトナムは94.4％で最高となっている（『朝日新聞』2006年8月6日付）。私見では、愛国心は経済成長や経済危機における国民の向上心・団結力・忍耐力の源泉となり、政府の政策に対する協力の度合いを高める効果がある。

4 ベトナム経済の懸念材料：インフレと賃金上昇

 前述の米国発の世界同時経済不況の影響はベトナム経済にとって直接的ではない。輸出相手国の景気停滞によって輸出額が減少したり、ベトナム株式市場

越僑（Viet Kieu：ベトキョウ）：外国在住のベトナム人のことである。1975年のベトナム戦争終結以降の「ベトナム難民」の発生によって急激に増加した。現在のベトナム政府は越僑の帰国や投資を積極的に推進しており、それは越僑自身からも歓迎されている。
ワン・ストップ・サービス：1回の書類提出で必要な関連作業がすべて完了するサービスである。特に工業団地や経済特別区が企業勧誘のために提供している。計画投資省・財務省・労働戦傷者社会福祉省・地元政府（＝人民委員会）などを何度も訪問する必要がない。

において投資家を心理的に「弱気」にさせたりする間接的な影響である。また前掲図4-1で示した直接投資については，日本企業にとって最近の「円高」が「追い風」となるために大きな減少にならないと考えられる。

なおベトナム通貨ドンは，米ドルに対して一定の変動幅で変化しており，これまで傾向的な「ドン安」に誘導されてきた。これは，ベトナムにおける輸出企業にとって売上高や利益の自然増を生み出してきた。しかし2007年には1ドル＝1万6500ドン前後で停滞し，一時は「ドン高」の動きをみせることもあった。これは，直接投資・株式投資・不動産投資のために外国からの資金が大量に流入したことが主要な原因とみなされる。このように直接投資・株式投資・貿易の動向と為替レートの変動は相互に影響するので，企業経営にとって留意されなければならない。これは一般に為替リスクと呼ばれる問題の1つである。

さて現在のベトナム経済で最も懸念されることは，2007年からのインフレーション（以下ではインフレと略記）の発生である。このインフレの抑制をベトナム政府は当面の最優先課題として位置づけている。このインフレが，当面するベトナムの諸問題の根幹になっているからである。

「消費者物価指数は，2006年の7.5％から2007年は8.3％へ，さらに2008年5月には前年同月比25.2％へ急上昇を続けている。この背景には，ガソリンの値上げが物流・製品コストに連動したことや，台風など自然災害で農水産物の収穫が低調となり，食料価格が上昇したこと，さらに都市部の不動産需要が逼迫し，住宅・建設資材価格が上昇したことなどがある」（JETRO〔2008〕『ジェトロ貿易投資白書2008年版』ジェトロ，221頁）。

この不動産需要の増大は，前述のような外国を含む投機的な投資資金の流入が原因である。この不動産価格の上昇は，投資対象として株式から不動産に資金移動をもたらし，株価下落の契機となった。これらのインフレ対策としてベトナム国家銀行（＝中央銀行）は基準金利を15％にまで上昇させ，金融引き締め政策を実施した。この金利上昇は株価の下落を加速させ，その反転の足かせとなっている。

さらにインフレは国民生活を圧迫し，それに対処するために賃金上昇の要求

が強まる。実際,政府は最低賃金を毎年のように引き上げている*。この賃金上昇は,より高い賃金やより好ましい職場環境を求める労働者を増加させる。これが**違法ストライキやジョブ・ホッピング**を発生させる。これは,ベトナム直接投資を検討する企業に対して進出を躊躇させる原因になっている。もはやベトナム進出の魅力は「安価で豊富な労働力の供給」といえない状況になりつつある。したがって賃金上昇に対応した生産性向上や高付加価値の製品生産に向けた対応が求められる。現状は,中国に代わる労働集約的産業の生産基地という従来のベトナム像が転換されつつある。それは前述のように,労働集約的産業から脱却しようとしている中国にベトナムが追随していると理解すればよい。

> * ハノイやホーチミン市など都市部の月額最低賃金は 2008 年に 100 万ドンであったが,2009 年から 120 万ドン(約 66 米ドル:1 米ドル = 18,000 ドン)に上昇した。なお一般工の月給はハノイで 98 米ドル・ホーチミン市では 142 米ドルである(会川〔2008〕56 頁)。

他方,賃金上昇は国内市場における購買力の上昇をもたらし,いわゆる大量の中間消費者層の増大が見込まれる。これはベトナム経済に対する SWOT 分析の観点からみれば,機会(opportunity)とみなされる。より高い付加価値の商品やサービスの市場参入,大型商業娯楽施設の建設およびチェーンストアの全国展開にとって好ましい外部環境がベトナムで準備されつつある。

なお,2008 年末時点で不動産と株式の価格は下落しており,不動産担保の銀行融資は不良債権化している可能性がある。このような銀行の不良債権の円滑な処理も課題である。以上,2007 年から発生した「バブル経済」の後始末が,ベトナム政府の課題となっている。

このような「バブル経済」の発生と破綻は 1980 年代後半以降の日本でも経験した。また前述の世界同時経済不況も投機的資金の流入がバブル発生の原因

違法ストライキ:「山猫スト」と俗称される。ベトナムでは労働組合の設置が義務であるが,その組合指導部の承認なしにストライキを実施することである。違法であるから,その指導者は解雇の対象となる。この防止のためには労働組合の健全な育成が必要である。

ジョブ・ホッピング:賃金や福利厚生施策の向上を求めて転職を繰り返すことである。この発生条件には,多数の企業が存在して労働力不足であり,賃金水準が低いことなどが考えられる。熟練技能者が育たず,社内の技能蓄積が進展しないという問題点がある。

であることは日本とベトナムで共通しているが，両国の経済背景が異なっているように思われる。

このベトナムのバブル崩壊についてシンガポールの不動産投資会社は「『新興市場が通らなければならない現実』と認識しており，今後一層の投資を計画している」（ベトナム経済研究所・窪田〔2008〕169頁）。これは，日本を含めた先進国の経済成長過程で経験したインフレと賃金上昇の繰り返しがベトナムにも到来したことを意味している。それは市場経済がベトナムに広く浸透し，発展途上国から中進工業国へベトナムが離陸しつつある示唆している。

2 ベトナム企業の発展と課題

[1] 社会主義における市場経済の考え方

1991年にソ連が崩壊して以来，もはや社会主義およびマルクス経済学を大学の講義で学ぶ機会は失われたのかもしれない。しかしベトナムのみならず中国やキューバも社会主義を基本理念とする国家である。また日本を含めて世界には社会主義を志向する政党や政治勢力が健在である。ベトナムの企業経営を理解するためには，その活動の舞台となる政治体制である社会主義について認識しておく必要がある。

1986年12月に「ドイモイ政策」が第6回ベトナム共産党大会で採択された。これは，従来の計画経済から市場経済に移行することを決定するなど，その後のベトナム経済発展の出発点となっている。なお「ドイモイ」は日本では「刷新」と訳されており，その内容は**表4-2**に示されている。

ベトナムが「模索している経済体制の正式呼称は社会主義指向市場経済（Socialism Oriented Market Economy）」（松尾康憲〔2008〕『現代ベトナム入門 増補改訂版』日中出版，206頁）である。つまり「ベトナム共産党は自国の現状を，民族民主革命を完遂したが社会主義は未到達であり，いまは社会主義へと進む過渡期にあると位置づけている」（同上）。これに対して中国共産党は現在を「社会主義の初期段階」から社会主義の高度な段階への過渡期に入っているとみなしている。このようにベトナムと中国において自国の社会主義の段階について

表4-2 ドイモイ政策の4つのポイント

社会主義路線	従来の性急な社会主義路線を否定 社会主義への転換には長期間を要するべきである。 今後も時間をかけて，社会主義路線への転換に努力する。
産業政策の変更	従来の重工業政策を見直すこと 重工業優先から，農業中心に政策変更する。 ①食料・食品，②消費財，③輸入代替商品を3大増産商品に指定し，投資の60％を集中投資する。
市場経済の導入	市場経済を導入し，経済改革を推し進める 国営・公営以外の資本主義的経営や個人経営の存在を認める。 従来の中央集権的な計画経済を基本的に放棄する。
国際協力への参画	国際分業・国際協力に積極的に参入していく インドシナ半島の平和のみならず，世界平和構築に汗を流す国となるよう努力する。

（出所）ベトナム経済研究所・窪田（2008）。

認識が相違している。

さらに「ベトナムの社会主義の他国にはない最も大きな特徴は，ホーチミン思想を根底にしていること」（ベトナム経済研究所・窪田〔2008〕36頁）である。「すなわち，建国の父である故ホーチミン主席は，独立・自由・幸福を達成するための手段として社会主義を採用し活用した。したがって，世界に類をみないフレキシブルな社会主義国」（ベトナム経済研究所・窪田〔2008〕）とみなされる。これが中国と異なったベトナムの特徴である。

ベトナム戦争が終結した1975年以降，主としてソ連と東欧諸国しかベトナムを経済支援しなかった。それに対応してベトナムはソ連型の社会主義体制を模倣・導入した。より大きな経済支援を提供する国が，より大きな政治的影響力を発揮することは今日でも同様である。しかし，その中央集権的な計画経済の運営は破綻し，前述のようなドイモイ政策の導入が必要となったのである。

より正確にいって，現在のベトナムは社会主義国ではなく，社会主義を目標

ベトナム戦争：1954年から75年までの時期，ベトナムの南北統一をめざした北ベトナムの革命勢力と，南ベトナムの親米政権を支持した米国を中心とする勢力との間に戦われた戦争である。1965年に米国が北ベトナム爆撃を開始し，戦争は本格化した。ベトナムでは「アメリカ戦争」と呼ばれている。

とする国である。社会主義の理念もしくは夢の実現のために現在のベトナムは経済成長を追求している*。したがってベトナムは「たとえ成長の速度は遅くとも，体制に矛盾を生じさせないことを第一義とし，国民に不満と不安をもたせない国づくりに努力している」（ベトナム経済研究所・窪田〔2008〕37頁）。

> * 1991年のソ連崩壊後のベトナムが東欧諸国と違って社会主義路線を堅持できた理由は，単純にいって，それを国民が支持したからである。ベトナム労働党（今日のベトナム共産党）の指導に基づいてベトナムは，ベトナム戦争を通して民族と国家の独立と自由そして平和を獲得した。その社会主義路線に反対することは，そのために自らの親族が流した尊い血が無駄な犠牲であったことを認めることになる。これは大多数のベトナム人にとって容認できないことである。ベトナム国民は政府の政策に対して自由に批判しているが，国家を指導する共産党に対しては総じて信頼感・安心感をもっている。これは，ベトナムにおける「草の根」の保守的イデオロギーを反映している（古田元夫〔1996〕『ベトナムの現代』講談社現代新書，96頁）。

　経済成長のためには政治的な安定が前提である。それが前述のようにベトナム直接投資の魅力にもなっている。このことは広く国民に理解されており，ベトナム共産党の一党独裁体制ではあるが，それが人権抑圧とは一致していない。それだからこそ国民は政府を支持している。さらにベトナムにおいて「社会主義＝国有化」という予断や先入観は無効である。憲法の23条では「個人および組織の合法的な財産は，国有化されない」（石井米雄監修〔1999〕『ベトナムの事典』角川書店，362頁）と明記されている。

　他方，ベトナム共産党も民意の吸収に努めている。一院制の国会の議員総数の91％が共産党員（任期5年）であるが，テレビで生中継される国会では内閣の責任が活発に追及され，国会決議も必ずしも全会一致ではない。さらに注目すべきは，国会が国家主席を含む閣僚を解任できる権限をもっている（憲法84条）。このようなベトナム型の民主主義体制が，世界に前例のない新しい社会主義国の建設を推進していると考えられる。そうであるとすれば，ベトナムの国家および経済・社会は，旧ソ連や中国と異なった独自のモデルとして発展する可能性がある*。

> * 中国とベトナムの政治・社会そして企業経営の比較は興味深いテーマである。松尾（2008）を参照してほしい。私見では，ベトナムは中国という先行事例を参考にして，

例えば「天安門事件」などを中国からの教訓としてベトナム独自の政治・経済の安定した発展を意図している。

［2］ 共通投資法と統一企業法

　ベトナムは，2007年1月11日にWTO正式加盟を果たすが，そのために自由貿易と市場開放に基づいた法体系を整備しなければならなかった。それが2006年7月1日に施行された共通投資法と統一企業法である。

　1986年に採択されたドイモイ政策では市場経済の導入が決定され，個人企業・民間企業の活動が容認された。その後の2000年1月に施行された企業法は，国営企業と民間企業の法的な差別を撤廃した内容となっており，中小規模の民間企業が飛躍的に増大した*。これは雇用創出に貢献した。企業法は，国営企業の経営効率化に伴う失業に対処する効果があった。この時点では外国投資法が存在し，外国企業および外国人の投資は別途に規制されていた。

　　* ベトナムにおける中小企業の定義は，従業員数200人未満，資本金50億ドン（約30万米ドル，1ドル＝1万6500ドン）未満である。上田義朗（2000）「アジア地域の中小企業政策――ベトナムの中小企業政策を中心として」中小商工業研究所編『現代日本の中小商工業――国際比較と政策編』161-175頁を参照。

　この外国企業とベトナム企業の法的な差別を撤廃する内容が共通投資法と統一企業法である。共通投資法では「外国企業・国内企業のベトナム投資（投資形態，手続き，投資家の権利・義務，投資奨励業種，優遇制度等）を規定」しており，統一投資法では「企業の設立，経営，決算，清算などを規定」している（ベトナム経済研究所・窪田〔2008〕12-15頁）。

　この2つの法律によって，ベトナムの企業組織や企業活動は国際的な標準に近づいたとみなされる。例えば共通投資法では知的所有権は保護される（7条）し，会社や支店のM&Aも可能である。また統一企業法では，これまでの有限会社だけであった企業形態が，有限会社（1人と2人以上に区別）・株式会社・合名会社・個人企業から選択可能になった。さらに株主総会や取締役・監査役についても規定されている。さらに国営企業は国防に関係する企業を除いて2010年までに有限会社または株式会社に転換しなければならない（166・167

条）と明記された＊。このことは国営企業の経営改革が緊急・不可欠であることを内外に表明したことを意味していると思われる。

> ＊　統一企業法と共通投資法について複数の翻訳が公表されている。ここでは，上田義朗監修・伊藤幹三郎訳（2008）『最新・ベトナム経済関係法規集（上・下）』日越経済交流センター（ISSN 1882-7926）を紹介しておく。同書には，ベトナムの競争法・破産法・証券法・企業所得税法・個人所得税法が収録されており，いずれもベトナム企業経営の研究・実践にとって不可欠な法律である。また労働法については，斎藤善久（2007）『ベトナムの労働法と労働組合』明石書店，が詳しい。

　ここで一般に注意するべきことは，ベトナムにおける法律や規則と現実との乖離である。例えば日本で広く普及している企業間の株式持ち合いがベトナムで可能かどうか。それ自体が存在していないし，それに関して法律は何も規定していない。おそらく合法的であるが，その後に問題点が指摘され，それが禁止される懸念もある。また法律があっても，それを実施する手段に習熟していない。例えばベトナムでも日本と同様に自社株の買い戻しが可能であり（「証券法」30条，「統一企業法」90・91・92条），それを「金庫株」として所有できる。しかし行政担当者も企業も初めての経験であり，その煩雑な手続きに習熟していなかった。このために2008年の株価下落の局面で有効な対策にならなかった。

　このように法律があるからといって，その通りに現実は推移しないし，法律があらかじめ想定しない現実が待ち構えていたりする。これが発展途上国から工業化を進める国の実情である。さらにベトナムでは市場経済の導入が決定されてわずか20数年しか経過していない。それに一般の国民も企業も十分に習熟していない現状がある。だからこそ法律を理解するだけでなく，それを現実と対比して解釈し，その解釈について行政担当者と情報・意見交換することが円滑な企業経営のためには求められる。

3　企業経営の課題と対応

　ベトナムにおける企業経営の課題は第一に，国営企業の改革である。本章のコラムで紹介したように国営企業の意思決定は一般に遅く，経営効率に問題があるように思われる。その改善のために企業形態の転換が決定され株式会社化

が進んでいる。ただし，たしかに株式市場を通した資金調達が可能になったが，それが競争原理に基づく経営効率化を進めるまでには至っていない。国営企業は一般に大規模な独占企業だからである。

　第二に，上記の経営効率化が国営企業のみならず民間企業でも追求されなければならない。ここでいう経営効率化さらに経営改善とは，QCDSS（Q：品質〔quality〕，C＝コスト〔cost〕，D＝納期〔delivery〕，S＝サービス〔service〕，S＝スピード〔speed〕）の観点から指摘できる*。これら5点に対する「こだわり」の追求の程度がベトナムでは日本企業よりも依然として劣っている。私見では，この「こだわり」は経営学の文脈でいえば，価値連鎖の過程において「微妙な差異」を蓄積することである。競争企業に対する差異の蓄積が，全体として差別化戦略を構成し，その結果として競争優位性を獲得できる。

　　＊　この指摘は藤井孝男氏（ベトナム日本人材協力センター・ホーチミン所長）に依拠した。ブレインワークス（2008）「特集ベトナムが抱える課題と魅力」『セーリングマスター』11月号，第9巻も参照してほしい。

　例えば価格に関して，価格はコストに利益を加えて決定されるという考えがベトナムでは今でも支配的である。しかし国際競争市場における日本企業では販売可能な価格が所与であるから，利益はコスト削減しなければ生み出せないという考えが通常になっている。

　　　　価格＝コスト＋利益，　利益＝価格－コスト

ベトナムではコスト削減の努力が一般に不足している。例えばベトナムでは会社所有の乗用車が，その会社の信用度の指標のような役割を果たしている。しかしコスト削減を考えるなら，レンタカーで十分に仕事ができる場合が多い。さらに会社の交際費による飲食も頻繁である。国際競争力の強化のためにはコスト削減に対する意識改革がベトナム企業に求められる。

　第三に，中間管理職・技術系管理者・熟練労働者の人材不足が課題となっている。ベトナム人は優秀であるという評価は総じて間違いないが，その優秀性は知識偏重であり応用力・実践力が不足している。これは国営企業に代表される官僚組織の悪癖が根強く残っているためである。「上司からの命令に従っていればよい」という意識から応用力や創造力は生まれない。前述のように社会

主義を基軸的な目標にしながらも政治体制や政策は柔軟に改革・改善されているが，一般の国民の意識や考え方は早急に変化しない。これが「上からの民主化」(松尾〔2008〕145-146頁) と指摘される実態である。

　他方,「ベトナム人は優秀である」という一般的な評価が個人的な自負に変質して，自己主張の強いベトナム人に対する苦情も外国人経営者から聞かされる。より一般的にいって，この自己主張は顧客満足や顧客の価値創造よりも売り手側の論理を優先した発想から生まれている。これらは市場経済の経験の蓄積に従って次策に改善されると思われる。

　第四に，すでに指摘した賃金上昇，違法ストライキ，ジョブ・ホッピングの対応策が検討されなければならない。例えば最新生産設備の導入，設計や研究開発の日本からの移管，人材育成の強化，給与体系の改善，福利厚生の充実，従業員寮の建設などである。これらの施策は有効であるが，個別企業の諸条件に基づいて具体的な創意工夫が必要である。

　第五に，現地に派遣された外国人の管理者・技術者とベトナム人との信頼関係の構築が何よりも優先課題となる。ベトナムに限らず企業経営一般において信頼関係の醸成は不可欠である。当然であるが，企業は感情をもった人間の組織である。この意味でベトナム人は儒教精神を保持しており，さらに特に日本人に対して友好的である。これは日本企業にとってベトナム直接投資の優位性とみなされる。

4　ベトナム株式市場の発展とバブル崩壊

　事業活動の起業のために最初に必要とされる経営資源は何か。いわゆる経営資源としてヒト・モノ・カネ・情報が指摘されるが，その中でもカネ＝資本が起業において不可欠である。資本があれば，それ以外の経営資源を購入することができる。これは社会主義を指向するベトナムでも同様である。資金調達が企業活動の第一歩である。ただし，これによってベトナムが社会主義から資本主義に変質したとみなすことは早計である。社会主義とは広義にいえば，「資本主義の根本的な矛盾を認め，それを克服する」思想や運動と考えることができる。さらに当然ながら「社会主義の建設にも資金が必要である*」。

*　これらの指摘は桃木至朗教授（大阪大学大学院）からご教示いただいた。

　それでは企業の資金調達の方法は何か。金融論や経営財務論では，それが直接金融と間接金融に区別され，それぞれの特徴が説明される。そこでベトナムについていえば，間接金融は国営銀行に対する不信感があり，銀行預金よりも「タンス預金」が好まれる傾向があった。しかし 2000 年の企業法の施行以来，民間銀行が多数設立され，それらの競争関係は預金者に対するサービスを向上させた。また WTO 加盟後は 100％ 外資の銀行設立が容認され，事実 2008 年 11 月に HSBC 銀行とスタンダード＝チャーター銀行の設立が認可された。なお 1999 年から郵便貯金制度が導入された。全国規模の郵便局での貯金が可能となり，今日まで順調に成長している。

　これに対して直接金融は，2000 年 7 月にホーチミン証券取引所が開設され，上場企業 21 社の株式売買から始まった。それ以前の 1997 年に財務省傘下に組織された国家証券委員会が証券市場の設立を準備し，現在は同委員会が証券業界の行政と監督を担当している。市場経済の象徴ともいうべき株式市場の開設は，ベトナムが市場経済化を進める確実な一里塚となったとみなされる。

　直接金融は，証券市場を通して広く一般投資家の資金を企業に動員する仕組みである。証券市場の円滑な発展は，その発行市場と流通市場が車の両輪のように均衡を維持して発展しなければならない。前述のような投機資金による株価の暴騰は，流通市場の過大な膨張を意味する。これが実体経済の発展を伴わない価格上昇つまり「バブル」発生である。この「バブル」は資金流入が停滞した時点で破裂し，その後は株価下落が急速に進行する。そして企業価値に対応した株価水準よりも低水準にまで株価が下落することがある。ただし長期的に株価は企業価値に対応した水準に落ち着く。このような株価の暴騰と暴落は，本来の株式市場の機能から乖離した「マネーゲーム」の舞台に流通市場を転化させる。

　事実，ベトナム株式市場は 2008 年 3 月にホーチミン証券取引所の VN 株価指数が 1200 ポイントを超えたが，その後の 6 月に 360 ポイント台に急落した。さらに 9 月以降の世界同時株安の影響によって株価は 300 ポイントを割り込むまでに下落した。

このバブルの発生と崩壊の原因は，外国人投資家の過剰な投資資金の流入とインフレ対策のための高金利政策の採用が指摘される。それに加えて，ベトナム人個人投資家の短期志向の投機的な売買行動が根底にある。例えば投資ファンド運用会社など機関投資家が IPO（新規公開）株式の入札に成功しなかった事例が多々ある。これは個人投資家が企業価値に応じた適正な株価よりも高値で入札したためである。また不動産価格の上昇がうわさされると株式が売却され，その資金は不動産に投資された。以上のような「衝動買い」と「狼狽売り」を個人投資家は繰り返した。

さらに株式を発行する主体の企業も，株式発行によって調達された資金で無用な投資や多角化を進めた。より具体的にいえば，当面の利益を生むと予想された不動産関連投資や証券会社の設立に使用された。その結果，不動産市場でも「バブル」が発生し，証券市場では 80 社以上もの証券会社が設立された。この証券会社の企業数は現在の市場規模に比較して過剰である。さらに公開会社は株式分割や増資を繰り返して株式市場を「錬金術」の手段に利用した側面がある。以上を結論すれば，証券市場によって調達された資金が，本業の生産やサービスの技術革新や改善さらに生産性向上を目的とする設備投資ではなく，「マネーゲーム」に投資された懸念がある。

これは証券市場の黎明期に「はしか」にかかったようなものである。人間は幼児期に「はしか」にかかって発熱するが，それを経過すれば免疫ができる。同様に初めての「バブル」の発生と崩壊を体験したベトナムの投資家と企業は，そこからの教訓を学んだはずである。同時に政府・国家証券委員会・証券取引所も株価対策の手順や実効性を学習したと思われる。投機から投資へ。短期売買から中長期投資へ。これは証券市場の健全な発展のための基本行動である。現在ベトナムの証券市場は，何事も初めての驚きと興奮の「黎明期」から長期的な「成長期」に向かう「踊り場」に位置していると思われる。

ベトナムに続いてカンボジアが 2009 年後半，ラオスが 2010 年後半に向けて証券市場の開設を準備している。いずれも韓国政府および韓国証券取引所が設立を支援している。これら両国は，おそらく証券市場によって経済発展の新たな段階を迎えるであろう。さらにベトナムのインフレや賃金上昇は，カンボジ

アとラオスを「ベトナム・プラス・ワン」の投資先として注目させる。そこで次に両国の企業経営や経営環境を概観してみよう。

3 「ベトナム・プラス・ワン」：カンボジアとラオスの企業経営*

1 カンボジア経済発展の可能性

　カンボジア王国（以下カンボジア）は最大の ODA 供与国である日本に対して友好的である。2008年6月にフンセン首相は日本を公賓として訪問し、さらなる経済協力について合意した。カンボジアは多党制を容認する「民主主義」国家であり、ベトナムに先立って 2004 年に WTO 加盟を果たしている。2008年7月に国会議員の総選挙が平穏に終了し、与党の人民党が圧勝した。これによってカンボジアは政治的な安定に基づいた経済成長を追求する状況が確定したとみなされる**。

* 　ブレインワークス（2008）「特集ラオス＆カンボジアの可能性を探る」『セーリングマスター』9月号、第7巻。また、上田義朗（2009）『メコン川流域ビジネスがいま熱い──ベトナムの次はラオス・カンボジアだ！』カナリア書房（近刊）を参照。また特にラオスについては鈴木基義（広島大学大学院教授）の一連の論文・著書は必読である。
** 　タイ国境付近の「プレアビヒア遺跡」についてカンボジアとタイの間で領有権紛争が発生し、2008年10月15日に死傷者を出す軍事衝突があった。この進捗が懸念されたが、同年10月24日のアジア欧州会議（ASEM）においてタイのソムチャイ首相とカンボジアのフンセン首相が二国間首脳会談を行い、平和的解決に向けて協議することで合意した。

　カンボジアは一党独裁体制のベトナムよりも民主化が先行しているように思われるが、その内実はフンセン首相に権力が集中している。フンセン首相の後継者問題の平和的な解決が近い将来の政治課題である。この民主主義の反映として、1つの工場に労働組合が複数組織されており、組織率は高くないが、労働組合による権利の主張は強い。また労働者の実質的な賃金はベトナムと同等より以上という指摘もある（法定最低賃金〔製靴・縫製業〕：57米ドル）。

　カンボジアの経済発展の原動力は縫製業の輸出である。その実態は中国からの生産移転であり、工場の生産や品質管理を本国からの中国人管理者が指導し

ていることはめずらしくない。首都プノンペンでは中華街が形成され，英語よりも中国語が普及しているという在留邦人の指摘もある。

　2007年に韓国の盧武鉉・前大統領がカンボジアを訪問し，韓国人の入国査証は不要になった。また李明博大統領はカンボジアの経済顧問であった。2009年末に開設予定のカンボジア証券取引所を韓国が支援している。大規模な不動産開発も韓国資本によって計画されている。このようにカンボジアにおける韓国の民間企業の存在感は日本よりも大きい。ただし世界同時経済危機の影響によって韓国通貨ウォンが暴落し，韓国からの新規投資はみられない。

　日本企業によって開発・販売中の「プノンペン経済特区」から国道4号線によってシハヌークビル港まで3時間程度である。さらに将来は鉄道でも結ばれる。このシハヌークビル港周辺には，さらに日本のODAによって工業団地の建設が予定されている。高規格のインフラ・設備・サービスを提供する工業団地の入居によって，今後の日本企業の進出増加が期待される。

　プノンペンからベトナム国境まで国道1号線，タイ国境まで国道5号線によって結ばれている。これらを「第2東西経済回廊」と呼ぶ。国道1号線の改修は日本のODAによって工事中であり，トンレサップ川支流の一カ所だけをフェリーで渡る。この架橋工事が完成すれば，プノンペンからベトナム国境までの所要時間は約3時間である。日本のODAは道路交通網をはじめとするインフラ整備や人材育成が中心であるが，その成果は着実に経済発展に貢献している。この1号線のプノンペンとホーチミン市間をベトナムのマイリン＝タクシーがシャトルバスを走らせている。ベトナムの経済圏は国境を超えて拡大している。

　さらにカンボジアにおける金融制度はベトナムよりも開放的であり，パスポートがあれば外国人の銀行口座開設やクレジットカードの発行も可能である。また外国送金も円滑である。ただし銀行や保険会社の破綻も頻繁に発生している。日系銀行としてはマルハン・ジャパン銀行が2008年6月からプノンペン市内で営業している。インドシナ3カ国におけるWTO先輩国として，カンボジアの自由経済化は顕著である。

　さらにカンボジアには農産物や鉱物資源開発に発展の可能性がある。事実，

日系企業クラタペッパーは無農薬・有機栽培の胡椒の商品化に成功しているし，日本国内で「業務スーパー」を展開する神戸物産は農産物をベトナム国境付近で開発・栽培している。

すでにアンコールワットは世界的観光地として定評があるが，それに加えて首都プノンペンの日本人観光客がさらに増加してもよい。またシハヌークビル周辺の海岸リゾートの観光開発も有望である。このシハヌークビルとベトナムの観光地フーコック島を結ぶ定期観光船の運行計画がベトナム企業によって推進されている。ここでもカンボジアとベトナムの経済関係は深化している。

2 ラオス経済発展の起爆剤：東西経済回廊の発展

ラオス人民民主共和国（以下ラオス）は人口600万人に満たない小国であり，港湾をもたない内陸国である。これまで経済発展から取り残された印象があるが，静寂な首都ビエンチャンや穏和な国民性そして伝統的なラオス手工芸品は大きな観光資源である。さらに世界文化遺産ルアンパバーンや南部のワットプーおよびコーン滝は必見の観光地である。

またベトナム国境に近いセポンではオーストラリアのオキシアナ社が金と銅の採掘に成功し，ラオスの貿易黒字化に貢献した。なお同社は次にカンボジアの鉱山を探索中である。さらにラオスは2010年を目途にWTO加盟を目標としており，現在そのための法整備が進行中である。WTO加盟はラオスに対する投資拡大に貢献することは間違いないが，時期尚早という意見も政府内にある。

日系企業はタイを親工場として，ラオスを衛星工場とする事例が多い。タイ語が国内で一般に通じるために，日本人の社長や工場長がラオス人を指導するのではなく，すでにタイで経験を積んだタイ人管理者がラオスに赴任している。なおタイはラオスの貿易額・直接投資額のいずれも半分近くを占めて圧倒的な経済的影響力をもっている。

ラオス人労働者の人件費は月約30ドル程度であるから，縫製業などの労働集約的産業にとって比較優位性がある。ただし労働人口は豊富でないから，短時間の人件費の高騰が懸念されている。しかしラオス人のタイでの不法労働者の帰国や高い失業率・人口成長率を考慮すれば，労働力の不足は杞憂であると

いう指摘もある（鈴木基義編著〔2008〕『ラオスの社会・経済基盤』JICA ラオス事務所，87 頁）。

　ラオス・サバナケットの国道 9 号線を経由してベトナム・ダナンとミャンマー・モーラミャインを結ぶ「東西経済回廊」が総工費 17 億ドルで 2008 年に完成した。このサバナケットとタイのムクダハンを結ぶ「第 2 国際メコン川橋」は日本の ODA である。この「東西回廊」から南に位置するラオス・アタプーから国道 18 号線を経てベトナムの国道 19 号線を経てプレイクを結ぶ幹線道路がベトナムの協力で建設された。

　ベトナムの山岳地帯の発展戦略にラオスは緊密に連携している。ベトナム山岳部に建設中の「ホーチミンルート」（国道 1 号線に並行する南北の第 2 幹線道路）は，山岳地帯の貧困改善という政治的な目的があると指摘されてきた。それにラオスからタイにつながる東西の幹線道路が複数接続されれば，ベトナム国内の南北陸上輸送を短縮し，大きな経済効果をもつ。このようなインドシナ半島における陸路のインフラ整備は，半島全体の経済発展を促進する大きな原動力である*。

　　* ベトナムと中国の雲南省・昆明を結ぶ南北回廊や広州を結ぶ華南越回廊を含めた陸路輸送については，会川（2008）27-30 頁が詳しい。

　ベトナムは 2009 年 11 月に開催されるアセアン諸国間の国際スポーツ競技大会（SEA ゲーム）の選手宿舎をラオス国立大学内に建設中であり，試合終了後は大学生寮に転用される。それ以前には同大学の留学生宿舎を支援した。ベトナム直接投資によるラオスの水力発電建設は近年では最大規模である。現在でもラオスの水力発電による電力はタイに輸出されており，それは将来も有力な輸出産業とみなされる。

　ラオス北部は国境を接する中国の経済的影響が大きい。例えば 2002〜03 年度には中国が日本に次いで第 2 位の ODA 供与国となっている。他方，ラオス南部では前述のようにベトナムがラオスに浸透している。例えばベトナムの日系企業であるビナ＝エースコック社はラオス・カンボジアに代理店を設置し，両国の即席麺市場に浸透してタイ企業と競争している。

　以上，ベトナム政府および企業は近隣のカンボジアとラオスに対して積極的

な事業拡大を進めている。世界同時経済不況の対策としてベトナムは内需拡大が求められているが，これら周辺国に対する投資も経済成長を維持する重要な対策である。

日本政府は，このようなインドシナ半島の3カ国が「希望と発展の流域」となるようにともに努力したいと明言し，これらの国境付近を「発展の三角地帯」と位置づけて重点的な支援を約束した（日本外務省のホームページ，2007年11月11日の福田前総理の発言）。

4　日本とベトナムの協力関係：アセアン共同体の成立に向けて

日本政府は特にベトナムを戦略的パートナーと位置づけ，上位5カ国に入るODA資金の提供を行ってきた。さらにEPA（Economic Partnership Agreement：経済連携協定）が日本とベトナムの間で2008年9月に大筋で合意され，同年12月に締結された。その概要は図4-2のように示される。

これはベトナムにとって初めての二国間EPAである。なお二国間の自由貿易協定を意味するFTA（Free Trade Agreement）よりもEPAは広い概念であり，二国間の人材交流や知的財産保護などを含んでいる。これらに対してWTOは多国間の自由貿易協定の成立を理想としている。

図4-2によれば，ベトナムは日本に対して貿易黒字（2006年）である。ベトナムが日本から輸入する金額（5480億円）よりも，ベトナムが日本に輸出する金額（6104億円）が大きい。ここでベトナムの輸入品の中で53.8%が有税であるが，今後の10年間で12%に減少する。より具体的にいえば，例えば自動車部品はエンジンを含めて5年から15年で関税が撤廃される。こうなれば，ベトナム国内製品と無関税の日本製品とが競合する。果たしてベトナム国内製品の競争力が維持できるのであろうか。

より一般的にいって，こういった原材料部品を国内生産できない場合，組み立て完成品を輸出すればするほど，その輸入が増加することになる。これではベトナム国内の付加価値生産が組み立ての手間賃だけになる。輸出が増加しても貿易黒字つまり外貨準備に期待されるほどに寄与しない。さらにこれは国内

▶▶ *Column* ◀◀

ベトナム人経営者：国営企業と民間企業

　ベトナム民間企業の代表的な成功事例であるFPT株式会社は，本業がIT（情報技術）開発ですが，その企業グループ傘下には大学や証券会社が含まれています。FPT大学では日本語とITを並行して教育しています。創業者ビン（Truong Gia Binh）社長兼CEO（1965年生まれ）の個人資産は1億ドル（約100億円）を超えています。同社がホーチミン証券取引所に株式上場したからです。

　同じく民間企業のフータイン（Phu Thanh）株式会社は，1997年にハイ（Ho Hoang Hai）社長によって創業され，LED電子告知板の製造販売で国内シェアが首位となっています。さらなる企業成長のためにラオスに製品を輸出し，ベトナム国内では木目プリントの鉄製ドアの製造販売を新たに計画しました。その工場建設の資金調達のために2007年に増資し，将来は株式上場が目標です。なお，ハイ社長は1976年生まれで「ハノイ若手経営者協会」の会員になっています。

　私が面会したビン社長とハイ社長は，いずれも英語が堪能で笑顔が魅力的です。そして「若さ」と「チャレンジ精神」があります。これらはベトナムで成功した民間企業の経営者に共通した特徴とみなされます。このような「ベンチャー起業家」がベトナムで続々と誕生しています。なお，これら両社の詳細についてはインターネットで検索して下さい。

　他方，有力な国営企業の30歳代の社長と話したことがあります。英語が上手でビジネスの知識も豊富で明朗な性格です。有能な経営者という印象を受けました。しかし，なかなか日本企業との仕事の段取りが進展しません。個人的に優秀であっても，国営企業という大規模な官僚制組織の中では意思決定が遅くなるのかもしれません。このように民間企業と国営企業における経営組織の特質の相違を認識しておくことはベトナムで重要です。

　以上，ベトナムに限らず世界共通のビジネスの初歩は，まず取引先企業の経営者の性格を理解し，彼または彼女が本当に信頼できる人物かどうかを判断することです。次にその企業の経営風土や組織文化も理解しておかなければならないでしょう。

フータイン社のハイ社長

日本・ベトナム経済連携協定（大筋合意の概要）

日本・ベトナム経済連携協定（EPA）の意義

関税の撤廃・削減、サービス貿易の自由化および関連分野の連携強化を図ることにより、日・ベトナム間の貿易関係全般の促進および経済活動の強化に貢献する。ベトナムにとっては初めての二国間EPA。

日越間の貿易構造

- 往復貿易額の約92%を協定発効後10年間で関税撤廃
- 日本はベトナムからの輸入の約95%を10年間で無税に
- ベトナムは日本からの輸入の約88%を10年間で無税に

日本→ベトナム 5,480億円
- 一般機械 16.7%
- 電気機械 8.8%
- 鉄鋼 7.3%
- 鉄鋼製品 46.2% 無税
- 精密機械（除く鉄鋼）2.8%
- 金属製品 1.1%
- その他無税
- 化学工業製品 10.5%
- 有税 53.8%
- 繊維衣料製品 8.8%
- 一般機械 8.1%
- 電気機械 7.7%
- 鉄鋼・鉄鋼製品 7.4%
- 自動車 3.5%
- その他有税 7.8%
- 化学工業製品 3.6%
- 精密機械 55%

ベトナム→日本 6,104億円
- 電気機械 18.8%
- 原油・燃料 17.0%
- 無税 66.4%
- 一般機械 6.2%
- 雑品 5.5%
- 農林水産品 4.4%
- 化学工業製品 3.7%
- 繊維衣料製品 2.5%
- その他無税 88.3%
- 有税 33.6%
- 繊維衣料製品 11.9%
- 魚介類 11.6%
- 皮革・履物 4.0%
- 水産加工品 3.4%
- その他有税 2.5%

2006年ベトナム貿易統計
参考：16年以内では約93%が無税に

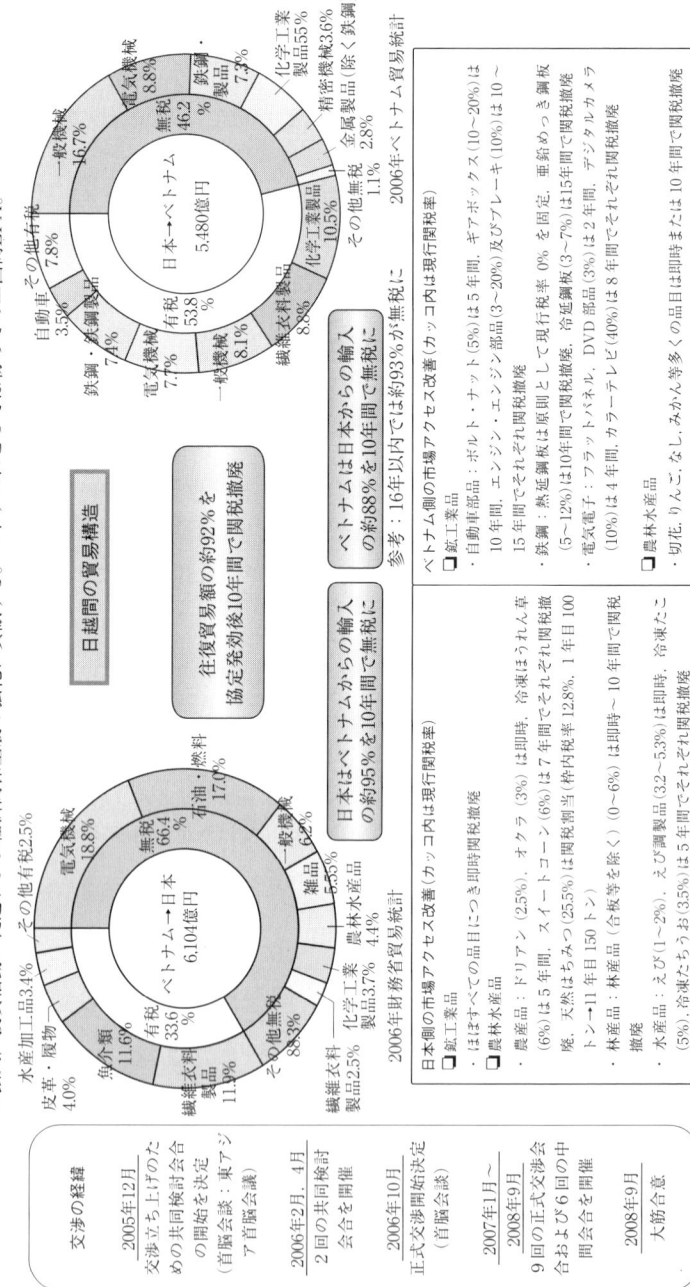

2006年財務省貿易統計

日本側の市場アクセス改善（カッコ内は即時関税撤廃）

□ 鉱工業品
・ほぼすべての品目につき即時関税撤廃

□ 農林水産品
・農産品：ドリアン（2.5%）、オクラ（3%）は即時、冷凍ほうれん草（6%）は5年間、スイートコーン（6%）は7年間でそれぞれ関税撤廃。天然はちみつ（25.5%）は関税割当（枠内税率12.8%、1年目100トン〜11年目150トン）
・林産品：合板等を除く（0〜6%）は即時〜10年間で関税撤廃
・水産品：えび（1〜2%）、えび調製品（3.2〜5.3%）は即時、冷凍たこ（5%）、冷凍さらうお（3.5%）は5年間でそれぞれ関税撤廃

ベトナム側の市場アクセス改善（カッコ内は現行関税率）

□ 鉱工業品
・自動車部品：ボルト・ナット（5%）は5年間、ギアボックス（10〜20%）は15年間、エンジン部品（3〜20%）及びブレーキ（10%）は10〜15年間でそれぞれ関税撤廃
・鉄鋼：熱延鋼板は原則として現行税率0%を固定、亜鉛めっき鋼板（5〜12%）は10年間で関税撤廃、冷延鋼板（3〜7%）は15年間で関税撤廃
・電気電子：フラットパネル（3%）は8年間でそれぞれ関税撤廃、DVD部品（3%）は2年間、デジタルカメラ（10%）は4年間、カラーテレビ（40%）は10年間で関税撤廃

□ 農林水産品
・切花、りんご、なし、みかん等多くの品目は即時または10年間で関税撤廃

交渉の経緯

2005年12月
交渉立ち上げのための共同検討会合の開始を決定（首脳会談：東アジア首脳会議）

2006年2月、4月
2回の共同検討会合を開催

2006年10月
正式交渉開始決定（首脳会談）

2007年1月〜2008年9月
9回の正式交渉会合および6回の中間会合を開催

2008年9月
大筋合意

第4章 ベトナム

日本・ベトナム経済連携協定に含まれるその他の主な分野

税関手続
両国は、貿易の円滑化を図る観点から、予見可能性、一貫性および透明性のある税関手続、関税法の適切な適用および通関の迅速化を確保するとともに、協力・情報交換を推進する。

TBT（強制規格、任意規格および適合性評価手続き）
両国は、貿易の促進を目的に、基準認証分野における情報交換や既存の相互承認の枠組みへの参加の促進、および、技術的協議、適合性評価の結果の受け入れの促進などを行う協議メカニズムを設置する。

SPS（衛生植物検疫措置）
両国は、人、動物または植物の生命または健康の保護の重要性を認識し、衛生植物検疫措置に関して、情報交換、科学的協議および協力に関する議論などを行う協議メカニズムを設置する。

自然人の移動
企業内転勤者を含む自然人の移動に関し、入国・滞在の要件や手続の透明性を向上。現行入管制度の範囲内で、入国先の看護師資格取得した者の入国、一時的滞在を約束。また、ベトナム人看護師・介護福祉士の将来の受け入れの可能性について、協定発効後に継続して協議する。

サービス貿易
個別分野ごとの自由化を約束するとともに、サービス貿易についてニ国間で協議を行う場を設け、自国のサービス提供者等が第三国のサービス提供者より不利にならないための協議の機会を確保した。

知的財産
両国は、知的財産保護制度の効率的かつ透明性のある運用を促進し、侵害、不正使用および違法な複製に対処する。知的財産の分野において協力するとともに、協議メカニズムを通じて、知的財産の保護および知的財産権の権利行使の強化に向けた協議を行う。

競　争
両国は、自国の法令に従って、自国内において反競争的行為に取り組むことにより競争を促進し、また、競争政策の強化および競争法の執行において協力する。

協　力
両国間の経済連携の強化を図ることを目的として、①農林水産分野、②貿易・投資促進、③中小企業支援、④人材養成、⑤観光、⑥情報通信技術、⑦環境、⑧運輸の8つの分野において協力を促進する。

ビジネス環境整備
両国政府、民間部門およびその他の関係機関の参加を得て、事業活動を遂行する両国の企業のためのビジネス環境の整備向上に資する仕組みを提供する。

注：投資については、すでに締結済みの日ベトナム投資協定を準用する調整規定を設けている。

本協定の署名に向け、すべての章・附属書につき条文確定のための作業を継続

図4-2　日本とベトナムのEPA（経済連携協定）の概要

（引用者注）文章の表記の一部を改訂した。
（出所）日本国外務省ホームページ、各国地域情勢、ベトナム。

生産を外国輸入に依存することを意味しており，国内産業の発展動向が外国企業に左右され，また為替リスクを負担することになる。こういった経済構造の国家は不安定な経済運営を強いられる。

　このような経済状況に向かうかどうかの分岐点にベトナムは位置しているように思われる。国際競争力のある原材料部品の生産がベトナムで可能になり，それを国内販売するだけでなく輸出できるようになれば，ベトナム経済は安定した成長を歩むであろう。それが「裾野産業」を育成する意義である。そのために図4-2でも指摘されているように，日本は中小企業支援に協力することを約束している。この意味で本図は，発展途上国から中進工業国に向けてベトナムが離陸する路線図の概略を示しているとみなされる。

　以上のEPAは日本との二国間協定であるが，2007年1月にセブ島で開催されたアセアン首脳会議では「アセアン共同体」の設立が採択された。これには2015年にアセアン域内における関税の撤廃または引き下げが含まれている。2008年12月にはアセアン共同体の最高規範となる「**アセアン憲章**」がアセアン各国で批准され発効した。それ以前の2002年には中国とアセアンでFTA（自由貿易協定）が合意されており＊，さらにインド・オーストラリア・ニュージーランドとアセアンもFTAの締結で合意している。2015年にはアセアン（5億人）と中国（13億人）・インド（11億人）などを合わせた人口30億人を超える統合市場が出現することになる。

＊　トラン・バン・トウ，松本邦愛編著（2007）『中国――ASEANのFTAと東アジア経済』文眞堂。

　このような巨大市場の中でベトナムがどのような政治的・経済的な位置を占めるのであろうか。また，それまでに前述した裾野産業は形成されているのであろうか。その回答は，ベトナム企業それぞれの課題の克服に依存している。また同時に，そのための日本の官民の支援が期待される。このように激変する経営環境の中でベトナムの企業経営は現在進行形でダイナミックに変身を続け

アセアン憲章：アセアン諸国が2015年に成立をめざす「アセアン共同体」の憲法に相当する。2008年12月15日に発効式典がインドネシアで開催された。平和の維持と内政不干渉を内容とし，アジア諸国における新しい進路を示している。

第4章　ベトナム

ている。

　［付記］　本章では，2005～2007年度の日本学術振興会・科学研究費補助金（課題番号：17330095）の助成を受けた研究調査結果の一部が用いられた。

[推薦図書]

　ベトナムについては古田元夫・大野健一など多数の学術的な先行研究がある。それらの中でWTO加盟後の最新のベトナム企業経営を理解するために次の3冊を推薦する。

会川精司（2008）『ベトナム進出完全ガイド――ベトナム最新事情と投資貿易実務』カナリア書房
　　ベトナム進出企業のための標準的なガイドブックであり，著者は総合商社・双日（旧・日商岩井）の元ベトナム総支配人である。

ベトナム経済研究所編・窪田光純著（2008）『早わかりベトナム・ビジネス 第2版』日刊工業新聞社
　　上記書と合わせて読めば，ベトナムビジネスの全容が臨場感を伴って理解できる。

松尾康憲（2008）『現代ベトナム入門 増補改訂版』日中出版
　　ベトナムの政治・歴史・文化・社会・国民性について具体的に言及しており，ベトナムビジネスの背景を理解できる。

[設問]

1．ベトナムの投資環境について，JETRO（日本貿易機構）の資料などを使用して，ほかの東アジア諸国と比較してみましょう。
2．株式会社と株式市場の基本的な仕組みや役割について説明し，次に日本を含むアジア各国における株式会社や株式市場の実態について比較・検討してみましょう。
3．2008年12月に「アセアン憲章」が発効しました。アセアンおよび「アセアン共同体」創設の経緯と意義について調べましょう。さらにベトナムをはじめとするアセアン各国や日本・中国など世界に対する影響について考えましょう。

　　　　　　　　　　　　　　　　　　　　　　　　　　　　　（上田義朗）

第5章

タ イ
──多様性社会と日系企業──

　ASEAN（東南アジア諸国連合）のリーダーとされるタイ，その発展はどのようなビジネス主体によって支えられてきたのでしょうか。タイに進出した外資の中でも，日系企業はひときわ大きなプレゼンスを誇っています。在タイ日系企業が抱えるビジネス上の課題とは何でしょうか。最後に，タイから生まれ，アジア発の新しい価値観として注目されている「足るを知る経済」について考えてみましょう。

1　タイ王国とその発展

1　コメと交易による繁栄

　タイ最古のタイ語史料とされているラーンカムヘン王碑文（1292年）には，有名な「水に魚あり，田に米あり」の言葉が刻まれているように，タイは世界有数の米どころであり，飢えを知らない豊かな国である。現在でも，米はタイにとって最も重要な作物であり，作付面積は農地面積の半数を占めている。

　アユタヤ時代（1351〜1767年）には，中国，日本，ペルシャ，西欧とも交易を行い，大いに繁栄した。1685年フランス王ルイ14世の使節として，シャムの都アユタヤを訪れたジョワジは『シャム王国旅日記』（ジョワジ・タシャール〔1991〕『シャム旅行記』17, 18世紀大旅行記叢書，岩波書店）を著している。そこには，ジョワジ一行がシャムで受けた歓迎のありさま，ナーライ王との謁見の様子などが詳細に記されているが，部屋には，中国の寝台，ペルシャの絨毯，日本の屏風が置かれ，食事には，スペインとフランスの葡萄酒，イギリスのビ

アユタヤ時代：タイ族は13世紀半ばにクメールから独立して，スコータイ王朝（1238〜1378年）をおこす。以降，アユタヤ王朝（1351〜1767年），トンブリー王朝（1767〜82年），チャックリー王朝（ラタナコーシン王朝，1782年〜現在）と続く。特にアユタヤ王朝は交易国家として繁栄した。

ールが並んでいたという。フランス使節は，ナーライ王にキリスト教（カトリック）への改宗を勧めていたし，時を同じくして，イスラム世界からはサファヴィー朝ペルシャの使節も訪れていた。もちろん，ナーライ王はキリスト教にもイスラム教にも改宗することはなかった。ナーライ王は異なる宗教，人種の人々をひろく受け入れることで，外国人の往来によって貿易を発展させ，王国の富を増大させる手段を見出していたのである（綾部恒雄・林行夫編〔2003〕『タイを知るための60章』明石書店）。

アユタヤには，中国人，ポルトガル人，マレー人，マッカサル人，コーシチナ人，日本人の居住区があり，20もの異なる言語を耳にすることができたという。さらに，アユタヤの官僚制度は実力次第で，外来人にも開かれていた。日本人傭兵隊長をつとめ南部ナコーンシータマラート知事となった山田長政や，外務卿となったペルシャ人のシェイク・アフマド・コーミーなどは有名である。

外来人のうち，最大勢力は華人で，17世紀後半には1万人を超えていた。華人は，中国との貿易の仲介をつとめ，倉庫業者，運搬業者，船主として力を増していき，交易や外交を行う官僚として活躍する者も現れた。18世紀に入り，中国清朝がタイからの米輸入を奨励すると，中間業者としての華人の重要性は大きくなり，米の買付，保管，精米，輸送などを行うほか，農民への資材と資金の貸付なども行うようになっていった。中国からの移民や出稼ぎ労働者の流入はその後も続き，1920年代には人口に占める華人の割合は1割近くなった。中国から身一つで来た華人は，持ち前の商人気質，起業家気質から，同郷や親族から資金を得て小さな商いを始めるか，あるいは，身につけた技術を活かして工場を営んだ。やがて，彼らは，タイ社会における中心的なビジネス主体へと成長し，その中から後述する「タイ財閥」が誕生する。

その間，タイ族はもっぱら稲作に専念していた。ちょうど士農工商の「士」，「農」（米づくりと仏教への帰依）をタイ族が行い，「商」を華人が担い，やがて「工」を起こしたとイメージすれば理解しやすいだろう。

このようにタイは自国内に多様性を抱えつつ，他国に大きく懐を開き，ヒト・モノ・カネを受け入れることで発展してきた。これは，近代から現代においても変わらないタイのスタイルである。1954年「産業奨励法」を制定以来，

工業化を進める中でも，外資を積極的に受け入れ，その力を国家発展の牽引車として利用してきている。外資政策は経済，産業政策の重要な柱であり，1970年代前半にナショナリズムが高揚した一時期を除けば，基本的にはBOI（Board of Investment：投資委員会）を中心に，外資の積極的な導入を図っている。

2　「奇跡」を支えたもの

　タイは，1993年に世界銀行が「東アジアの奇跡」と評した国の1つである。1960年から1980年前半まで，成長率は平均して7％，工業化の進んだ1980年代後半から1996年までは平均9％の成長を遂げた。1997年のアジア金融危機以後，経済危機に瀕し，1998年の成長率はマイナス10.5％となったが，その後，順調に回復し2003年GDP成長率は7.0％，2004年6.2％，2005年4.5％となっている（NESDB，国家経済社会開発委員会データによる）。

　だが，「東アジアの奇跡」の舞台となった他のアジアNIES（韓国，台湾，香港，シンガポール）とタイには成長過程に大きな違いがある。例えば，韓国や台湾では，繊維製品や電子部品など労働集約的な工業製品の輸出を軸とする工業化政策が成長の要因であった。その結果，第1次産業の就業人口は減少し，第2次産業（工業，製造業）へシフトしている。

　一方，タイでは，1960年代の主要な輸出品は，コメ，天然ゴム，トウモロコシ，砂糖キビ，錫などであり，1970年代には，コメ，天然ゴム，タピオカ，ジュート，1970年代後半からは，それらに加えて，パイン缶，ツナ缶，ブロイラー，冷凍エビなど農水産加工品が輸出を伸ばしていく。コメの精米，輸出はもちろんのこと，様々な農水産品の生産，加工，輸出は，タイ地元資本によって行われており，やがて，アグロビジネス・グループと呼ばれる資本家層を生み出していった。

　つまり，コメを中心とした農業，第1次産業が国際競争力のある輸出産業を生み，そこで得られた外貨が，輸入代替産業に必要な原料，燃料，機械の輸入

BOI（Board of Investment：投資委員会）：「投資奨励法」（1977年）に基づき，首相を議長として設置される。タイ経済の発展に寄与する国内外からの投資を促進し，環境を整備するため，投資案件について，財政的，非財政的の両面から，様々な特典や保護を与える権限をもつ。

第5章　タイ

表5-1　外国人事業法における制限事業一覧

【第1表（9業種）】 農林水産業など外国企業の参入が禁止されている業種 　（1）新聞発行・ラジオ・テレビ放送事業，（2）農業・果樹園，（3）畜産，（4）林業・木材加工（天然），（5）漁業（タイ海域・経済水域内），（6）薬草抽出，（7）骨董品（売買・競売），（8）仏像および僧鉢の製造・鋳造，（9）土地取引
【第2表（13業種）】 国家安全保障または文化，伝統，地場工芸，天然資源・環境に影響を及ぼす業種（ただし，内閣の承認により商業大臣が許可した場合可能） 　・安全保障：（1）製造・販売・補修（銃・銃弾・火薬・爆発物およびそれらの部品，武器および戦闘用船・飛行機・車両，すべての戦争用備品・部品），（2）国内陸上・海上・航空運輸および国内航空事業 　・文化・工芸の保護：（3）骨董品・民芸品販売，（4）木彫品製造，（5）養蚕・絹糸・絹織布・絹織物捺染，（6）タイ楽器製造，（7）金銀製品・ニエロ細工・黒金象眼・漆器製造，（8）タイ文化・美術に属する食器製造 　・環境・資源の保護：（9）サトウキビからの精糖，（10）塩田・塩土での製塩，（11）岩塩からの製塩，（12）爆破・砕石を含む鉱業，（13）家具および調度品の木材加工
【第3表（21業種）】 外国人に対して競争力が不十分な業種（ただし，外国人事業委員会の承認により局長が許可した場合可能） 　（1）精米・製粉，（2）漁業（養殖），（3）植林，（4）ベニア板・チップボード・ハードボード製造，（5）石灰製造，（6）会計サービス，（7）法律サービス，（8）建築設計サービス，（9）エンジニアリングサービス，（10）建設業（ただし，外国人投資が5億バーツ以上で特殊な技能を要する建設（インフラ，通信等），その他の省令で規定された建設業を除く），（11）代理・仲介業（ただし，証券・農産物の先物取引，金融商品売買に関するサービス，同一グループ内の生産に必要な財取引，外国人資本1億バーツ以上の国際貿易仲介，その他省令で規定された代理・仲介業を除く），（12）競売（骨董品・美術品以外の国際間競売，その他省令で定める競売），（13）国内農産物の国内取引，（14）資本金1億バーツ未満または1店舗あたり資本金2,000万バーツ未満の小売業，（15）1店舗あたり最低資本金1億バーツ未満の卸売業，（16）広告業，（17）ホテル業（ただし，マネージメントを除く），（18）観光業，（19）飲食物販売，（20）植物の繁殖・品種改良，（21）その他サービス業（省令で定めるものを除く）

（出所）　JETROバンコクセンター（2003）『ビジネスガイド　タイ』132頁。

を可能にし，それら産業の成長と国内市場の拡大をもたらしたのである（井上隆一郎〔1991〕『タイ，産業立国へのダイナミズム』筑摩書房；末廣昭〔1993〕『タイ　開発と民主主義』岩波新書）。

　1980年でも農産物の輸出に占めるシェア（金額ベース）は，51.1％を占めていた。これが2005年では農産物は7.1％であり，工業製品が87.8％となっている。2005年のタイの主要輸出品上位品目（金額ベース）を見てみると，1位コンピュータおよび部品，2位自動車および部品，3位IC（集積回路），4位プ

ラスチック，5位ゴムとなっている。例えば，2005年のHDD（ハードディスクドライブ）の全世界総出荷台数は約3億8000万台であったが，そのおよそ3割の1億1000万台がタイから輸出されている。このように，タイは「コメの国」から「電子の国」へと移行したのである（盤谷日本人商工会議所編〔2007〕『タイ国概況　2006/2007』）。

　現在のタイには，様々な投資優遇策がある一方で，外資規制も存在する。1972年から27年間運用されてきた旧外国人事業法では63事業が，99年改正後の外国人事業法（**表5-1**）でも43事業では，外資比率50％以上の企業は参入することができない。農業，林業，漁業などの分野はもちろんのこと，運輸業，小売業，建設業なども，制限事業に入っている。つまり，規制対象となっていた事業では，51％以上でタイ資本のパートナーが必要なのである。そして，タイ側のパートナーとして，最も力をもっているのが「タイ財閥」と呼ばれる華人系資本を中心とした企業グループであった。

　このように，「奇跡」と呼ばれたタイの成長は，外資や多国籍企業の進出によってのみもたらされたものではない。まず，コメを中心とする力強い第1次産業とアグロビジネスがあり，それが国内産業の発展と国内資本の成長をもたらしていた。

　そして，広く開いた門戸から入りくる外資の力を上手に利用し，国内資本と外資とが両輪となってタイの発展を支えてきたのである。

　次節以降では，タイ側のビジネス主体としての「タイ財閥」と，外資の中で大きなプレゼンスを占める在タイ日系企業について見てみよう。

2　タイのビジネス主体

1　タイ財閥

　タイ地元資本の中で大きなプレゼンスを占めているのが，特定の企業家や，その一族によって支配され，いわゆる「財閥」と呼ばれている企業グループ群である。外資系企業がタイ資本と合弁する際に，そのパートナーとなるのは多くの場合，財閥グループに属する企業である。その最大の特徴は，特定の一族

による封鎖的な所有・支配関係を維持していることにある。所有については，オーナー一族が中核となる企業，ないしは，中核持株会社を保有して，多数の傘下企業の株式をもつことでグループを形成する場合が多い。経営に関してもまた，創業者，その兄弟，子どもたち，娘婿などが主要ポストにつき，支配力を行使している。すなわち，所有と経営の双方を特定の家族が支配する「ファミリービジネス」なのである。

タイ財閥に関する研究においては，末廣*による研究が有名であり，データ量においても比類なきものになっている。この節では末廣の分析を中心に，タイ財閥の特徴を見てみよう。末廣によれば，1997年タイにおける売上高上位100社のうち，政府もしくは国営・公営企業の出資企業は9社，独立系タイ企業4社，外国企業30社，そして，実に57社が特定の一族（末廣が抽出した215家族）が所有するファミリービジネスであり，総資産額においても約72%がそれにあたっている。さらに，1997年の外国企業，多国籍企業を除く，タイの主要な220の企業グループを所有主別に分類すると，政府系企業グループ5，王室財産管理局を含むタイ系が6，インド系が3，定住欧米系が3，そして，残りの200グループが華人系であったという。このように，タイ経済における，華人系財閥グループの存在の大きさは際立っている。

* 末廣昭（1991）『タイの財閥——ファミリービジネスと経営改革』；同（2006）『ファミリービジネス論——後発工業化の担い手』名古屋大学出版会。

末廣によれば，まず1910〜30年代にかけて，精米や米輸出の分野を中心に，海運や保険業も進出し成長していった「コメ財閥」が現れる。続く1940〜50年にかけては，当時の軍閥や政治指導者と結びつき，政府が民間資本参入を奨励した銀行，保険分野で成功を収めた「金融グループ」が力をもつ。1960年代〜70年代にかけては，民間主導の工業化政策が本格化し，それに伴って，繊維，家電，自動車組み立て，などの輸入代替産業に参入した「製造業グループ」や，冷凍ブロイラー，養殖エビなどの輸出に従事する「アグロビジネス・グループ」が形成された。1970年以降は，タピオカ，トウモロコシ，ツナ缶などの輸出がさらに伸びることで「アグロビジネス・グループ」は成長する。1980年代になると，バンコクや地方都市で建設ラッシュが起き，住宅投資も

盛んになった。不動産，分譲住宅で蓄財したものが「不動産グループ」となっていった。

　これまでの，ファミリービジネスのイメージは，①閉鎖的で，一族の資産を増やすことに終始する，②リスクを取らず短期的利益を優先する，③権力と癒着している，などであった。また，④投資資金の調達に限界がくるのではないか，⑤限られた人材の中で登用を行えば，人材の劣化や，知識・技能の不足が起こるのではないか，という問題が指摘されていた。しかし，④と⑤について実際は，同族だけではなく，同郷集団などの華人ネットワークを利用することで，幅広く資本を調達しているし，人材に関しても，創業者の子どもたちは，エリート教育をうけ，海外留学，同郷企業への武者修行などを盛んに行っており，若くしてグループ傘下企業のトップに立つことで経験を積んでいる。必ずしも，長男が事業を継承すると決まっているわけではなく，次男，三男，娘，娘婿，姪，甥なども優秀であればグループ企業を継承する可能性がある。また，最近では，家族外からの経営テクノクラート（職業的専門経営者）登用も盛んに行われている。②に関しては，タイ財閥は外資との合弁事業などを通じ，多角化している。通信事業，バイオ関連事業，環境関連事業などの成長分野へは，中核事業と非関連分野であってもリスクを恐れずにチャレンジしている（井上隆一郎〔1994〕『アジアの財閥と企業〈新版〉』日本経済新聞社）。

　①と③に関しては，グローバル投資活動，多国籍企業化，外資との合弁，株式公開といった流れの中で，情報公開や法令遵守などにも無関心ではいられない。いわゆるグローバル・ルールも浸透してきており，透明性の高い経営へと移行する試みが続けられている。末廣が強調するように，ファミリービジネスは，所有と経営の排他的支配によって，既存事業の中で安住しているのではなく，変化する経営環境へ対応しようと自ら改革を繰り返し，「進化」を続けているのである。であるからこそ，グローバル化の大波の中にあっても，脈々と受け継がれてきた企業グループを沈没させることなく，さらに前進させていくことができているのだろう。

2 企業例：CP グループ

　CP（チャルーンポーカパン）グループは，アグロビジネスを中核とするタイ最大級の複合企業グループである。1929 年，潮州系華僑である謝易初，謝小飛兄弟によって「正大荘行」が興された。香港から野菜の種子，飼料，殺虫剤などを輸入し，タイからは卵を輸出する商社であった。謝易初には 4 人の息子（正民，大民，中民，国民）がいるのだが，1953 年に長男の正民と，謝小飛の娘婿プラサートが共同で飼料輸入を開始し，社名をチャルーンポーカパンとした。その後，飼料の製造，養鶏，ブロイラー事業に進出し，1970 年代には，種鳥生産→孵化→肥育→解体→冷凍加工→輸出までの垂直統合を行った。同じ方式で，エビ，豚，アヒルなどにも事業を拡大する。1983 年に謝易初が死去すると，四男の謝国民（タニン）中心となり，グループの構造改革を行った。事業本部制を導入し，飼料，養鶏，養豚，穀物，解体処理，商事・貿易の 6 事業部に経営テクノクラートを登用，ただし，グループ全体の戦略決定は「グループ役員会」が行うこととした。このグループ役員会は，謝易初の息子 4 人全員と，謝小飛の娘婿プラサートが入っている。

　現在，中核となるアグロインダストリーのほかに，種子肥料ビジネス，石油，石油化学，不動産，オートバイ・工業製品，流通，通信など 10 事業分野に多角化している。外資との提携も盛んで，日系企業とは，明治乳業（CP 明治），セブン-イレブン（CP セブンイレブン），などが有名である。また，中国への積極的な投資を行っており，正大集団（チアタイ）として知られている（井上〔1994〕；末廣〔1991〕）。

3 タイ社会の多様な存在

　タイの社会を称して「ベニア板」，「ミルフィーユ」と表現されることがある。これは，タイ社会が人，宗教，文化いずれにおいても多様性を内包しており，なおかつ，多様なそれらが，それぞれが個別に存在しているのではなく境目がわからないほどピッタリと折り重なって重層構造をなしていることを表したものである。ひと口に「タイ人」といっても，その存在は一様ではない。ここでは，タイ社会を構成する多様な存在について見てみよう。

第Ⅰ部　国・地域別編

①華人・華僑

　タイの華人は，現在でもそのルーツによって潮州系，客家系，福建系，広東系，海南系などのグループに分かれている＊。タイはスコータイ王国の昔から絶え間なく華人を受け入れて，タイ社会に同化させてきた。タイ人と華人との混血は進んでおり，これを区別することは難しい。1930年代のシャムでは，バンコクの人口の半分は中国系で，商業，流通業，サービス業の圧倒的部分を占めていたという。現在でも，しばしば名刺にタイ語と漢字での名前を併記しているビジネスマンに出会うことがある。また，1月のニューイヤー，2月の春節，4月のタイ旧正月と3回の正月を祝うといった話しはよく聞かれる。

　　＊　ここでの「系」は，文化的な違いに基づく分類であり，行政区分上の「省」とは異なる。詳しくは，脚注の「華人・華僑」を参照。

　タイでは，父母のどちらかがタイ国籍を保有しているか，永住権をもつ両親のもとタイで出生した者は，タイ国籍を保有できる。ただし，2代目までの華人は軍士官学校や警察大学校の入学資格がない。

　華人・華僑の同郷意識，協力関係がいまだに強いことも事実で，同郷会館や工商会，互助会や慈善団体などいくつもの華人組織が存在している。そうした組織が，ビジネス上のネットワーク形成の場になっている。さらに，タイ国内の華人組織は，中国，台湾，シンガポール，マレーシア，カナダなど他国・地域の華人組織とつながり，大きな国際ネットワークを構築している。1997年バーツ暴落とアジア金融危機のさなか，65％の株価下落で危機に陥ったバンコク銀行会長陳有漢は，比較的被害の少ない台湾に助けを求め，台湾の中国信

華人・華僑：中国（中華圏）から世界各地へ移住した人々のこと。移住先の国籍を取得した人々を華人，まだ中国（中華圏）の国籍をもちつつ移住先で定住権をもつ人々を華僑と呼ぶことが多い。英語表記ではともにOverseas Chiseseである。華人・華僑は出身地等によって「幇」と呼ばれるグループを形成していることが多く，東南アジアでは潮州，客家，福建，広東，海南が五大幇とされている。「幇」は同郷会館を設立するなどして，結束の強化を図っている。なお，潮州は，現在は広東省の北端にある地区級市であるが，言語的にも福建省南部の言語である閩南語の一種である潮州語を話し，文化的にも民間信仰が盛んであるなど独特な地域である。潮州幇はタイでは最大勢力である。「客家」（はっか）はもともと華北の黄河流域に住んでいた漢族の一部の子孫とされているが，その後，国内移民となり，広東省などに「外来人」として住み着いた。客家語を話し，円楼と呼ばれる，巨大な円筒形建築物を作るなど独自の文化をもつ。海外にも移住し，海外では客家幇を形成している。

託商業銀行創業者の辜振甫による「友を助けなければ*」のひと言で資本参加を引き出している。

> * "It's a unique opportunity to partner more intimately with one of our friends at a time of difficulty"／蔡林海（1998）『アジア危機に挑む華人ネットワーク』東洋経済新報社，141頁。

②伝統的支配者層

現在のタイは，社会制度としての階層性は存在していない。しかし，タイ社会の中にはいまだに厳然と階層の別は存在している。なかでも，最上級にあるのは，旧王族，貴族，官吏などの子孫で，かつての欽賜名（王から下賜された官位と名前）を姓とするような階層である。王族と近い関係にあり，**タイ王室**を守る外郭層であるといえる。現在の職業は，高級官僚，軍幹部，学者などであり，広大な領地を所有している場合が多い。スーパーエリートとして，海外留学経験をもつなど西洋教育を十分に受けていると同時に，タイ文化の継承者として王室用語などを使いこなせる教養をもっている。タイ国をリードする（政治を指導する）存在でありながら，自ら議員として立候補したり，政党に関わったりすることはない。

たとえ，どれほど大金持ちになったとしても，軍人として出世しても，初めからこの階層出身でなければ，決して加われない階層である。外資であっても，許認可や用地買収などビジネスの重要な局面で，時にこれらの人々の影響力を必要とする。

③都市中間層（チョンチャンクラーン）

タイの経済発展とともに生まれた階層である。都市に住み，高学歴，高収入であり，自家用車，携帯電話，パソコン，キャッシュカードなどをもっている。医師，弁護士，コンピュータエンジニアなどの専門職，公務員や教師，いわゆるビジネスマンやホワイトカラーと呼ばれる職業についている。公正，平等，

タイ王室：タイは立憲君主制をとっているが，国王は憲法により神聖にして絶対不可侵の元首と定められ，国軍を統帥し，仏教の擁護者であるとされる。刑法には不敬罪が定められており，外国人にも適応される。国歌，国王賛歌が流れた際の不起立や，ブログなどでの王室批判も逮捕の対象となるので，タイでビジネスを行う際には注意が必要である。

民主主義を尊重し，時には反政府デモに参加する。就業人口の3割程度であるが，現在の世論形成の中心であり，社会的プレゼンスは増す一方である。伝統的支配階層による支配体制が揺らぎ始めていることは，ここ数年つづくタイ政局の混迷をみても明らかである。

④外国人労働者

タイ人が「ケーク」と呼ぶ，インド系，マレー系，アラブ系の人々がいる。これらの人々は，いわゆる外人（西欧人）「ファラン」とは区別されている。古くはアユタヤ時代からタイに存在しているが，華人ほどタイ人との混血は進んでいない。そして，現在でもインド，ネパール，中東各国から流入は続いており，主に，輸入業者，食料品関係や繊維・衣料品関係の商売をしている（綾部・林編〔2003〕）。

ミャンマー，カンボジア，ラオス，中国など近隣諸国からの出稼ぎ労働者の数も多く，現在200万人とも300万人ともいわれる。その多くは，不法労働者である。タイ政府は不法労働者の摘発および，不法労働者を使用した者への罰則を強化しているが，その一方で，安い賃金で使い捨てにできる，彼ら外国人単純労働者がタイ経済発展を下支えしていることも事実である。多くは，建設現場，漁業，農業，観光サービス業に従事し，女子の場合は，飲食業や風俗産業などの底辺を担っている。

2004年12月のインドネシア・スマトラ島沖地震で，タイ南部沿岸は巨大津波の被害を受けた。その際，数カ月たっても何百もの「身元不明の遺体」があると報道された。だが，地元タイの人々は，これらの遺体が誰のものであるのか皆知っていた。それは，南部のビーチで働いていたミャンマー人労働者たちなのである。

3 タイ投資環境と日系企業

1 タイの投資環境

タイの経済発展において外資が果たした役割は大きい。なかでも，日本からの投資は，圧倒的なシェアを占めており，外資企業の中でも日系企業のプレゼ

ンスはたいへん大きいものである。1985年以降の状況を見てみると，タイの受け入れた投資のうち，投資金額，投資件数ともに日本は常に投資国・地域の首位の座を占めている（1990年のみ投資件数が7件差で台湾が1位）。1985年から2005年の累計シェアでも，件数ベースで36.4％，金額ベースで38.9％が日本からのものとなっている。2005年単年でみても，海外資本の国別構成で，日本が45％，NIES（韓国・台湾・香港）14％，ASEAN諸国（シンガポール・マレーシア・インドネシア・フィリピン）14％，中国2％，北米7％，欧州14％となっている（2005年BOI投資奨励案件申請状況データ）。

1990年代以降，日本から海外への直接投資は中国に集中しているが，中国への投資にはリスクが多いことも事実である。そこで，「チャイナ・プラス・ワン」という言葉で表されるように，中国への投資リスクをヘッジ（回避）して，第二，第三の拠点をもつ日系企業も増加している。そのような意味でもタイは，事業展開先として日本企業にとって変わらず重要な地域となっている。

日本企業によるタイへの投資メリットとして，以下の3点が挙げられる(2006年9月25日，日・タイ経済協力協会での黒田篤郎氏講演「中進国入りするタイと日本の新しいパートナーシップ」より)。

第一に，タイは日本にとっての長年のパートナーであり，1960年代からつづく膨大な投資によって日本式のビジネス手法が比較的浸透している。長年培ってきた，日系企業とローカル（現地）とのネットワークも業務上の助けになるだろう。

第二には，タイおよびASEANは日本ブランドが浸透した市場である。ASEAN市場内は，FTA（自由貿易協定）によってタイ，マレーシア，インドネシア，フィリピン，シンガポール，ブルネイでは（ベトナム，カンボジア，ラオス，ミャンマーも含めれば2010年までに），99％の品目の関税がすでに0〜5％以内になりASEANは5億人の1つの市場と考えられる。この中で，自動車，家電，被服，日用品，いずれにおいても日系ブランドは浸透している。したがって，欧米企業，中国企業との競合が激しい中国13億人市場よりも，ASEANの5億人市場のほうが日系企業には有利に展開できる場所である。

第三には，世界市場に向けての供給拠点として有利な立地である。タイは積

極的なFTA政策を行っており，例えばインドとはテレビ，エアコン，冷蔵庫，自動車部品の関税が段階的に引き下げられ，最終的には0％となる見通しである。同様に，FTAは，オーストラリア，ニュージーランドとは締結済み，中国，チリ，バーレーン，パキスタンとは基本合意している。すでに，日系自動車メーカーは，タイをピックアップトラックの世界への輸出拠点と設定している。

2 日系企業のプレゼンスおよび課題

2006年1月時点で，盤谷（バンコク）日本商工会議所加盟企業は1251社，総従業員数は約43万人，なかには1社で3万人を超える従業員を雇用する企業もある。タイの人口6510万人の中で，農林漁業を除く一般就業者数は約2000万人と推定されていることからも，日系企業のプレゼンスの大きさがはかられよう。さらに非加盟の日系企業を加えると3000社以上，中小のサービス業まであわせれば約6500社あるといわれており，日系企業の創出する雇用は拡大の一途である（盤谷日本商工会議所中小企業支援委員会調べ）。

日本企業のタイ進出の歴史をまとめると，表5-2のようになる。このおよそ40年の歴史の中で，日系企業ではノックダウン生産（現地組み立て生産）のため，単に現地タイ人を「働かせる」という段階から，日本人とタイ人スタッフが同じ職場で「共に働く」という段階に進んでいる。中間管理職以上の現地スタッフを育成，技術移転や経営の現地化を進めることが，日系企業の重要課題となっている。

しかし，タイでは高学歴人材が慢性的に不足しているのに加えて，特に日系企業は人材確保の点で多くの問題を抱えている。例えば，①タイ人の日系企業好選性が欧米企業に比べて低いこと（今田高俊・園田茂人編〔1995〕『アジアからの視線——日系企業で働く1万人から視た「日本」』東京大学出版会），②頻繁におこるジョブ・ホッピング，③日本人とタイ人スタッフ間の認識のずれやコミュニケーション不足による異文化摩擦，といった問題である。これらの問題は，

ジョブ・ホッピング　→第4章102頁参照

表5-2 日本企業のタイ進出の歴史

1960年代	タイ政府の輸入代替産業育成政策に応じて、大手自動車・二輪車メーカー、食品、繊維を中心とする軽工業分野が進出。
1970年代	中間財産業が中心となる。木材、パルプ、ガラス、鉄などの関連企業が進出。（タイ社会における日本企業のオーバープレゼンスが問題に）
1980年代	自動車、家電、機械などの加工組み立て型産業が中心となる。（外国人投資ラッシュを迎えるなか、投資金額・件数ともに日本はその3～4割を占めて最大の相手国。タイの工業化が本格的にすすむ）
1990～96年	半導体、光学機器などハイテク部門の企業が進出。（ベトナム、マレーシア、インドネシアなど東南アジア各国を結ぶハブ的な役割が強まる）
1997年以降	アジア金融危機によって欧米企業が軒並み撤退するなか、製造業分野では日系企業の撤退はほとんどみられなかった。現在は、より高技術・高付加価値の製品を現地生産に移行することが検討されている。

(出所) 筆者作成。

すでに10年以上も前から顕在化しているにもかかわらず、それらに対して、日系企業は有効な対策を打てないままでいる。

中国および東南アジア地域に進出する日系企業が共通して抱える問題は、現地従業員の頻繁なジョブ・ホッピングである。日本貿易振興会が在タイ日本企業に行った2005年の調査でも、在タイ日系企業の、およそ8割がタイ人スタッフのジョブ・ホッピングを問題としている。

日系企業のとるジョブ・ホッピング対策としては、①賃金の引き上げ、②福利厚生の充実、③職場環境の改善、の3つが主になっている。タイ人スタッフに対して、「彼らは1バーツでも高いところがあれば、すぐに転職する」と、その転職動機を「賃金」であるととらえ、①賃金の引き上げが、ジョブ・ホッピング対策に最も有効であると考えるむきがある。しかし、賃上げには限界があるため、（タイでは国による保険制度が不十分であることから）実質上の賃上げと同じ意味をもつ②福利厚生の充実を図っている。さらには、対外評価や、面子を重んじるタイ人の気質にあわせて、（ポストの実質上の重要性は別として）昇進を早めることもある。あるいは、研修制度を設けて、数年おきに「研修」という名のもとに日本や海外へ出かけられるようにしてみたり、パソコン、携帯電話、制服（タイ人は制服が好きなので）の支給など、泥臭い「引き止め策」も展開されている。このように、日本人の考えつく限りの対策をとっているが、

あまり効果はあがっていない。

　木村の調査*によれば，タイ人スタッフが職場を選択する理由は，賃金や雇用条件だけではない。その職場で，「自分が必要とされている」と感じることが一番のモチベーション要因となっている。また，タイ人の「働くこと」には，仕事を通じて，コミュニケーションを広げ，「良い仲間と出会う」という意味がある。タイ人は，「働く」ことを通じて，社会的な交流をひろげ，職場で良い同僚（友人），上司，を得て，お互いに理解しあうことを求めている。日本人のように，プライベートと仕事，友人と同僚を分けて考える，つまり「仕事上の付き合い」という区分がない傾向にある。タイ人の考える仕事に不可欠なものとしては，「平等」と「**楽しさ（サヌック）**」の２つが挙げられる。職場では，和気藹々（ガンエーング）と過ごしたいと考えられており，日本人と一緒だと，職場にはいつも緊張感があり，気詰まりであるとの意見が寄せられている。仕事のペースでも，日本人のペース，スピードにあわせなければならず，そのことも負担になっているようだ。

　　＊　木村有里（2005）「タイ人ホワイトカラーの動機づけに関する研究——在タイ日系企業に対する実証分析から」『杏林社会科学研究』第21巻第3号。

　異なった文化背景をもつ人間同士が，１つの組織内でともに働く場合には，a）仕事を行う上での「方法・行為」の違いに基づくもの，b）「考え方・発想」の違い，c）日常での「習慣・宗教」の違い，d）単純だが根深い「心理的・感情的」なものなど，様々なレベルで異文化摩擦が生じる。日系企業が今後，優秀な人材を確保するためには，異文化摩擦解消にむけた一層の努力が求められている。

　事例として**表5-3**に在タイ日系企業Ｆ社の取り組みを示そう。この会社では，タイ人スタッフの定着，現地化が比較的順調に進んでいる。ここにあげられたような取り組みのほかにも，成功にはいくつかの要因がある。第一に，トップ（社長）が現地に精通していることであり，タイ語を話し，タイ文化を

楽しさ（サヌック）：サヌック（楽しい），サバーイ（心地よい，涼しい），サドゥワック（肉体的に負担の少ないこと）の3Sは，あらゆる場面でタイ人にとって欠かせない要素である。それは職場でも同様で，タイ人スタッフのモチベーションに大きな影響を与える。

表5-3 在タイ日系企業F社の取り組み

1.文化への配慮	・タイ人の習慣に従い，会社正面玄関と応接室に，国王の肖像画を飾る。 ・工場敷地内には，土地の神様を祭る祠を立てて，定期的にお供えをする。 ・新工場開設の日には，僧侶を招き，安全祈願の読経をしてもらう。 ・タイの暦に従い，王室関連・仏教関連の祝日は，休日とする。
2.生活への配慮	・郊外にある工場までワーカー（ブルーカラー）の足を確保するために，出勤・帰宅用に市内数箇所にむけて無料バスを工場から運行する。 ・大きな食堂を建てて，毎日昼食を配給している。日本人スタッフも同じ食事をとる。 ・家族サービスのために，年に数回，会社訪問・工場見学を行う。特に，ワーカー（ブルーカラー）にとって，自分たちの働く場所を見せることは，仕事に誇りをもつことにつながる。
3.用語の説明	・工場内のすべての指示をタイ語で表記している。 ・通常日本の工場に貼ってあるような，5S（整理，整頓，清掃，清潔，躾）運動や，安全標語だけでなく，「品質」，「顧客満足」，「生産性の向上」といった用語についても，タイ語で説明を書き，ワーカーへの理解を促進している。
4.協働意識	・朝礼を班ごとには毎日，週に一度は工場全体で行う。通常，タイ人は朝礼を嫌うが，進行をタイ人スタッフにまかせるとともに，様々な情報をトップから新人まで共有することの意味を教えている。 ・ISO取得のために，チームを作っている。本来は，ISOなどの欧米の標準がアジアに適しているのかどうか議論が分かれる。だが，日本人スタッフ，タイ人スタッフが協力して目標達成をめざす過程は，会社にプラスになる。世界標準の目標を達成できた時には，会社全体にとって自信となる。

（注） F社は自動車部品製造企業。
（出所） 2001年の訪問調査に基づき，筆者作成。

理解している。第二に，日本人とタイ人の橋渡し役として，現地採用の日本人スタッフと，長期に勤めているタイ人スタッフとがうまく機能していること。第三に，現在業績が好調で，社内の雰囲気が良好であること，などが挙げられる。

[3] 日系企業に求められるもの

タイは日本の重要なパートナーであったし，同時に，日系企業がタイ社会の形成に与えたインパクトも大きい。タイは経済発展によって国民所得も向上したが，反面，地域間の所得格差の問題，エネルギー問題，環境問題なども顕在化している。近年では投資政策でも量的な拡充だけではなく，質的な拡充が強く求められており，日系企業の対応が注目される。元タイ・トヨタ社長佐藤一

表5-4　タイ側が日本企業に期待するもの

①雇用増大	⑥技術ノウハウの移転と人材育成
②タイ国内資源の活用，材料や部品の調達	⑦工業高度化への貢献
③輸出振興　外貨獲得	⑧裾野産業中小企業の育成
④経営・資本の現地化	⑨地方開発・所得格差是正への貢献
⑤対日貿易赤字の改善	⑩環境問題に対する技術・経済協力

(出所)　1996年10月20日，経営史学会32回全国大会・佐藤一郎氏講演「タイ・トヨタの経験をふまえて」より筆者作成。

郎氏は，タイ側が日本企業に期待するものとして10項目をあげている（表5-4）。

これらの項目のうち，①から⑥までに関しては，1969年のタイ政府による対日要求以降，1970年代の日系企業批判から現在に至るまで一貫した内容になっている。そして，⑦と⑧は，ASEANの中で優位性を保ち，東南アジア経済全体を牽引しようとするタイの新たな要求である。さらに，⑨と⑩は，急速な工業化に伴い変容したタイ社会への貢献を求めるものになっている。

⑥の「技術ノウハウの移転と人材育成」に関しては，そもそも，タイでは中レベル以上の人材不足，特に理系の高学歴人材の不足が深刻である。2000年のユネスコ推計では，タイの識字率は95.5％，計算のできる人口は国民の60.0％に達している。しかし，伝統的に，タイでは大学にまで進学するほどのエリートは，官僚か，軍の幹部，あるいは教育者になるのが通常であった。そのため，理工系の教育はあまり行われてこなかった。2004年の学士卒業者約14万人のうち，科学系・技術系はわずか4万人である。純粋な大卒工学部の卒業生つまりエンジニアは2万人にとどまっている。2007年，泰日経済技術振興協会（TPA）によって，泰日工業大学（TNI：Thai-Nichi Institute of Technology）が開学したことは，大変に意義深い。工学部，情報学部，経営学部に初年度370名の学生を迎え，タイ語，英語，日本語での授業が行われている。

⑩「環境問題に関する技術・経済協力」に関して，トヨタ自動車の事例を見てみよう。トヨタ自動車は，「トヨタ地球環境憲章」（1992年策定，2000年改定）を定め，海外に進出しているすべての工場に，この方針に基づいた行動と基準達成を求めている。これを受けて，タイ・トヨタ（Toyota Motor Thailand

Co., Ltd) では，環境管理システムの確立や，生産活動における環境負荷低減などを行い，ISO 14001（国際標準化機構の定めた環境マネジメントシステム規格）認証を取得した。さらに，「環境購入ガイドライン」を策定し，すべての自動車部品および素材のサプライヤーに対しても環境管理システムの構築を求めた。具体的には，ISO 14001 認証サプライヤーを 80% 以上にすることを目標にしたのである。取り組みはこれにとどまらず，販売店約 100 店に対しても同様に ISO 14001 認証取得をはたらきかけている。販売店の業績評価システムには，環境管理に関する基準が加えられた。このように，日系多国籍企業による環境活動は，サプライチェーン（供給連鎖）を通じて現地企業に影響を及ぼしているのである。

4 「足るを知る経済」とは何か

　タイは 1960 年代以降，アジア金融危機後の数年を除き，一貫して高成長を遂げてきた。この高い成長は，外資受け入れ，規制緩和と市場開放，各国との FTA 締結，IMF（国際通貨基金）との合意のもとに進められた金融構造改革など，グローバル化を受け入れた結果もたらされたものである。これは，いわば諸刃の剣であって，社会の中には様々な「ゆがみ」が生じ，社会問題が顕在化している。豊かになっているはずが，国民の幸福感は低下しているという現状，伝統あるタイ社会が崩壊するという危機感が，経済発展重視からの路線転換，グローバリズムからの防衛，「足るを知る経済」哲学に基づく発展へのシフトを促している。

　「足るを知る経済」は，タイ現国王**プーミポン・アドゥンヤデート**（ラーマ 9 世）陛下の提唱する「**セタキットポーピアン**」の意訳である。日本語では「充足経済」，「知足経済」と訳されることもあり，英語では，"Sufficiency Econ-

---

プーミポン・アドゥンヤデート（ラーマ 9 世）国王：1927 年 12 月 5 日のご生誕で，1946 年 6 月 9 日に即位された。近代化と国民生活の向上に尽くされ，今日のタイの発展をもたらされたとして，国民から絶大な尊敬を集めているとともに，「慈悲深い国民の父」として敬愛の的である。戦後，タイが度重なるクーデターにみまわれても，社会的安定を保っているのは，この国王の存在があってこそである。

omy"と訳されている。1997年12月5日の国王誕生日にあたって，慶祝に集まった国民を前に国王が話された言葉（誕生日講話）である。この1997年は，バーツ暴落によるアジア金融危機，経済危機にみまわれた困難な年であった。国王は，打ちひしがれた国民を励ますとともに，過度な市場経済への依存を戒め，身の丈にあった投資の重要性，自給自足的な生活の再評価などが説かれた。翌年の講話では，「国が何を行うにしても，過不足なく行うことを基本とすれば，つまり，欲心を抑え，必要なことだけを必要なだけ正直に行えば，国民は平安に暮らすことが可能です」と述べられている。国王の言葉には，仏教における「中庸」の教えが強く反映されている。すなわち，1990年代につづいた経済発展のもと，バブルに踊り，物欲のまま消費し，投機に走ったことへの戒めであり，身の丈にあった生活を重視するもであった。国王はタイの経済復興を願い，この考えに従ってタイ社会が持続可能な発展と柔軟性のある社会となるように強調されている。「足るを知る経済」の国王講話は，経済だけを問題にしているのではなく，国のあり方，倫理を説いており，哲学的な意味合いが強いものであった（盤谷日本人商工会議所編〔2003〕『タイ国概況 2002/2003』122-123頁）。

　その後，国王講話をうけて，官庁，政界，実業界，研究者などが「足るを知る経済」について議論し，様々な解釈が行われ，現実の運営に取り入れようとした。それらの過程で「足るを知る経済」の形が次第に明らかになっていったのである。つまり，「足るを知る経済」とは，国王講話をきっかけとして，タイ社会が自らの考え，その中から生み出された「めざすべき社会像」であるといっていいだろう。

　現在，タイ政府主導で「足るを知る経済」を普及するためのインターネットサイト（http://www.sufficiencyeconomy.org/）が開設されており，国王のスピーチや，「足るを知る経済」に関連する研究などがタイ語と英語で掲載されている。

セタキットポーピアン：セタキット（Setthakit）＝経済，ポーピアン（Phoophiang）＝ほどほどである，これ以上はいらない，Just enough の意味。

第5章 タイ

▶▶ *Column* ◀◀

タイ人の信仰

　タイは仏教国として知られていますが，国教として仏教が定められているわけではありません。しかし，国民の90％以上が仏教を信仰し，国内の寺院の数は3万を超えるといわれています。タイの暦には，仏教を由来にもつ祝祭日が多くありますし，年号も仏暦（釈迦の入滅の年である紀元前543年を基点とする）で書かれることが多く，2008年は仏暦2551年にあたります。

　男子ならば一生に一度は出家して，徳（ブン）を積み，その徳を両親に捧げるものとされています。輪廻転生を信じるタイの人々にとっては，現世で徳（ブン）を積み，来世にそなえることがとても大切なのです。そのため，大企業や資産家などはこぞってお寺に寄進をします。早朝にはオレンジ色の袈裟を着た托鉢のお坊さんたちの長い列と，道端でそれを待つ人々の列とがみられます。昔はそれぞれの家で炊いたご飯，おかず，果物などを供物としてお坊さんの鉢に入れていましたが，最近では缶ジュースやカップ麺，日系コンビニのおにぎりなども重宝されているようです。

　また，ピーと呼ばれる「精霊」，「お化け」も広く信じられています。大きな木や，池などに精霊が宿ると考えたり，お化けがときどき人間にイタズラをすると考えられている点などは，日本と同じですね。

　タイ人には迷信深い人が多く，占星術による吉祥占いなども盛んに行われ，ちょうど中国ビジネスでの「風水」のように，タイビジネスでも占星術の結果が開店や移転に影響を与えることがあります。日本では，土木工事や建築の前には，神主さんを呼んで地鎮祭を行うことが多いですね。タイでは，事務所や工場を開設する際，お坊さんを呼んで開所式を行います。タイで縁起の良いとされる9の数にちなんで，9人のお坊さんを9時9分に呼んで読経してもらい，供物を捧げます。外資系企業であっても，このようなセレモニーを行うことは，タイ人スタッフと協働する上で欠かせないことです。

　その中で，マヒドン大学カンタプットラ教授は，「足るを知る経済」に基づくビジネスの実践に必要なものは，①適正技術の使用，②経営能力と一致した適切な製造能力，③短期的利益を求めないこと，④誠実さ，⑤多様なリスク回避，⑥リスクの最小化，⑦地方と国内外市場への適応，がなければならないことなどを明らかにしている。また，Thai Institute of Directors（タイ経営者研

究所）による 2006 年約 400 社を対象とした調査では，経営者の 85％ が「足るを知る経済」論に基づく経営手法を支持していると指摘している。ここでは，市場志向的なアメリカ資本主義と「足るを知る経済」に基づくビジネスの決定的な違いを，短期的利益を求めないことにあるとしている（Sooksan Kantabutra〔2006〕"Development of the Sufficiency Economy Philosophy in the Thai Business Sector: Evidence, Future, Research & Policy Implications" http://www.sufficiencyeconomy.org に掲載；恒石隆雄〔2007〕「セタキット・ポーピィアン充足経済」日本貿易振興機構アジア経済研究所海外研究員レポートに詳しい）。

　グローバリズムの流れは，急速かつ激しさを増している。その中で，一国の安定を確保するために，タイは今後も「足るを知る経済」の哲学を中核として，持続性のある発展をめざしていくだろう。地域として統一的な宗教や思想をもたない東南アジアは，これまでグローバリズムに対峙するに十分な力をもつ哲学をもてずにいた。現在，タイから発信された「足るを知る経済」は，ASEAN 諸国の共感を得て広まりつつある。同時に，持続可能性のある「新たな社会」へのシフトを検討する環境分野でもこれが注目されている。「足るを知る経済」哲学は，東南アジア発の「新たな価値観」として世界に伝播する可能性をもっている。

[推薦図書]
田中忠治（2008）『タイ社会の全体像――地域学の試み』日中出版
　　保護―被保護関係，慈悲―恩恵という伝統価値観，王制イデオロギーと仏教など，タイ社会のメカニズムを知る上で欠かせない1冊。
ヘンリー・ホームズ，スチャーダー・タントンタウィー／末廣昭訳（2000）『タイ人と働く――ヒエラルキー的社会と気配りの世界』めこん社
　　外国人がタイ人と働く際に起きる異文化摩擦を事例から解説。末廣による解説「タイ人の気配りと仕事・企業観」は必読。
桑野淳一・大西純（2007）『タイ駐在のタイ入門』連合出版
　　タイの社会，政治・経済からタイ料理まで，2人の人物がタイについて「話している」のを隣で聞いているかのように読める。

第5章 タ イ

設 問

1．あなたがタイに駐在することが決まったとしよう。ビジネス情報やタイでの生活に関する情報をどのような団体，媒体から収集しますか。
 （例：在京タイ王国大使館ウェブサイト　http://www.thaiembassy.jp/
　　　盤谷日本人商工会議所ウェブサイト　http://www.jcc.or.th/）
2．「トヨタIMVプロジェクト」について調べ，タイの自動車産業および，東南アジア地域内における製造拠点としてのタイの役割の変化について考えてみよう。

（木村有里）

第Ⅱ部

職能・企業形態別編

第6章

人事・労務
——東アジアにみる成果主義の諸相——

多くの人たちが働いている会社の中で，従業員にできるだけ頑張って働いてもらえるように，どのような仕組みや工夫があるのでしょうか。日本とアジアの国々には，どのような共通点と違いがあるのでしょうか。似ている仕組みでも，その「中身」は，かなり違っていることもあります。その広がりを知って，皆さん自身の働き方を考えてみてください。

1 人事・労務とは

1 基本的な考え方

　企業活動は，何人かの従業員に働いてもらうことによって，収益，利益を上げることが，組織としての最大の目的である。昨今，経済のグローバル化とともに，競争は激化するばかりである。市場リスクに対応しながら，収益・利益を上げるためには，様々な経営資源を，「必要な時に必要なだけ」外部から購入することが最も効率的である。ただ，モノ，カネなど他の資源と違って，ヒトだけはそういうわけにはいかない。どの企業でも欲しがる，高度な専門性，技術力をもつ人材ほど，「必要な時に必要なだけ」確保するのは，困難だからである。そうした人材を活用するためには，あらかじめ確保し，育成していくほかにない。現在の人事管理はおしなべて，「拡大する『市場リスク』と，より大きな付加価値を作り出す人材の確保と活用という，トレードオフの関係になる短期と長期の課題を同時に解決することが求められ」ている（今野浩一郎・佐藤博樹〔2002〕『人事管理入門』日本経済新聞社，2頁）。

　人事・労務管理，人的資源管理とは，一般的に，採用に始まって，退職に至る一連の過程すべてを指す。採用後に仕事に配置して，能力開発を行いながら実際に仕事をしてもらうことが中心となる。その間にさらに，労働条件を整え，

ある期間における仕事の成果を評価し，それに適した処遇を行うことで，さらに効率的に，そして可能であればいきいきと働いてもらうためには，どうすればいいのかを考える。それら全体にわたる実に煩雑な過程を指す。そして，本来，使用者と従業員とは利害が異なるということを前提に，その調整のための労使関係を管理することも，広義には含まれている。

2 唯一の正解はない

　収益・利益を上げるためであるから，効率化は必須である。ただ，上でも述べたように，効率性だけではなく，可能であれば，いきいきと働いてもらうほうがいい。嫌々働かされるよりは，そのヒトがその周囲も含めて楽しいと思える働き方で仕事に取り組むほうが，長期的には効率性もアップするであろう。では，国・社会，そして時代を問わず，皆がこうであればいいと思い，なおかつ，効率性を高められる働き方とは，いったいどういう働き方なのだろうか。答えは簡単である。そのようなものは，存在しない。

　実際の人事管理の仕組みは，様々な条件によって極めてヴァリエーションが豊富である。その一方で，各企業が考えていることは，皆ほぼ同じである。すなわち，その企業にとっての「いい人材を多数採用し，収益を上げられるよう働いてもらいたい」のである。土台は変わらないが，少し考えてみればすぐ気づくように，同じ企業内であっても，職務により必要となる資質は異なっている。仕事内容によっては，最も大切なのは，緻密さであったり，協調性であったり，あるいは，体力であったりする。いずれにせよ，人事管理の様相を決定するのは，その業務を遂行するためにはどういった資質の人材が必要となるのか，そして，十分に力や能力を発揮してもらうにはどのような仕組みを用意すればいいのかという，企業側の最も基本的な姿勢である。そして，従業員側がそれをどのように受け入れるかによって，現実の人事管理の仕組みは形作られていく。

　本章の目的である，「アジアにおける人事・労務」について，「これこそが現代アジアの人事管理である」といった，すっきりとした解答を期待しているのなら，その期待には添えない。「その国，社会のある一時点で，比較的多数見

られる人事管理の仕組み」ならば，ある程度は描くことができよう。規模や業種といった，企業の最も基本的な属性によって，人事管理の様相は変わりうる。それを前提にした上でさらに，アジア全体に視野を広げ，その中の共通性と相違点を丹念に描き出すには，何十人もの研究者が何十年もかかって，初めて解答が得られるかもしれないという程の巨大な課題である。本章の課題をはるかに超えている。ここでは，その糸口だけを示すことに専念したい。果たしてそこには，どのような共通性と多様性がみられるのだろうか。

2　共通性と多様性

1　韓国における改革の例

　先ほど上で，人事管理は，その社会・国の状況，そして，企業の属性により，極めて多くのヴァリエーションがあると述べた。わが国の大企業と中小・中堅企業との間の差異に言及するまでもなく，一国内での状況でさえ，丹念に調べていけば，その中には，その時に支配的なパターンとそうではない部分が必ず混在している。例えば，わが国企業の人事管理をみると，この20年ほどは「大変革の時期」と叫ばれてきた。未曾有の好景気に沸き上がったわが国経済も1980年代後半になるとバブル崩壊に向かってゆく。それを契機として，人事管理の仕組みも変更を余儀なくされる。1980年代には終身雇用，年功制，企業別組合のいわゆる「日本的経営の三種の神器」を特徴とする日本的労使関係は日本企業の成長要因とされてきた。しかし，バブル崩壊後は，長期雇用や職能に基づく評価や処遇が高コスト体質の原因の1つとされ，それをカイゼンすべく導入されたのが，**成果主義的人事管理**であった。その導入率をみると，全体では約6割の企業に導入されているものの，企業規模間の差異は小さくない。1000人以上規模では7割以上の導入率である一方で，300人未満企業では，

成果主義的人事管理：年功的システムに対比されることが多い人事管理の仕組みの総称。ただ，その内容は多岐にわたる。企業への貢献を，成果・業績というアウトプットで計るのが基本的な姿勢であるが，具体的に，何が成果であって，それをどのようなスケールで，誰が評価し，どの程度の差異があれば，公平・公正であるのかについては，様々な議論がある。

ようやく過半数となる水準にある（中村良二〔2005〕「『企業戦略と人材マネジメントに関する総合調査』の概要」『変貌する人材マネジメントとガバナンス・経営戦略』労働政策研究・研修機構，38-39頁）。現代の日本企業であればあたかも成果主義的人事管理が必ず導入されているようにいわれることもあるが，それは事実ではない。一国内であっても，企業規模により，人事管理の様相は相当程度異なっている。さらにアジア地域に目を広げた時，人事管理の分野で，皆が取り入れている仕組み，考え方には，多様性・異質性を凌駕するようななんらかの共通性がみられるのであろうか。

東アジア地域には，本書の第Ⅰ部でもみたように，成長著しい中国のほかにも，韓国や台湾など，いくつかの分野で世界経済に影響力をもつ国・地域が集まっている。例えば，韓国は，白物家電（冷蔵庫など，生活に欠かせない電化製品）に代表される電機の分野で，グローバル市場を席巻しつつあるが，いわゆるアジア金融危機（アジア通貨危機ともいう。1997年から始まった，アジア各国の急激な通貨下落現象，さらには，その影響としての金融・経済危機）で大混乱となったのは，たかだか約10年前の話である。

雇用・労働の仕組み全体という意味では，横田が端的に指摘するように，アジア金融危機とは，「労働者大闘争以降，財閥企業の男子正規労働者を中核にして急速に形成されつつあった内部労働市場を主軸とするような労働体制を，一挙に覆すような出来事であった」（横田伸子〔2003〕「韓国における労働市場の柔軟化と非正規労働者の規模の拡大」『大原社会問題研究所雑誌』No.535，37頁）と考えられよう。わが国同様，その後は正規従業員から非正規従業員への転換が進んだり，早期退職が奨励されたりしている。ただ，非正規従業員の中でも，わが国ではパート労働者が大半を占めるのに対して，韓国では「いつ解雇や雇い止めされてもおかしくない長期不安定雇用というべき『長期臨時労働者』」（横田伸子〔2005〕「経済危機以降の韓国の雇用構造の変化と新たな労働政策及び労働運動の展開――非正規労働者問題を中心として」奥田聡編『経済危機後の韓国：成熟期に向けての経済・社会的課題――研究会中間成果報告』日本貿易振興機構・アジア経済研究所，88頁）が，その大多数を占めるなど，いくつかの点で異なる様相も垣間見えている。人事管理の変化については，アジア金融危機以降，

韓国企業は人事管理の総合的，全面的な立て直しを余儀なくされている（中村良二〔2007b〕「韓国労働市場の変遷」労働政策研究・研修機構編『経営戦略・ガバナンスとHRMに関する企業事例調査』）。その代表は，成果主義導入にみられるように，収益性を重視した戦略への転換である。ただ，これまで，わが国よりも，学歴格差を前提とした年功制を堅持してきた韓国企業では，そうした新しい仕組みを導入しつつも，内実はあまり大きな変更がない場合も散見されている。すなわち，成果による報酬の変動が「ほとんどない，あるいは，極めてわずか」であり，実質的には年功制を継続する企業であっても，「成果主義への転換」を謳う場合もある。その意味で，現在でもなお，大きな変革期，移行期として捉えるべきであろう。

このように，日韓2カ国だけを取り上げても，経済危機を契機として効率化をめざし，成果主義的人事管理を導入したことは，ほぼ共通しているようにみえる。ただ，それでも両国共に，ほぼすべての企業で成果主義を導入しているわけではないし，成果主義の内容自体も相当程度異なることが予想される。

世界中の企業がグローバル規模での熾烈な競争に突入し，それに打ち勝つために様々な戦略を採っている。人事管理の側面から考えれば，効率化を前提とした成果主義的人事管理を取り入れている企業が多いことは確かであろう。少なくとも現時点では，競争に対する最も基本的な対処方法である。しかしながら，今，上でもみたように，その内実を詳しくみていくと，小さくない・少なくない相違点も同時にみえてくるのである。

2 実態をみて比較する

韓国の例をみれば，たしかに企業の制度・仕組みが，ある日を境に一変することはあり得よう。しかしながら，そこで働いているのは，昨日まで，これまでの韓国と韓国企業において最もよいとされてきた仕組み，すなわち，学歴主義に基づいた確固たる年功主義の下で働いてきた従業員である。働き方はさておき，従業員一人一人の考え方が，一変するか否かは，また別問題である。年齢によってもその受容が異なることは，容易に想像できよう。はっきりしているのは，その企業の中枢となる人材を中心に大多数の従業員が，モラールを低

下させてしまうような改革は，あまり意味がないということである。旧システムとして一蹴するのではなく，「残存」があるのなら，その理由を考える必要もある。われわれが検討すべきなのは，どういった新しい「看板」が掲げられているかではなく，実態としてどのような人事管理が，どの国・社会の，いかなる種類・属性の企業で行われているのか，それ以前の体制・仕組みと，どの部分がどの程度，明確に変わっているのかということを様々な観点から「比較」することである。共通性と相違点・多様性を同時に，継続的に検討していく必要がある。

　最終的な目標を考えれば，本章で取り上げられるのは，その中のごくごくわずかだけでしかない。ここでは，中国における人事管理の問題を中心に検討する。いうまでもなく中国は，今やグローバル経済の1つの柱となりつつある。改革・開放から30年あまりが過ぎようとしているが，WTO加盟を経て，基本的には世界中のすべての企業に，約13億人の市場が開放されている。わが国のみならず，極めて多くの有力企業が，中国市場をめざしつつあるのが，現状である。

　こうした世界情勢の中でのプレゼンスの大きさもさることながら，わが国・わが国企業との関わりの深さ，そして，社会主義における計画経済からの開放など，何重もの意味で，中国は極めて興味深い存在である。さらには，後ほど述べるが，中国においては，市場システムに共産党が介入するという特有のシステムが機能している。そうした様々な観点から，中国における人事管理のあり方を検討することは，人事管理の比較研究という点でも，重要な意味をもつものとなろう。

3　中国の人事管理を考えるために

　中国での人事管理を理解するためには，改革・開放の直前から現在に至るまで，社会全体がどのような変遷を辿ってきたのか，多少なりともその歴史を理解する必要がある。ただここでは紙幅の関係から，最小限の説明にとどめたい。本節では，人事管理に関して極めて関わりが深い，代表的データに限って，解

説しておくことにしたい。

　ごく簡単にこれまでの経緯を振り返った上で，中国「市場」について，言及する。周知の通り，中国では，社会主義の「看板」自体を外すことなく，経済の分野だけに資本主義的システムを取り入れるという，社会主義市場システムを展開している。その経済システムは資本主義社会におけるそれと同じではなく，中国における市場は，中国独自の「市場」である。中国企業はもとより，日系をはじめとする外資系企業が事業を展開する中国「市場」について，その特徴を簡単に記しておく。

1　改革・開放の流れ*

　1978年に，中国は，改革・開放政策を開始する。それまでの文化大革命を中心とする過度の政治闘争と膨大な軍事費負担により，経済のみならず社会全体が疲弊していたからである。経済の再建という至上命題のために，私的経済部門の成長を促進し，外資の積極的な導入によって改革・開放政策を開始したのである。個人企業をはじめとする私的経済部門の成長，農村部の郷鎮企業（郷以下のレベルの地方政府，あるいは，農民企業家が経営する農村企業）の発展，そして，外資導入による外資系企業の参入によって，中国経済はその後目覚ましい発展を遂げる。

　　*　この点については，加々美（1993），石原編（1993）などを参照されたい。なかでも，加々美（1993）は，改革・開放開始から，約15年ほどの過程を，経済のみならず，政治，文化，国際情勢まで含めて，多面的に考察している。本章では紙幅の関係からほとんど触れることはできないが，中国における大規模な変化には，政治的な側面が必ず存在する。そうしたメカニズムに興味があれば，一読をお薦めする（加々美光行〔1993〕『市場経済化する中国』日本放送協会；石原亨一編〔1993〕『「社会主義市場経済」をめざす中国――その課題と展望』アジア経済研究所）。

　当初より，深圳など4地区の対外経済開放特区が設置されたが，その後，1984年頃から，大連，上海など，14にも及ぶ都市・地区が特区として認められ，「対外開放は点から線へ，さらに面へと拡大する」（加々美〔1993〕22頁）ことになる。そうした流れは，1992年の鄧小平による，いわゆる「南方講話」につながっていくが，その意図は，沿海地区に広がりつつある経済成長を，上海

を起点として，重慶などの内陸部にも拡大していくこと，そして，産業政策の重点をそれまでの労働集約的な軽工業部門に加えて，重化学工業部門にもおくこと，さらに，国営企業部門の経営合理化を図ることなどにあった（加々美〔1993〕第Ⅴ章）。こうした考えは，「社会主義市場経済」の考え方として中国共産党の 1992 年の第 14 回党大会で提起され，翌年の憲法修正で明文化されている。改革・開放政策が経済発展を促したことは紛れもない事実であるが，これは同時に，沿海部と内陸部などを代表とする経済格差を拡大する過程でもあった。その問題は，現在なお根本的な解決をみないまま，継続している。

［2］ 中国的市場システム

　改革・開放政策の開始以来，中国では，「人治から法治へ」と，すべてにおいて政府・共産党が主導する社会から，市場主導の社会へと変わらなければならないとのスローガンが繰り返し述べられてきた。未だにそれが続いているということは，裏返してみれば，市場を主体としたシステムには完全にはなっていないことの傍証であろう。政府は企業活動のいわば外枠を整備し，実際の経営には原則として介入しないというのが，われわれの一般的理解である。しかしながら今日でも，中国では「そうではないらしい」と考えたほうがよさそうである。また，政府政策の一貫性という点でも，われわれの理解・感覚とは異なり，中央政府の政策と省ごとの政策，さらには，その下の市・区など各級政府の政策も，決して一様ではない。

　こうした状況は基本的には，それぞれの地方における企業と政府との関係性に起因する。すなわち，経済活動の主体たる企業に対して，各地方政府がそのエリア内外で採用する政策が，明確に区別されてきたのである。この点は，王 (2001) が，「市場分断」の問題として，綿密な検討を加えてきた（王保林〔2001〕『中国における市場分断』日本経済評論社，特に第 1～2 章）。そこで明らかにされたのは，各地方政府が，エリア内の企業を保護するために，徹底して，エリア内企業を優遇し，エリア外企業に対しては負荷をかけるという仕組みであった。改革・開放は，一面では，地方ごとの経済的な自立も促したため，各地方政府は，財政的に中央に頼らず自立するために，極力，エリア内企業の倒

産を回避しようとしてきた。その早道は，エリア内企業を徹底的に「保護」することである。地方政府がそのように介入したことの1つの結果が，競争を無視した過剰生産，過剰な在庫であり，本来，市場からは撤退すべき企業を保護し，あまつさえ，倒産企業をすぐにてこ入れして再建させることに結びついている（『日本経済新聞』2005年8月29日付朝刊）。さらにいえば，地方においては，行政，企業，そして，おそらくは共産党，その下部機関としての**工会**，それらのトップ層が緻密なネットワークを構築し，エリアの権益を保護しようとしてきたと考えて，大きなズレはないであろう。いわゆる「**関係（グワンシ）**」の構図が背後にはみえてくる。それが現在の中国のおける地方権力の1つの姿である。やや誇張していうなら，市場における競争が，地方権力のあり方によって，左右される可能性が少なくない。

しかしながら，同時に，こうした「特徴」的市場慣行が続けば，それは中国全体にとって，大きなマイナスとなる。WTO加盟で，原則的には13億人の市場が全世界の企業に開放されたことは，そこでの本来の競争が可能になるという前提が保証されなければならないからである。中国において，今までになかった「市場」という仕組みが，たしかに立ち上がってきた。それが社会主義における独自の市場システムから，資本主義的市場システムに徐々に向かいつつある過程，それを成熟化といいうるかは別として，そうした現状の下で，企業は，事業を展開している。

3 労働市場概要

次に，就業者構成と学歴から，ごく簡単に労働市場の現状を確認しておこう。

中国における就業者総数の中で，都市就業者数は，約4割弱の水準にある。

工会：中国における労働組合に似た組織。基本的には，共産党の下部組織として捉えられる。従業員の権利保護など，組合的要素も散見されるが，工会メンバーの範囲が基本的には，総経理（社長に相当）を除く全員であるため，わが国の組合とは明確な一線を画する。

関係（グワンシ）：中国語の原語による表記。ある個人や組織が人的ネットワークを広げたり維持したりする際の，一種のコネクションを指す。相互扶助の意味合いもあり，地域における人的ネットワークにもつながってゆく。あるエリアの行政，共産党，企業の幹部・指導者は，それぞれ立場は異なるものの，地域経済発展という利害は一致しており，緊密な連絡の下で，それぞれの職務を遂行する。

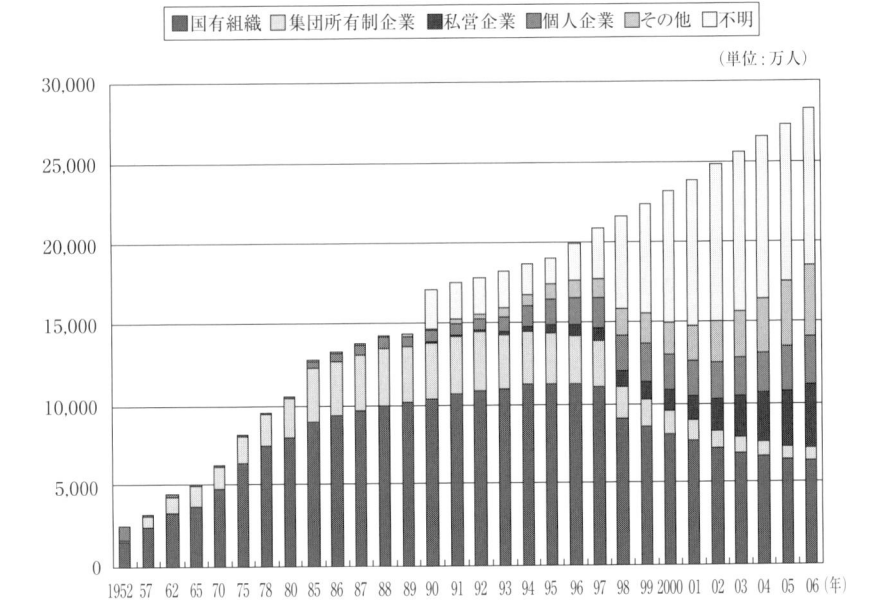

第Ⅱ部　職能・企業形態別編

■国有組織　□集団所有制企業　■私営企業　■個人企業　■その他　□不明

図6-1　都市就業者数の内訳
（出所）中国国家統計局『中国統計年鑑』（中国統計出版社）各年版より作成。

　残りはすべて農村における就業者である。図6-1は，この半世紀に及ぶ都市就業者数の内訳と推移をみたものである。広義には公有セクターと捉えられる**国有組織**，**集団所有制企業**が明確に減少傾向にある一方で，私営・個人企業など新しい経済単位が台頭してくる傾向をみることができる。そして，ここで特記しておくべきは，90年代以降に現れる「不明」の部分である。

　この項目は，実は，元データには何の記載も言及もされていない。『中国統計年鑑』をみると，89年までは「国有組織」など各カテゴリーの合計が，都市就業者数の合計と見事に一致していた。しかしながら，90年以降は，それ

国有組織・集団所有制企業：ここでの「組織」，「企業」の中国語の原語はともに「単位（ダンウェイ）」である。「単位」とは，中国における所属組織を指す。企業や行政組織は，すべて「単位」である。かつて「単位」は，企業であると同時に，生活・社会保障のユニットでもあった。また，集団所有制企業（中国語の言語は「集体」）とは，集団所有単位の略であるが，準国有組織である。公有セクターであるため，その単位は行政機関の管轄下に置かれるが，集体の場合，その行政機関の格が国有組織よりも低くなっている。

図6-2　都市就業者比率の推移

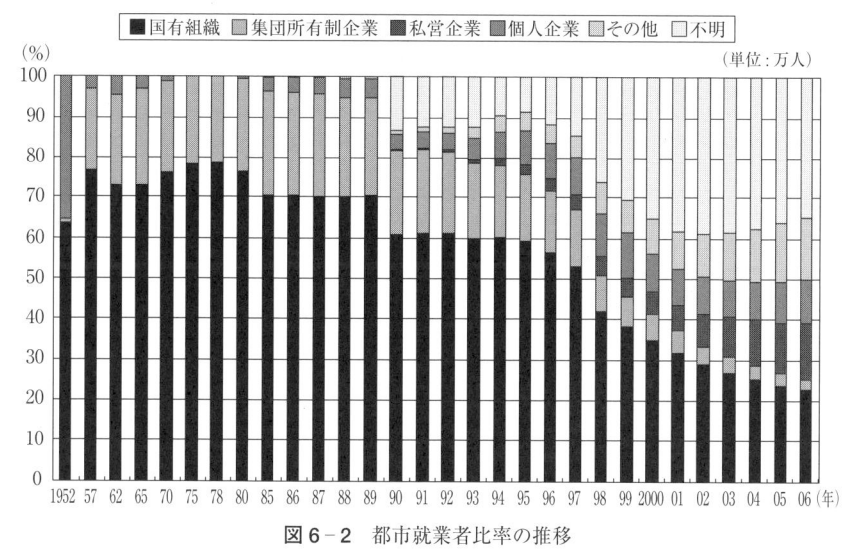

（出所）　図6-1に同じ。

　らが一致しなくなっている。「不明」としたのは，そのズレである。それらは，現在の都市就業者数のほぼ4割を占め，公有セクターの労働者数を凌駕する存在になっている（図6-2）。様々なデータから類推するしかないが，これはおそらく農村から都市に流入した出稼ぎ労働者である。わが国の総人口よりもやや少ない程度の巨大な人数が，農村から都市へと流入している。ただ，中国は現在でも，都市と農村とを分断する戸籍制度を保持している。基本的には，移動の自由はない。それでもなお，このような事態が発生している。

　そして，現在の学歴構成をみたのが，図6-3である。そこから一目瞭然に，中国における高学歴化の動向をみてとることができる。全般的に，中学校卒業者の比率が若年になるにしたがって増えてくることがわかる。さらに20歳代であれば，高校卒業レベルがほぼ25〜30％程度に達するのに対して，60歳代では，小学校卒業，そして教育を受けていないという人々が大多数の8割，9割を占めている。

　こうした人々が，様々な中国における企業で実際に働いている人たちである。

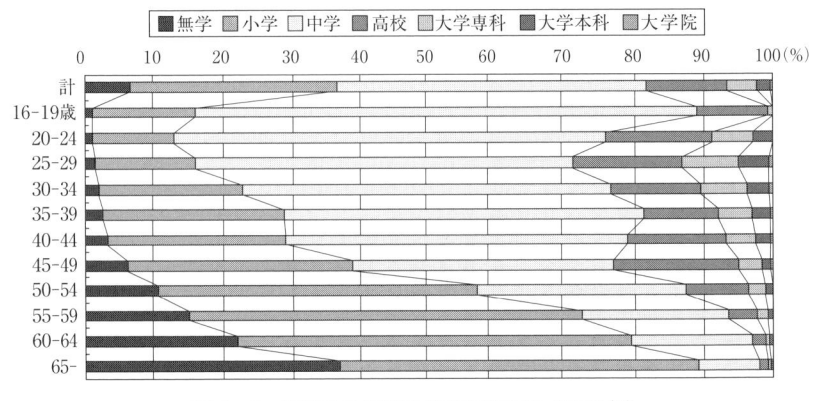

図6-3 就業者の年齢別最終学歴概要(2007年)
(出所) 国家統計局『中国労働統計年鑑』(2007年版),中国統計出版社.

4 中国における人事管理

[1] 企業の三分類:国有企業,民間企業,外資系企業

　中国における企業とひと口にいっても,現代の中国においては,国有企業の他に,「株式合作企業」,「共同所有企業」などまで含めると,様々なタイプの企業が存在する.社会主義中国では,企業を精緻・正確に分類することは極めて困難である.詳しくは本書第Ⅰ部第3章を参照されたい.ここでひと言だけ述べておくなら,その根本的な理由は,全体は社会主義という枠組みを保持しながら,部分的に資本主義の仕組みを導入したことにある.企業がほぼ100%国家所有であった時代から,個人でも企業主となれる時代に変わった.ただ,表面上,把握,もしくは類推できる「所有者」と実態とが乖離している場合も少なくない*.

　* この点については,中国の企業を研究対象とするすべての研究者が,その全貌を理解しようとしているが,未だ明確な回答に達していない.例えば,すぐ後で例示する聯想集団(レノボ)の場合,周知の通り,IBMのPC部門を買収したことで有名であるが,その議決権付株式の49.1%は,聯想控股有限公司という持株会社がもち,また,その聯想控股有限公司従業員持株会が49.1%をもっている(聯想集団有限公司〔2007〕『中期

報告」http：//www.hkenxnews.hk/listedco/listconews/sehk/20071115/LTN20071115100_C.pdf　2008年9月24日アクセス，24頁）。それだけなら，特段，問題はなさそうにみえるが，注目すべきは，聯想控股有限公司の株主は誰かということである。実は，その過半数を中国科学院という，政府の研究機関が保持している。すなわち，政府は間接的にではあれレノボの株式を所有し，影響力をもちうる立場にある。では，こうした場合，レノボは私企業であるのか，あるいは，国有もしくは準国有企業といえるのか，どちらであろうか。こうした一見しただけではわからない，企業所有の構造が，中国では散見される。

　また，海爾集団（ハイアール）なども，本社は青島市所轄の集団所有制企業であるが，そのグループには上場企業も含み，それらをどのように分類するのか，一義的には決定が難しい。このように，中国企業の所有制の問題は，それだけで膨大な検討を要する難しい問題となっている。

　ただ，人事管理を考える上では，極めて大括り・便宜的であることを重々承知した上で，3種類に分けて考えることにしたい。その分類で十分ということではなく，そうせざるを得ないのである。いずれにせよその1つは，国有企業を代表とする公有セクターであり，計画経済の時代には，大型国有企業に勤めることはまさにステータスであった。そして，個人で起業する極めて零細規模から，まさにグローバル化している巨大企業を含む民間企業が2つめである。最後は，「**三資企業**」といわれる外資系企業が，中国に多数進出している。

　工業生産高の推移をみると，公有セクターである国有企業が長期低落傾向にあることは明らかである（**図6-4**）。ただ，国有企業は今なお，エネルギー関連など，経済のみならず社会全体にわたるインフラの中枢部分にある産業では圧倒的な優位を保ち続けている。ちなみに，2008年の‘Fortune Global 500'においては，聯想集団（レノボ）を除くと，他の中国大陸企業25社はすべて，エネルギー，金融，原材料，交通運輸，通信，自動車などに係わる大型国有企業であったと報告されている（金堅敏〔2008〕『2008「Fortune Global

---

三資企業：中国における以下の3種類の外資系企業と「香港・マカオ・台湾系企業」を総称して，三資企業と呼ぶ。外資系企業に関しては，①独資企業：100％外資の企業。②合弁企業：外国側と中国側とが資本を互いに出資して，設立した企業。これまで，日系企業の大多数はこのタイプであったが，昨今は①も増加している。③合作企業：資本関係以外の面で提携する企業を指す。

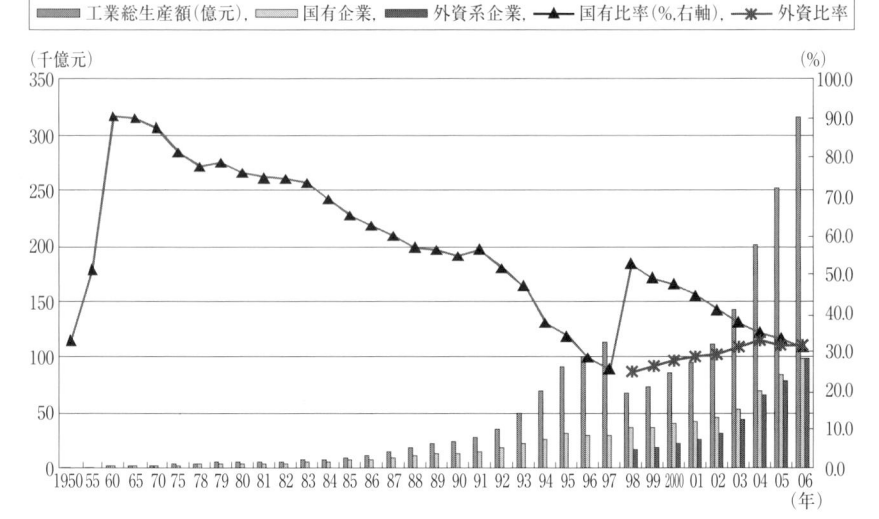

凡例: 工業総生産額(億元), 国有企業, 外資系企業, 国有比率(%,右軸), 外資比率

図6-4 工業生産額と比率の推移

(注) 1997年と1998年のデータには，データ集計の方法に差異がある。国有企業が徐々に生産額を伸ばしているのは，「国有企業」の対象範囲が広がったためである。それ以前には，文字どおり国有企業の生産額のみに限定されていたが，新方式では，その範疇に，国有企業が株式を所有する企業，すなわち，国有企業が所管する株式会社などの生産額を加えたためである。また，それでもなお，全体の工業生産額が大幅にダウンしているのは，非国有企業の集計方法による。すなわち，新方式では，非国有企業のうち，年間売上が500万元以上の企業に限定されるようになっている。公表されているデータは，上記グラフのとおりであるが，こうした集計方法がなぜ変更されたかの理由は，明らかにはされていない。

(出所) 図6-1に同じ。

500」を読む』富士通総研　http://jp.fujitsu.com/group/fri/report/china-research/topics/2008/no-89.html　2008年8月29日アクセス）。こうした側面をみるだけでも，国有企業は，単に凋落しているのではなく，私的セクターと棲み分けながら，限定された範囲内ではあるが，社会システム全体にとって非常に重要な基盤において，そのプレゼンスを維持しているといえよう。

そして，まさしく私的セクターである民間企業には，聯想集団（レノボ）や海爾集団（ハイアール）といった，グローバル展開を始めている巨大企業から，全くの個人企業規模までが含まれている。先ほどみた就業者数から考えれば，この民間企業セクターが，製造業やサービス業などで，中国経済を牽引していく原動力となりつつあることは疑いない。

そして最後に，同じく私的，民間セクターの一員として，日系をはじめとす

る外資系企業の存在を挙げておくべきであろう。全世界から，中国市場をめざして進出してくる外資系企業は，当然のことながら，確固たるグローバル戦略の下で，中国に上陸している。その従業員，なかでも幹部層は，単に収益を上げるだけではなく，本社のグローバル戦略を理解し，その一翼を担うことができるだけの資質が求められることになる。

2 人事管理の基本的な方向性

　中国における企業内の人的資源管理については，基本的には，わが国以上に成果主義的人事管理が当たり前のこととなりつつある。それは1980年代半ばから始まっているが，以前の人事管理に比べると，全く180度逆の方向に向かうものであった。計画経済時代は，ほぼすべてが国営企業（現在は，所有と経営の分離が進み，国有企業と称されるが，以前には経営の細部まで国が決定する国営企業であった）であり，徹底した終身雇用制が敷かれていた。なぜこうした仕組みが成立し得たかといえば，それは国営企業という「単位」の構成員を誰にするのかを，すべて政府が決定する「分配」制度があったからである。それによって，「かつて，『鉄の茶碗』（何が起ころうと解雇されない）や『大釜の飯』（働き方により処遇が変わらない）と称されてきたように，『分配』された国有企業従業員は，効率性の観念なく働き，それでもなお，終生雇用が保障されることが当然であった」からである（中村良二〔2001〕「労働契約制の導入と労働市場」日本労働研究機構『中国国有企業改革のゆくえ――労働・社会保障システムの変容と企業組織』調査研究報告書No.140，127頁，なお，『鉄の茶碗』，『大釜の飯』はそれぞれ，原文では鉄飯碗，大釜飯であるが，本書統一の編集方針により書き改めた）。こうした「手厚い」処遇は，従業員本人だけではなく，家族にも提供されていた。本人が定年年齢を迎えて退職する際に，その子弟が同じ企業に就職することはごく当たり前のことであった。さらには，本人が死亡した後でも，家族は社会保障の恩恵を受け続けることができたのである。それが，1980年代の半ばにまさに一変する。

　1986年に，国有企業改革の一環として労働契約制が導入されることにより，原則，全員が企業と終身雇用を前提としない，期間を限った契約を結ぶ方式に

大転換が図られた。それまでの過度の平等主義から，競争を前提とした全く反対方向に振れたのである。

その範囲は，一般従業員から始まってすべての層にわたっている。現在，基本的に，こうした成果主義の範疇にない労働者は存在しない。一般的な工場労働者であれ，幹部クラスであれ，それは同じである。一般労働者であればむしろ，報酬と確実にリンクすることによって，すなわち，働けば働いただけ報酬が増えるという意味で，成果主義は受容されつつある。ただ，ホワイトカラーの中で，上級職位に対する評価と処遇に関しては，評価自体が困難であることは，日本の場合と同じである。そして，中国における『関係』などの要素も含めて，その全体的な評価と処遇は，容易なことではない。

いずれにせよ，傾向としての「平等主義から成果主義的人的資源管理へ」という流れは，さらに進むことはあれ，逆戻りする可能性はほとんどないと思われる。そして，こうした管理の仕組みは，中国人従業員がもつ個人主義的な行動様式とも合致するものである。その点について，周（2000）は端的に，個々人では能力の高い従業員でも，協力して仕事を進める場合には効率が下がることがある，自らの仕事を守るために情報の共有化を避けようとする傾向があるといった点を指摘している（周宝玲〔2000〕「中国における日系企業の異文化コミュニケーション」『立命館経営学』第39巻第1号，278頁）。

よりよい処遇，とりわけ，高収入をめざすことはある意味では当然のことであろう。中国においてよりその傾向が強い一因は，1980年代半ばから実施された雇用制度改革によって，「単位」を中心とした生活全般にわたる保障制度が事実上崩壊し，生活の安定化のためには，高い所得だけが唯一の頼みの綱となったことにあると考えて，ほぼ間違いない（徐向東〔1997〕「中国の日系企業における技術移転と人材育成」『立教大学大学院社会学研究科論集』第4号，93頁）。

たしかに，国有企業改革の流れの中で，それまで「単位」内で，ほぼすべての生活要件を充足しえた，文字通り生活丸抱え保障の仕組みは，順次，公的な社会保障制度への転換が図られてきた。社会統籌（社会保障基金）を設立し，企業が個々に担っていた社会保障機能を，企業外の公的な制度として整備する，都市住民のみならず農村居住者も含めた国民すべてを対象とした制度を作り上

げると，政府は繰り返している。それは図らずも，こうした仕組みが未だに整備されていないことの一つの傍証である。こうした取り組みを開始した 1990 年代後半から，例えば養老保険料の徴収という制度の最も重要な基盤の部分で，システムが十分に稼働していないことが報告されている（日本労働研究機構〔2001〕『中国国有企業改革のゆくえ——労働・社会保障システムの変容と企業組織』調査研究報告書 No.140）。農民層まで含めた社会保障体系がいかに可能なのかは，10 年以上継続して解決に至っていない大問題である。では，次に，先の企業の三区分により，それぞれの人事管理についてみていくことにしよう。

③ 国有企業と民間企業

改革・開放期の国有企業の経営を，敢えてひと言でまとめるならばそれは，経営自主権の拡大であるということができよう。国家による指令・計画通りに経営を遂行する体制から，徐々に現場の判断が許容され，経営自主権を獲得していく，経営請負制，工場長責任制，株式会社化の一連の流れは，まさに市場メカニズムが浸透していく過程として捉えることができる。こうした点については，史的考察も含め，経営と人事管理，労使関係との関わりの問題を検討した研究がいくつも発表されている（例えば，李捷生〔2000〕『中国「国有企業」の経営と労使関係——鉄鋼産業の事例〈1950 年代〜1990 年代〉』御茶の水書房；唐燕霞〔2004〕『中国の企業統治システム』御茶の水書房；石井知章〔2007〕『中国社会主義国家と労働組合——中国型協商体制の形成過程』御茶の水書房）。

そこでは，人員配置，余剰人員問題など，人事管理そのものもさることながら，それに様々な影響を及ぼすガバナンス・統治制度の問題に中国的特徴を見出しながら，詳細な検討が進められてきた。労働関係法規の整備は 1990 年代半ばから急速に整備が進むが，それは競争が激化する中で雇用・労働環境を改善する必要に迫られたことが最も大きな理由である。そしてそれに加えて人事管理のみならず，国家や共産党がいかに，どの程度企業経営に関わるのかというガバナンスの問題を法制度の枠組みの中で検討する必要に迫られたからであろう。

中国経済システムは，改革・開放開始以来，今日に至るまで激烈な変動が続

いている。ただ，その一方で激しい変動状況にもかかわらず，「変わらない」部分についても，われわれは十分に目配りをする必要がある。李，唐らが共通して指摘してきたのは，国有企業経営と管理機構において，共産党組織が「一貫して中枢的な存在であり続け」，さらにそれが「改革以降も，この点は変わらなかった」（李〔2000〕6頁）という事実である。ここに，未だ社会主義国家としての「最後」の看板を外さない中国において，企業経営の問題を検討する難しさがある。

　笠原ら（日本労働研究機構〔2001〕特に第9章）は，企業組織の問題を，中国都市における「単位」の変容の側面から検討してきた。そこでは例えば，採用に関して，いわゆる市場からの採用が進むより，未だに企業を管轄する行政管理部門からの配分が非常に多いことや，労働契約制の導入が，生産性や従業員意欲の向上に効果があったことなど，多岐にわたる事実発見が提示されている。そして，共産党という存在に係わる部分では，各企業内の党組織の長である党書記が，表面的には総経理（社長に相当）の指導の下に職務を遂行しながら，実は人事権を含む，様々な権利をいわば「水面下」で行使していることも明らかにしている。市場経済化を十全に推し進めながらも，各企業レベルでは，共産党の支配機構が人事管理を含む，経営の全般に影響を及ぼしている。

　人事管理の中でも，特に，人事考課という点については，唐伶（2008）が現時点での国有企業内部の状況を報告している（唐伶〔2008〕「現代中国国有企業における人事考課の動向——二大産業の国有企業の先進事例から」『桃山学院大学経済経営論集』第49巻第4号）。そこにみるように，業績主義的な観点からの仕組みは整備されつつあるものの，考課基準の曖昧さや考課対象期間の短さ，そして，被考課者である従業員に対して，結果をフィードバックしない，考課が従業員の長期的人材育成につながっていないなど，その問題が山積していることを明らかにしている。ただ，こうした点は，わが国の成果主義的人事管理においても，おしなべて共通の問題が指摘されている（労働政策研究・研修機構〔2007a〕『日本の企業と雇用——長期雇用と成果主義のゆくえ』）。

　国有企業においては，単に他企業との競争に勝つために効率性を最重要視した人事管理を行えばそれで十分というわけではなく，「市場分断」の問題でも

▶▶ 企業事例 ◀◀

党は合弁企業で日本側本社決定を覆すことも……

　中国的「労使関係」については，労使のほかに，共産党の存在が大きい。人事管理のみならず，経営そのものにも介入した事例を，紹介する。

　日系合弁企業のＡ社では，長い間高級オートバイを生産していた。しかし，Ａ社内の共産党支部（すわなち，中国側）は広範な市場調査を通して，ミドル，ロー・レベルのオートバイに市場ニーズが高いことを察知していた。その当時，Ａ社・日本側本社が志向する高級品の市場シェアは徐々に低下しつつあったが，Ａ社としての方針に変化はなかった。

　そこで，Ａ社共産党支部は，調査結果を基に総経理に対して，主力商品をミドルレベルのオートバイへと転換を提言をしたが，日本側はなかなか受け入れない。Ａ社共産党支部としては，チャンスを逃してはならないと考えていた。そこで，共産党は工会を指導する関係にあることから，共産党支部が工会に所属する党員の技術者に，ミドル・レベルのバイクを開発するよう要請した。工会が費用を捻出し，就業時間外に開発を行わせた。

　その結果，当初は1万元以上を予定されていた新シリーズの製品は6000元に調整された。価格としても，市場ニーズを反映するものであったため，販売は順調に進んだ。結果が良好であったため，共産党と工会のタイアップは，日本側にも高く評価された。

　この事例で，党組織の責任者は経営側役員という顔ももっていた。党支部のトップである書記は，Ａ社の副総経理を兼務していたのである。結果がよかったからこそ，丸く収まる話しである。本来，Ａ社全体として決定した方針を一部が勝手に変更し，結果的に失敗に終わっていたとしたら，事態が深刻化していた可能性が高い。こうした危険性をはらみながら，日系企業は事業を展開している。

みたように，そのエリア全体での雇用保障という機能も，同時に果たすことが期待されている。国有企業の人事管理が効率性のみで判断できない理由の1つがここにある。

　そして，民間企業に関してはまず，最も有名な企業の1つである海爾集団（ハイアール）に関するケーススタディをみておくことにしたい。そこではまさに文字通りの成果・業績主義といえる，相当厳しい人事管理の様相が報告されている。効率のアップが常に至上命令としてあるため，それにそぐわないよう

な，成果・業績査定で下位にランクされた従業員は，即座に淘汰されるという仕組みである。それは「海爾で『下位淘汰制度』（中国語では，末位要淘汰）と呼ばれる。これは，査定評価下位者は淘汰される制度である。生産現場や事務室には，いつも『従業員動態管理表』や『淘汰通知書』が壁に貼られている。一人一人の勤務評定が掲載され，淘汰される者のリストが淘汰の理由をつけて掲載されている。2000年1月から6月までの淘汰総数は1437人（6月30日時点の海爾グループの総社員数は24万777人）であった。1年をとると淘汰される従業員（管理者や技術者をふくむ）の数は全従業員の1割をこえる」のが，現実の中国・成果主義の一面である（蘇慧文・吉原英樹〔2004〕「中国企業の市場主義管理」『経済経営研究年報』神戸大学経済経営研究所，第53号，32頁）。

また，徐は，聯想集団（レノボ），海爾集団（ハイアール）などの事例研究を踏まえた上で，人事管理の問題を整理している（徐向東〔2005〕「中国の成果主義型人的資源管理モデル」白木三秀編『チャイナ・シフトの国際人的資源管理』白桃書房）。そうした中国有数の巨大民間企業では，藤本隆宏のいう「擬似オープン・アーキテクチャ型」生産モデル（まがいものの部品をあたかも汎用性のある部品のように寄せ集めて，製品を作り上げてしまう方式）に基づいて，その生産方式と徹底した成果主義的人事管理により，短期間で急速な成長を遂げたと，徐は述べている。

すなわち，中国においては，1995年の労働法施行以降，「すべての従業員が会社との間で期限を定めた雇用契約を結び，成果に応じて給与を支払われることが一般的となっている。コアとなる経営陣や研究開発職にはストックオプション（新株予約権のこと。引用者注），一般管理職や販売スタッフの場合は，基本給と業績に応じる成果級，さらにワーカー層であれば出来高払いなどが一般的になっている」（徐〔2005〕119-120頁）。そして，こうした人事管理が，「仕事分担，職務責任及び評価基準の明確化」や，敗者復活の機会を用意すること，さらには，社内での教育訓練の充実（徐〔2005〕120頁）と相俟って，好業績に結びついているというのが，徐の主張である。その一方で慎重に，トップダウン方式・ワンマン経営体制の危うさ，人材流動の激しさからベテランの中間管理職人材が不足することなど，現在から今後にわたる問題を課題として

整理している。ただ，事例として取り上げられた企業名でも明らかな通り，検討の対象は，中国のみならずグローバル規模でも有数の超巨大企業における人事管理の状況である。むろん，こうした巨大企業は中国においても数えるほどであり，それらを除けば，ほぼ全体が中小・零細規模企業である。中小企業に関しては，駒形（2005）など，先駆的な業績が発表されつつあるが，特に人事管理に的を絞った研究は今後の展開を待つほかはない（駒形哲哉〔2005〕『移行期　中国の中小企業論』税務経理協会）。

　成果主義的人事管理が全般的に広がる中で，国有企業については，人事管理はむろん重要であるが，背後に控える共産党との関係性から，効率性と雇用保障の2つに同時に目配りせざるを得ない状況が明らかになりつつある。また，民間企業の中でも，グローバル展開をすでに開始している巨大企業では，徹底した成果主義的人事管理が実施されていると同時に，そうした仕組みが実施されているがゆえの影響，すなわち，現場の核となる中間管理職の不足などの問題が起こっている状況が明らかとなってきた。

[4]　外資系・日系企業

　最後に取り上げるのは，外資系企業の問題である。以下では，日系企業が抱える人事管理の問題を検討していく。それは，中国に対して極めて多くの日系企業が進出しているというばかりではなく，他地域の場合と比較すると，中国における問題性がどのように捉えられるかを，より明確に示すことができるからである。詳しくは，中村（2007 a；2007 c）を参照されたい（中村良二〔2007 a〕「海外進出日系企業の現状と課題」労働政策研究・研修機構編『日本の企業と雇用――長期雇用と成果主義のゆくえ』；中村良二〔2007 c〕「人的資源管理の国際比較に向けて――中国を中心として」労働政策研究・研修機構（DPS-07-06）。

　わが国企業が，海外進出を始めてすでに久しいが，その最大の理由は，こと中国に関しては，他地域にも共通する「国際的な生産・流通網構築」と「現地市場の開拓」という理由のみならず，現地の「労働力の確保・利用」と「日本への逆輸入」であった（中村〔2007 a〕）。製造業を念頭におけば，極めて理解しやすい理由である。ただ，それも刻々と変わる環境の中で，進出意図も変わ

第Ⅱ部　職能・企業形態別編

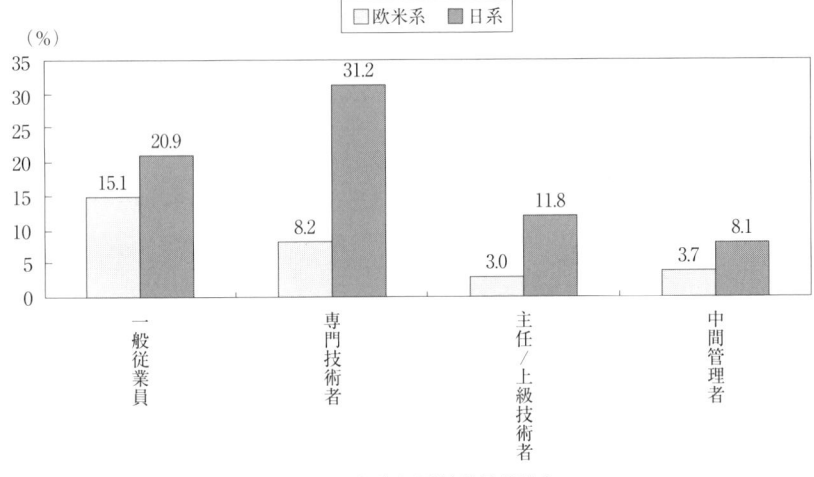

□欧米系　■日系

一般従業員：15.1／20.9
専門技術者：8.2／31.2
主任／上級技術者：3.0／11.8
中間管理者：3.7／8.1

図6-5　投資国別従業員離職率

(出所)　繭紅雲 (2006) 22頁。

りうるのは当然である。

　人事管理の面では，以前から同じ問題が指摘され続けてきた。最大の問題であり続けているのは，優秀人材の採用と確保である。白木は，この点について，「日本企業がローカルの最優秀人材を採用できないこと」と端的に述べている（労働政策研究・研修機構〔2003〕「アジアの労働と日本——2003年労使関係研究会報告」『日本労働研究雑誌』No.522, 29頁）。そして近年，中国における人材戦略を検討した日本経済団体連合会（2006）によれば，問題はやはりこの2点に集約されている。すなわち，優秀人材が「採用できない」，採用できても「退職してしまう」ことである（日本経済団体連合会〔2006〕『日本企業の中国におけるホワイトカラー人材戦略——優秀人材の確保と定着こそが成功の鍵』）。

　こうした点に関して，中村（2007c）では，既存調査のデータから，現状を検討している。そこで明らかになったことは，第一に，管理職に関しては，優秀な人材の応募が少ないことと，一般従業員では量的に確保できるものの，質的には問題があり，より専門性の高い従業員では，さらに量的にさえ不足する傾向となっていることである。第二には，採用できた人材でも，特に大卒以上の若手が流出してしまう点である。むろん，そうした状況に対応するために，

第6章 人事・労務

表6-1 日系企業のイメージ

(単位:%)

	欧米系企業	日系企業	韓国系企業
労働条件	93.1	52.7	18.9
経営理念・戦略が明確	91.6	87.3	51.8
現地化レベルが高い	51.7	52.9	29.9
先端的なことを打ち出す	89.6	67.2	44.4
意思決定が早い	82.3	51.2	29.7
福祉水準が高い	85.4	45.6	19.8
階層間の平等性が高い	63.0	24.3	7.4
労使関係が融和的	59.5	50.5	19.5
上意下達がうまくいっている	70.2	68.3	36.9
下意上達がうまくいっている	60.6	39.4	19.9
部門間の協力意識が高い	59.3	50.5	21.0
雇用が安定	31.8	70.0	19.0
社会的評判がよい	89.1	55.8	21.4

(注) 各数値は,それぞれの項目に関して,「そう思う」,「まあそう思う」の回答を合わせた数値である。また,これらの質問に回答しているのは,調査時点で日系企業に勤務しているが,転職経験はない人々である。そのため,日系企業における処遇は,実際に経験しているものの,他の企業については様々な情報元から得られたイメージである点に注意が必要である。
(出所) 日本労働研究機構(2003a)『海外派遣者ハンドブック—中国編—』より作成。

中国においては,他エリアに比べれば相対的に経営幹部の早期選抜などが積極的に検討されている(労働政策研究・研修機構〔2004〕『第3回 日系グローバル企業の人材マネジメント調査』)。それらは一面では,人材が優秀であるほど,他企業に流出する可能性が高いことの証左とも考えられよう。その意味で,藺(2006)において,特に,専門技術者の範疇で,日系企業では離職率が高くなっていることが数値データとして裏づけられたことの意味は少なくない(図6-5)(藺紅雲〔2006〕「調査データで見る中国進出日系企業の優位性と課題」『人材教育』March,JMAM人材教育)。また第三に,ローカル人材の育成と処遇が十分ではないことが挙げられる。昇進・昇格をみれば,経営のトップ層,取締役以上にまで昇進する場合がほぼ半数ほどになる欧米の場合と比べて,アジア・中国においては,ほとんどが部長層のレベルに留まっており,現地採用従業員の幹部登用プログラムも,整備されているとは言い難い。

第四として,こうした処遇の全体が,日系企業のイメージを形作ることにな

る。ひと言でいえば，外資系企業として「悪くはないが，決してベストではない」，あくまでも「欧米系企業に次ぐ二番手として」の存在である（表6-1）。

興味深いことに，現地スタッフからみた場合，「現地化」の水準は，欧米系企業と日系企業とではあまり大きな差異がないと認識されていた。やはり，明確に欧米系企業のほうがよいと認識されているのは，労働条件であり，福祉水準，意思決定の早さ，そして，社会的評判である。こうした諸点を除けば，ただ一点，「雇用の安定」において，日系企業が欧米系企業を凌駕しているのみである。ちなみに，そうした日系企業であっても，韓国系企業に比した場合，はるかに良好なイメージをもたれていることが，表からうかがえる。

優秀人材からみた場合，日系企業は，労働条件や社会的評判に関するイメージで，欧米系企業には劣る存在であり，実際に離職率も高くなっている。それをどのように捉えるのか，現状でもあまり大きな問題ではないと考えるのか，あるいは，これこそ喫緊の課題となるのか，その判断は分かれよう。ただ，明らかであることは，かつて白木が指摘したように，欧米系企業が，大卒者に対してより魅力的な職位，キャリア・パスを提示しているために，日系企業は「必然的に高学歴者の採用と確保で比較劣位に立たざるを得なくなって」おり，その状況が基本的に変わっていないことなのである（白木三秀〔1995〕『日本企業の国際人的資源管理』日本労働研究機構，55頁）。

すべては，日系企業の今後のグローバル戦略次第である。それが確定してこそ，それにふさわしい人材像が決定されることとなる。他国の外資系企業では，すでにR&Dの分野でも，中国での展開を検討し，実際にとりかかっているといわれている＊。中国での実際の人事管理も重要であるが，この問題に関していえば，さらに日本本社のグローバル戦略こそが，今後，最も重要な課題となっているのかもしれない。また，郭（2005）で試みられているように，韓国から中国に進出した企業の研究も，今後，比較する視点を多様化し，充実させるためには，ぜひとも必要であろう（郭智雄〔2005〕「韓国から中国への直接投資と企業活動の特徴」白木三秀編〔2005〕『チャイナ・シフトの国際人的資源管理』白桃書房）。

　＊　注目すべきは，より長期的な戦略に基づいて，R&Dの工程も中国に移す企業も出始

めていることであろう(『日本経済新聞』2007年4月10日付朝刊)。例えば,マイクロソフトが北京での研究員を約300人体制と,本社シアトルに匹敵する水準にまで増強している。上海では,外資系の研究開発拠点が,ほぼ200カ所にものぼる。むろん,日系企業でも,日立のように,中国における研究開発人員が約1000名にものぼるが,さらに,研究開発本部直属の北京拠点において,人員を現在の約2.5倍の200人体制にしようとしている。このように,これまでも,研究開発部門を中国本土で展開する欧米系企業の姿が指摘されてきたが,わが国企業の一部でも,そうした戦略を開始している。優れた人材の獲得は,将来的な問題ではなく,すでに顕在化しつつある。より効率的に質のよい製品を作り出すだけではなく,多国籍企業は,中国市場を念頭においた新しい製品を,開発の段階から中国において設計し,生産・販売しようとしている。そこで必要となるのは,優秀な職長だけではない。その点でも,わが国企業は,現在から将来に向けて,より厳しい競争を強いられていると思われる。

5 労使関係

最後に,中国における労使関係について,触れておこう。この点についても,詳しくは,中村(中村良二〔2002〕「中国の労使関係の現状と将来——「工会」をいかに捉えるか」『世界の労働』第52巻第7号,日本ILO協会;同〔2005〕「中国労使関係における『工会』の実相」『世界の労働』第55巻第9号,日本ILO協会;同〔2008〕「中国進出日系企業の労働問題——『工会』を中心に」石井健一・唐燕霞編『グローバル化における中国のメディアと産業』明石書店)を参照されたい。社会主義中国では,国民の間に「利害の相違」はない前提に立つために,われわれが想起するような労使関係そのものが,存在しないことになっていた。公式には未だに,労使関係という言葉ではなく,「労働関係」が用いられる。労使関係が問題となりつつあるのは,改革・開放の結果として,労使や,従業員間でも明らかに格差が拡大しているからである。

中国においても,「工会」という,労働組合に極めて似た組織が存在する。しかしながら,工会とは,あくまでも共産党の下部組織であり,経営の側に立って,様々な「調整」をする存在である*。その幹部の多くは,経営幹部が兼任している場合も少なくない。そして,経営に徹底的に介入する場合さえある。

* Bill Taylor (2003) らも同様に,工会という「労働組合は,労働関係に関わり,巻き

込まれる必要はなかった。なぜならば，労働者たちは，1つの利益集団とは思われていなかったからである。そして，労働組合も，従業員の代表とは思われていなかった。労働組合は，まさしく，企業経営をサポートするアシスタント，もしくは，政府機関の支部以外の何者でもなかった」(Bill Taylor, Chang Kai, Li Qi〔2003〕*Industrial Relations in China*, Edward Elgar Publishing Limited, p.106) と，述べている。また，安室も，「『工会』は労働組合ではない。これだけははっきりしている。工会を『労働組合』と翻訳したのは間違いだった」(安室憲一〔2003〕『中国企業の競争力――「世界の工場」のビジネスモデル』日本経済新聞社，191頁) と述べ，共産党関連のネットワーク上にある工会の存在に着目している。

共産党の下部機関という位置づけを考えれば，元々工会には，従業員の側に立って，経営側と交渉をする必要が，ほぼ全くなかった。しかしながら，改革・開放の一連の動きは，労使間でその利害が全く異なることを如実に示したことと，奨励された競争の「敗者」を多数生み出してきた。そのため，工会は，あくまでも経営側にスタンスを置きながら，同時に，従業員代表として確実にその利益を守る必要性が強まってきた。その意味で，ようやく本来の労使関係的枠組みが形作られつつあるのが現状であると考えられる。

日系企業の立場からみて気がかりとなるのは，外資系企業に対する工会設立の要請が強化されつつある点である。すべての外資系企業に対して，工会の設立が義務づけられれば，それらは受け入れざるを得ないが，工会はあくまでも共産党の下部組織としての位置づけも保持している。幹部層の人員を考えれば，情報漏洩の観点からも，日系を含む外資系企業は難しい対応を迫られることになる（中村〔2008〕）。

5 人事管理と中国の行く末

これまで，人事管理の問題について，その基盤たる社会システムをはじめ，やや広い視野から，検討してきた。人事管理そのものについては，全体的に成果主義を取り入れ，契約に基づく労働という仕組みが定着しつつあり，中国の人々がより高い報酬を望むことで，一面では確実に企業業績を押し上げたことは事実であろう。それが，国家全体の経済成長に確実につながっている。

第6章 人事・労務

▶▶ *Column* ◀◀

「中国の組合」は，労働組合ではない？

　フシギの国・中国に関しては，われわれ「外国人」ではなかなか理解できないような，本当にフシギな話しが実にたくさんあります。

　中国のとある小さな企業の従業員A氏は，なかなか給料が上がらず，昇格もなく，住居費用の補助も，ほとんどなくなってきていました。働いても，なかなか処遇がよくならないことをかなり不満に思っていました。そういう場合の相談先といえば，やはり組合になります。中国でも「工会」という，組合のような組織があります。そして，近年，労働契約法，労働契約仲裁法が制定されているように，できる限り従業員の利益を守ろうとする環境は，徐々に整いつつあります。ただこれは，そうした仕組みさえ，今まではなかったということの裏返しでもあります。

　ある日A氏は，工会に相談に行きます。偶然にも，工会のトップである主席B氏が，実に親切に相談にのってくれるとともに，今後についても丁寧にアドバイスをしてくれました。まずは会社の中で，苦情処理委員会に届出をして，A氏と工会の幹部，そして，会社側代表が交渉することになりました。何回かの話し合いでも，結局は納得のいく問題解決はできず，A氏は裁判所に提訴することを決意します。この10年ほど，訴訟件数は，鰻登りに増加を続けています。それは実際に，競争激化で実に様々な問題が起こっていることと，皆，徐々に権利意識に目覚め始めているためと思われます。

　初めての公判の日，法廷の席に着いたA氏は，びっくりします。会社側代表として反対側の席に出席していたのは，工会主席のB氏だったからです。中国では，別段，フシギなことではありません。B氏は，この会社の副社長でもあったからです。はてさて，提訴の結果，A氏の望んでいたことは，どれくらい手に入れることができたのでしょうか。フシギの国では，このような環境の中で，何億もの人々が働き続けています。

　しかしながら，国有企業において，その成果主義の内実をみれば，評価を中心として本来の仕組みがスムーズには運用されておらず，民間企業においては中間管理職など，今後の経営にとってまさにコアとなる部分で，問題があることを指摘した。また，外資系企業としての日系企業においては，主として，相変わらず優秀人材の処遇が問題であり続けている。

　さらに，成果主義的人事管理を導入したがゆえに，当然の帰結として出現す

173

るのは，競争の「敗者」である。先ほど工会についても検討したように，今後必要となるのは，本来の意味で，従業員の側に立って従業員を支援する組織であり，社会的なシステムであろう。それらは，ほぼすべてうまくいっているとは言い難いが，少なくとも，企業という場においては，工会が徐々に，そうした立場に立ちつつある。ちなみに，中国では，これも長年にわたり，「農民層を含めた，全国民を対象とした社会保障制度の確立」が重要と，言われ続けている。これは単に，現時点でもなお，農民層は公的な社会保障制度の対象とはなっていないということである。こうした社会的な弱者を救う制度を整備しつつ，グローバル競争を勝ち抜くだけの仕組みが絶対に必要である。

　陸（2002）らが，これまでいわばタブー視されてきた，中国社会における階層分化の様相を明らかにしたことはまさに画期的な業績であり，未だ記憶に新しい（陸学芸〔2002〕『当代中国社会階層研究報告』社会科学文献出版社）。それは競争が生み出す1つの必然的な結果でもある。重要なのは，それをいわば「補正」する仕組みである。この点で，孫立平が，1990年代以降の社会構造の変化を「行政主導型二重構造」から「市場主導型二重構造」と捉えている視点は，重要である。戸籍制度のような改革・開放以前から存在した「制度的障壁も存在する上に，それに加えて市場の影響で，さらに格差が拡大している」からである（日本労働研究機構〔2003〕『中国進出日系企業の研究──党・工会機能と労使関係』資料シリーズNo.130，165頁）。

　改革・開放による働き方・人事管理の変化は，たしかに大きな貢献を果たしたといえよう。しかしながら，誰にとって，どれくらいよかったといえるのか，逆に，どの程度の人々は結局，その恩恵に与かることができなかったのかも，考えていく必要があろう。それは，ひとり中国だけの問題ではなく，同様に競争を基本とするシステムに移行しつつあるわが国や韓国でも，全く同じなのである。

　誰もが，効率的に，そして，心地よくハッピーに働くことができるようになる，それがある意味で理想的な人事管理像であろう。それを検討するためにも，今後，さらなる比較研究を重ねてゆかねばならない。

第6章 人事・労務

推薦図書

唐燕霞（2004）『中国の企業統治システム』御茶の水書房
　　国有企業の企業統治・経営システムを，社会システム全般に関連づけて，検討している。

安室憲一（2003）『中国企業の競争力——「世界の工場」のビジネスモデル』日本経済新聞社
　　10年にわたる実態調査を踏まえて，人事・労務を中心とする中国企業の強みを描き出そうとしている。

白木三秀編（2005）『チャイナ・シフトの人的資源管理』白桃書房
　　アジアをフィールドとし，日系企業の国際人的資源管理と中国における労働市場と人事管理の問題を複合的に検討しようとしている。

設 問

1. アジア各国で，その経済の中心となる産業・業種を調べ，そこで通常行われている人事管理の仕組みとは，どういうものか考えてみよう。
2. ヒトは，どういった仕組みがあれば，気持ちよく積極的に働くことができるのだろうか。自分が，部下として働く場合と，上司として指示する場合に分けて，考えてみよう。

　　　　　　　　　　　　　　　　　　　　　　　　　　　　　　（中村良二）

第7章

生産システム
──日中企業の製品アーキテクチャ──

　　　製品アーキテクチャの分析概念でアジア域内製造業の姿をひも解いていく
　　のが，本章の役割です。製品アーキテクチャによる産業・企業分析は，「設
　　計」に着目します。誰が，どこで，何を，どのようにして作るのか，といっ
　　た企業の行動様式や関係，産業構造を「設計」から読み解くと，何がみえ，
　　どのような壮図が描けるのでしょうか。アジア域内製造業のありようをアー
　　キテクチャ論の世界で描き出し，考察してみましょう。

1　設計思想から描き出すアジア域内製造業の姿

　アジア域内には密度の濃い，重層的な製造業集積があり，それに伴い，競争と協力とが複雑に錯綜する多面的な企業間関係が生まれている。この関係性がアジア域内製造業の発展を促すエンジンとなっており，とりわけ産業・企業研究で脚光を浴びているのが，急速な**キャッチアップ**をみせる後発工業国企業（以下，後発国企業）である。

　塩地（2008）は，東アジアの企業が世界で高い生産シェアを占める産業を「東アジア優位産業」と位置づけ，その産業競争力の要因を競争と分業構造のありようから明らかにしようとした（塩地洋編著〔2008〕『東アジア優位産業の競争力──その要因と競争・分業構造』ミネルヴァ書房）。そのロジックの出発点は，韓国や中国など後発国企業のキャッチアップの影響力を直視し，競争と協力の多様な相互依存関係を描き出そうとすることにある。

　アジア域内製造業の多面的な相関は，後発国企業の急速なキャッチアップと

キャッチアップ：先発者に対して，後発者が追随し，追い上げていくこと。国レベルの観察では，先に工業化に乗り出した先発国に対して，後発国が追随的に工業化に乗り出し，実現する様子を意味し，企業レベルでは技術定着や事業・製品化のありようから使われるケースが多い。

台頭によって広がりをもった。しかしながら、そのキャッチアップ速度がAkamatsu（1962）やVernon（1966）の雁行形態論／プロダクトライフサイクルモデル、また技術移転・形成論で想定しうる段階的な時間軸とは違っている＊（Akamatsu, Kaname〔1962〕"A Historical Pattern of Economic Growth in Developing Countries," *The Developing Economies*, Preliminary Issue, No. 1; Vernon, Raymond〔1966〕"International Investment and International Trade in the Product Cycle," *Quarterly Journal of Economics*, 80 (2), pp. 190-207）。例えば、液晶テレビや光ストレージ製品（CDやDVDなど光ディスク媒体を使った情報再生・記録装置）など、デジタル技術を基盤とするエレクトロニクス製品が、その典型例である。液晶テレビも光ストレージ製品も、日本企業が製品イノベーションを先導してきた事業である。新たなコンセプトや要素技術による、いわゆる「先端」テクノロジー製品は豊富な知識および技術蓄積なくして、製品化・事業化が難しいと一般的には考えられる。しかしながら、そうした蓄積を自社内にもたなくとも、あたかも自立的事業化・製品化にみえるようなキャッチアップを実現する企業をわれわれは観察することができる。技術伝播と後発国企業の事業化・製品化があまりにも早いスピードで進むため、日本や欧米といった先発工業国企業の先行開発優位性が競争優位に必ずしも直結しない経営環境も生まれている。

  ＊　例えば、末廣（2000）は後発工業国のキャッチアップ型工業化を段階的な「導入・定着・改良」プロセスのありようで描いてみせた（末廣昭〔2000〕『キャッチアップ型工業化論　アジア経済の軌跡と展望』名古屋大学出版会）。

後発国企業のキャッチアップの内実と多様な企業間関係を統一的なフレームワークから明らかにしようとしたのが、製品アーキテクチャ論による分析と研究である。例えば、藤本・新宅（2005）は製品アーキテクチャ論のフレームワークから中国企業のありようを描き出し、また、新宅他（2008）はモジュラー化による加速度的な技術伝播と国際分業が、モジュラー化成果をキャッチアップに結実させていくことを明らかにした（藤本隆宏・新宅純二郎編〔2005〕『中国製造業のアーキテクチャ分析』東洋経済新報社；新宅純二郎・立本博文・善本哲夫・富田純一・朴英元〔2008〕「製品アーキテクチャから見る技術伝播と国際分業」

『一橋ビジネスレビュー』56巻2号)。こうした製品アーキテクチャ特性に着目した産業・企業研究は，モジュラー化がもつ製造業への影響力やインパクトの内実をより具体的に描き出した。

　本章はこうした製品アーキテクチャ論による産業・企業研究を活用しながら，日本企業と中国企業のありようを製品設計の内実から類型化する。具体的には，日中企業が製品設計に向かい合うスタンスや設計思想を探り，それを整理していく。

　モジュラー化による**製品のコモディティ化**，あるいは製品同質化が語られる場合，製品アーキテクチャを技術的に一律なものと考えてしまうケースも散見される。そこには，支配的なアーキテクチャがあると，すべての企業が同じ設計思想やスタンスを選択せざるを得ないとの想定がある。アーキテクチャが同じようにみえる製品であっても，企業の製品設計に取り組む発想やスタンスがアーキテクチャの2分法的な理念型と必ず一致するとは限らない。企業の能力やスタンスの違いによって，同じアーキテクチャの製品設計のありようも違ってくる。これを明らかにすることが，狙いの1つである。

　本章は，主としてカラーテレビを事例に取り上げ，日本・中国企業の製品設計に向き合うスタンスの違いを読み取ろうと試みる。スタンスの違いを，問題解決を自ら行う「自己解決型」と外部資源に頼る「ソリューション調達型」の2つに類型している。同じ尺度から違いを明らかにするために，理念型として同じアーキテクチャに類型できる製品，具体的には技術的にモジュラー化が進んでいると考えられる製品を対象に考察する。

　2つの類型は，モジュラー化成果を能動的に活用するか，受動的に活用するかの違いを反映している。これはモジュラー化を主導するのか，あるいは事後的にモジュラー化を受容するのかの違いであり，また，この相違は設計能力の違いに起因する。日本企業は擦り合わせ能力によってモジュラー型製品を設計し，中国企業は組み合わせ能力のみに立脚した設計を展開する。

製品のコモディティ化：ケースによって，肯定的にも否定的にも使われる。肯定的な意味は，入手しやすさや一般化である。否定的な使われ方では，肯定的な側面を製品競争力の文脈と結びつけて，価格低下や低付加価値化といった意味を含むようになる。

2 擦り合わせ要素のカプセル化とアーキテクチャ発想

1 製品アーキテクチャ論

　産業論や戦略論で活用する際のポイントに絞って，製品アーキテクチャの分析概念を簡単に整理してみよう。製品アーキテクチャとは製品の基本設計思想であり，インテグラル（擦り合わせ）型とモジュラー（組み合わせ）型に大別できる。インテグラル型は部品設計を相互調整して，製品ごとに最適設計を行わなければ性能が出ないタイプのアーキテクチャであり，機能・構造要素間の連結や関係性が複雑に錯綜し，特定の機能に特化した部品が少ない。モジュラー型は1つの機能要素を1つの構造要素に対応させた機能完結部品（モジュール）を比較的シンプルなインターフェースで組み合わせることによって，システム全体の機能が発揮できるタイプのアーキテクチャである。機能完結部品がそれぞれの機能を追求するため，インターフェースが確立されていれば，機能要素群と構造要素群の連結や関係性がシンプルで済む。つまり，ある特定の機能が特定の部品によって実現できるよう，各部品が設計されているといってよい。

　このように，製品アーキテクチャとは，機能要素群と構造要素群の連結パターンの基本構想のことを指す（Ulrich, Karl T.〔1995〕"The Role of Product Architecture in the Manufacturing Firm," Research Policy, 24.；藤本隆宏〔2008〕「アーキテクチャとコーディネーションの経済分析に関する試論」MMRC-J-207，東京大学大学院経済学研究科ものづくり経営研究センターディスカッションペーパー）。連結パターンの複雑性が高いほど，インテグラル型となり，その逆がモジュラー型であるといえる。アーキテクチャは連結パターンのありようを考察する分析概念であるため，例えば自動車や多種多様な家電製品といった各技術領域に固有の特性や内容を捨象することができる。基本構想に着目することから，アーキテクチャ概念による分析は産業や製品の違いを超えた類型化を可能とする。

　アーキテクチャの2分法に基づくインテグラル型とモジュラー型の類型は，理念型である。現実のアーキテクチャは，純粋なインテグラル型と純粋なモジュラー型を両極とする連続的なスペクトル上に位置づけられ，どちらの理念

型に近いか,といった相対的な度合で考える(藤本隆宏〔2002〕「製品アーキテクチャの概念・測定・戦略に関するノート」経済産業研究所,RIETI Discussion Paper Series 02-J-008;大鹿隆・藤本隆宏〔2006〕「製品アーキテクチャ論と国際貿易論の実証分析 2006年改訂版」MMRC-J-72,東京大学大学院経済学研究科ものづくり経営研究センターディスカッションペーパー)。

　アーキテクチャの連続性とともに,アーキテクチャを考える場合には,その階層性を重視しなければならない。多くの製品は,複数のアーキテクチャが混在する複合的なシステムである。システムのどのレベルに着目するかによって,アーキテクチャは違ってくる。完成品レベルでモジュラー型であっても,そのシステム下位層の部品やモジュール群はインテグラル型である,などである。以上が,製品アーキテクチャの基本概念である。

　アーキテクチャベースの産業構造や企業行動の分析は,いわゆる「ハイテク」「ローテク」といった技術の先進性や画期性などの技術的・工学的立場から,アーキテクチャや戦略の善し悪しを解釈するものではない。その着眼点の一つは,アーキテクチャの変動性や多様性といった動態的な特性を考察することで,産業や企業のありようを描き出すことにある。

　アーキテクチャの動態的な特性は,顧客の選好や技術,企業の能力など,複合的な諸条件が触発する,アーキテクチャの「選択」問題に起因する。アーキテクチャの変動性について,述べてみよう。同じ産業・製品であっても,時代や場所／地域で支配的なアーキテクチャは違ってくる(新宅純二郎〔2007〕「中国の家電産業と日本企業の戦略」藤本隆宏・東京大学21世紀COEものづくり経営研究センター編『ものづくり経営学――製造業を超える生産思想』光文社新書)。例えば,顧客の好みに目を向けよう。ある地域の顧客がインテグラル型のアーキテクチャを好むならば,それが支配的なアーキテクチャになりうる。しかし,同地域で時を経て顧客に選好されるアーキテクチャは変わるかもしれない。そうなると,企業は市場に合わせてアーキテクチャを変えていく必要がある。つまり,顧客の選好や市場環境によって,アーキテクチャは変わってくる。また,技術的制約条件によってインテグラル型だったものが,その克服によってモジュラー型に,あるいはその逆もある(楠木建・H.W. チェスブロウ〔2001〕「製

品アーキテクチャのダイナミック・シフト　バーチャル組織の落とし穴」藤本隆宏・武石彰・青島矢一編『ビジネスアーキテクチャ　製品・組織・プロセスの戦略的設計』有斐閣)。このようなアーキテクチャの変動が,「モジュラー化」や「インテグラル化」となって具現する。アーキテクチャは揺れ動く。

　多様性に目を向けてみよう。企業によって蓄積する技術や能力は違っている。その結果,選択される,あるいは選択できるアーキテクチャは違ってくる。こうした制約条件とアーキテクチャの連続性の中で,複数の企業が異なるアーキテクチャを選択する結果,同じ時代・場所／地域の同じ製品で,違ったアーキテクチャが混在する。また,同じ製品でも地域によって顧客の選好が違えば,同時代に違ったアーキテクチャの製品が地理的に分布する。同じ企業でも,ハイエンド機種（高級モデル）とローエンド機種（普及モデル）によってアーキテクチャ特性が違ってくるケースも多い。

　アーキテクチャは技術的に一律であるのではなく,企業は様々な条件を考慮して,アーキテクチャを選択する。その結果,市場で支配的な顧客の選好に合わせてアーキテクチャを適合させたり,あるいは選好とは異なるアーキテクチャの製品を意図的に市場投入するなど,アーキテクチャの選択は企業の戦略と密接に関わってくる。製品アーキテクチャ論をベースにした産業・企業研究は設計思想の選択問題に着目して,産業・企業のありようを描き出していく。

2　擦り合わせ要素のカプセル化

　ここで,アーキテクチャの連続性についてもう一度立ち返ってみよう。企業は多様な条件をもとにアーキテクチャを選択する。この場合,企業によって顧客の選好の見極めや,影響を受ける技術や能力の制約条件の程度は違ってくる。スペクトル上にあるどの位置のアーキテクチャを選択するか（できるか）は,製品設計に向き合うスタンスの違いで分布すると推察される。

　製品設計に向き合うスタンスを,ここではアーキテクチャ発想と呼ぶことにしよう。インテグラル度を高めようとすれば,製品全体の完成度を「擦り合わせの妙」で高めようとする。これを「擦り合わせ発想」と位置づけよう。他方,モジュラー度を高めようとすれば,「組み合わせの妙」を活かそうとする。こ

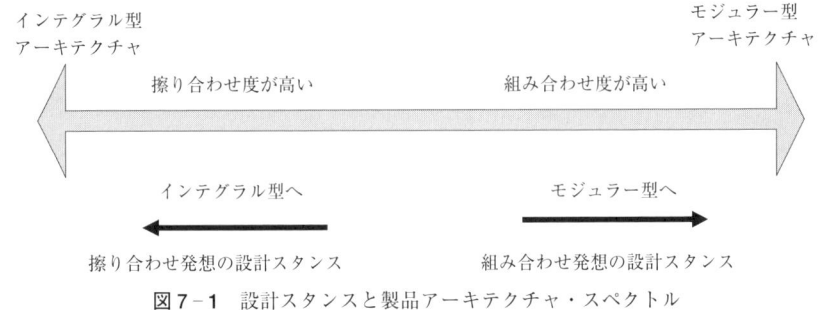

```
インテグラル型                                モジュラー型
アーキテクチャ                                アーキテクチャ
       ←─── 擦り合わせ度が高い    組み合わせ度が高い ───→

           インテグラル型へ        モジュラー型へ
             ←─────              ─────→
        擦り合わせ発想の設計スタンス  組み合わせ発想の設計スタンス
```

図7-1　設計スタンスと製品アーキテクチャ・スペクトル

れを「組み合わせ発想」と位置づけよう。これらアーキテクチャ発想とスペクトルの関係をみると，擦り合わせ発想の製品設計ではインテグラル型へ，組み合わせ発想ではモジュラー型へとアーキテクチャ特性が動いていくと考えられる（図7-1）。

アーキテクチャ類型と設計スタンスは，このように対応関係にあると想定できるのだが，しかしながら，エレクトロニクス製品では製品設計の実態が，この対応関係で必ずしも一致しないケースも生まれている。モジュラー化プロセスを考えることで，この点を整理してみよう。

モジュラー化を進めるには，機能・構造要素間の相互依存性を見直し，組み替え・再配分するための**製品統合知識**や**システム化知識**を必要とする（青島矢一・延岡健太郎〔1997〕「プロジェクト知識のマネジメント」『組織科学』第31巻第1号；具承桓〔2008〕『製品アーキテクチャのダイナミズム──モジュール化・知識統合・企業間連携』ミネルヴァ書房）。モジュラー型アーキテクチャの製品をある階層で基本モジュールに分解すると，各モジュールの機能完結度は高い。モジュール間の機能的な相互依存性が低減すればするほど，機能・構造要素間の連結パターンはシンプルとなり，そのデザインルールに従えば，モジュールの組み合わせが製品設計となる。つまり，モジュラー化は複雑なシステムの複雑性を処理する工夫である（C.Y. ボールドウィン・K.B. クラーク／安藤晴彦訳

製品統合知識・システム化知識：個別知識・技術を統合し，最適な製品システムを仕上げていくための知識体系のこと。個別要素の相互依存関係をひも解き，システム全体のバランスをとる問題解決知識ともいえる。

〔2004〕『デザイン・ルール——モジュール化パワー』東洋経済新報社）。

　モジュラー化は製品設計の容易性を高めてくれる。極端なケースを述べれば，製品をシステム化する知識や技術がなくとも，モジュールを手にすることができれば，それらを組み合わせることで製品化が可能になる。例えば，DVDプレーヤーなど光ストレージ製品では，光ピックアップと半導体チップセットを調達することができれば，デザインルールを守る限り，基本的な製品機能を再現することができる。インテグラル型で開発された光ストレージ製品も，その多くがモジュラー化し，組み合わせ発想で製品設計できるようになった。中国企業がDVDプレーヤーなどで市場を席巻したのは，モジュラー化によって製品設計の容易性が高まったことによる（新宅純二郎・小川紘一・善本哲夫〔2006〕「光ディスク産業の競争と国際的協業モデル——擦り合わせ要素のカプセル化によるモジュラー化の進展」榊原清則・香山晋編『イノベーションと競争優位』NTT出版）。

　中国企業は，モジュラー化を活用することで光ストレージ製品の製品化・事業化を実現したわけだが，モジュラー化を主導したわけではない。モジュールの機能完結度が高まれば高めるほど，また，モジュールが周辺の機能を取り込み，より大きなモジュールへと機能統合すればするほど，その上位階層にあるシステム全体はモジュラー度を強めていくことになる。極端には，連結パターンの複雑性を解くための擦り合わせ要素を特定のモジュールにカプセル化し，その処理を当該モジュールに担わせるようにもなる。これを新宅・小川・善本(2006)は「擦り合わせ要素のカプセル化」と呼んだ（図7-2）。特に，エレクトロニクス製品では製品統合知識が半導体チップセットに埋め込まれる傾向が強い。ファームウエア（ハードウエアの基本的な制御を担う組込ソフトウエア。ROMに格納されたマイクロ・プログラム（マイクロコード）によって記述されるプログラムを指す）をはじめとするソフトウエアおよび半導体技術の進歩が，部品間の多層的・複合的な相互依存性を解くために必要な「擦り合わせノウハウ」を物理的なチップセットにカプセル化することを可能にする*。つまり，モジュール自体が複雑なシステムとなり，高い作業能力をもつようになる（青木昌彦〔2002〕「産業アーキテクチャのモジュール化——理論的イントロダクション」青木昌彦・安藤晴彦編『モジュール化　新しい産業アーキテクチャの本質』東洋経済新

第Ⅱ部　職能・企業形態別編

完成品システムA
（部品間の相互依存性：大きい）

部品A　部品B
部品C　部品D

擦り合わせ要素の
カプセル化

完成品システムB
（部品間の相互依存性：小さい）

部品A　部品B
半導体ファームウエア
部品C　部品D

擦り合わせ要素の排除
システムの接着剤機能

半導体
ファームウエア

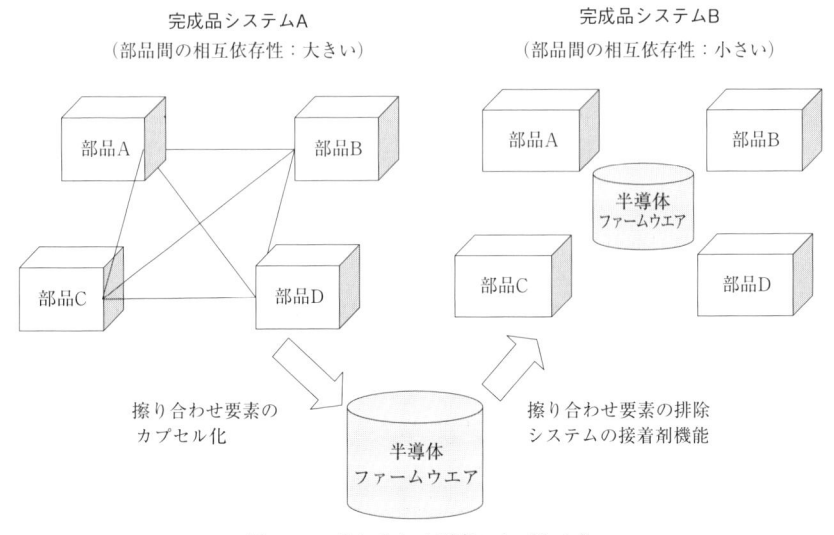

図7-2　擦り合わせ要素のカプセル化

（出所）　新宅・小川・善本（2006）を筆者加筆・修正。

報社）。光ストレージ製品では，日本企業が半導体に擦り合わせ要素をカプセル化することで，モジュラー化プロセスを主導した。

*　小川（2007）は半導体技術の進歩が製品設計に与えるインパクトを論じ，製造業の経営環境が歴史的な転換期にあると主張する（小川紘一〔2007〕「我が国エレクトロニクス産業にみるモジュラー化の進化メカニズム——マイコンとファームウエアがもたらす経営環境の歴史的転換」MMRC-J-145，東京大学大学院経済学研究科ものづくり経営研究センターディスカッションペーパー）。

　モジュラー化による設計容易性は，システム設計に必要な製品統合知識を特定のモジュールに濃い密度をもって配分・集約することで高められるが，そのためには統合知識をもとにシステム全体を事前に構想しなければならない。擦り合わせ発想が特定のモジュールへと焦点化されることで擦り合わせ要素がカプセル化され，ある種の筋の良い，工学的に「綺麗な」分割・再結合によって，連結パターンの複雑性が解かれていく。上位システムのモジュラー化と下位システムの統合化が同時に起こる（青島矢一・武石彰〔2001〕「アーキテクチャという考え方」藤本隆宏・武石彰・青島矢一編『ビジネスアーキテクチャ　製品・組

第7章 生産システム

```
インテグラル型                                    モジュラー型
アーキテクチャ                                    アーキテクチャ
   ←――――― 擦り合わせ度が高い  組み合わせ度が高い ―――――→

        ←―――――――――       ―――――――――→
         モジュール              完成品システム
         インテグラル型に振れる    モジュラー型に振れる

         擦り合わせ発想の設計スタンス＋擦り合わせ要素のカプセル化
                 （擦り合わせ発想の焦点化）

         完成品システムのモジュラー化とモジュールのインテグラル化が同時に生起
```

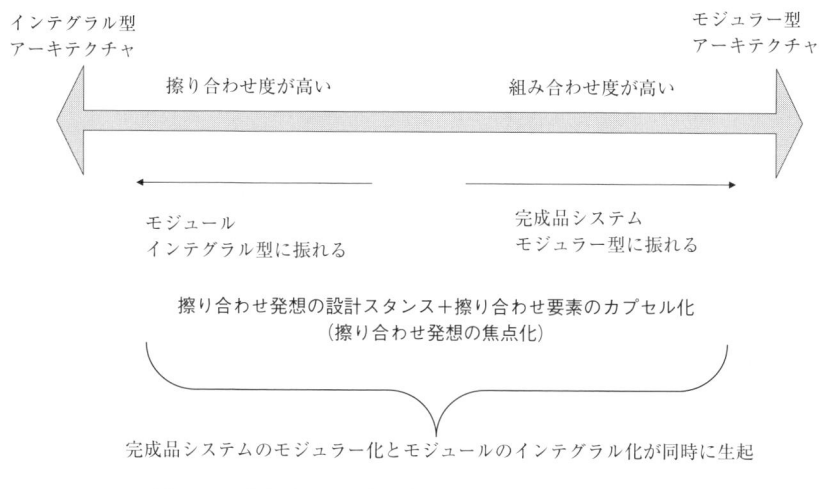

図7-3　擦り合わせ発想の焦点化と製品アーキテクチャ

織・プロセスの戦略的設計』有斐閣）。結果として，擦り合わせ発想がモジュラー化を実現する（善本哲夫〔2007 a〕「ブラウン管テレビにみる部門別事業戦略とモジュラー化──統合型企業の分権的管理」『同志社商学』第58巻，第4-5号）。「モジュラー型製品の完成度」という尺度を設定するならば，擦り合わせ発想や製品統合知識を背景にしたシステムの見直しが完成度の高いモジュラー型製品を作り上げていく。

つまり，擦り合わせ発想が特定のモジュール設計やシステムの見直し・再配分に焦点化され，擦り合わせ要素のカプセル化が生じると，システム全体のアーキテクチャはモジュラー型に振れていく（図7-3）。その結果，設計行動は実質的には組み合わせ発想の文脈を帯びてくる。しかしながら，システム設計は擦り合わせ発想で記述され，解が求められる。この解が半導体に落とし込まれるため，一見すると設計行動は事後的な「組み合わせの妙」となって現れるが，あくまでシステムの設計スタンスは擦り合わせ発想にあるといってよい。

同じモジュラー型製品の設計であっても，システム設計解を擦り合わせ発想によって自ら求める設計行動と既存モジュールの組み合わせ発想とでは，製品設計のありようが違ってくる。言い換えると，半導体技術の活用が一般的であ

るエレクトロニクス製品において，擦り合わせ要素のカプセル化行為を自社内で展開できるのかどうかが立脚する製品統合知識の深みを測る指標の1つとなり，また，製品設計のありようの違いとなって現れる。

3　テレビ事業の製品設計：中国企業と日本企業

　同じモジュラー型製品の製品設計のありようの違いを，ブラウン管テレビと液晶テレビを事例にみていこう。まず日本企業の擦り合わせ発想を背景にした製品設計について述べ，次に中国企業の，いわゆる寄せ集め的な要素が強い組み合わせ発想の製品設計について述べていく。

1　日本企業のケース

　日本企業によるブラウン管テレビの設計スタンスを考察してみよう。製品をまとめあげ，システム化する知識を体現したのが「製品統合技術」である。製品統合技術は製品差異化の中核を担う技術であり，日本企業は各社独自の技術と設計ノウハウを組織内に蓄積してきた*。IC（Integrated Circuit：集積回路）チップセットやコンデンサ（電子部品：電荷を蓄積するなどの機能をもつ）などが実装されたメインシャシー（プリント基板にICやコンデンサなどを実装した構造体）設計は製品統合技術がベースとなる。シャシーには各社固有の設計があり，それらが異なるメーカー間で共有されることはない。テレビシステムの大きなパフォーマンス指標である「画質」は，シャシー設計によって左右される。各社独自のシステム設計解が製品差別化となって現れ，激しい画質競争が繰り広げられた。

　　＊　製品の基本パフォーマンスを担う最小機能再現単位について考えると，テレビシステムの製品統合技術は，システム全体をコントロール・制御する技術「システム制御技術」と，ブラウン管を使いこなすための「基幹部品駆動技術」に分けられる。ブラウン管の使いこなしは，ブラウン管固有の部品知識体系と違い，ブラウン管をシステム内で駆動・制御するための知識体系であり，製品統合知識に含まれる。

第7章　生産システム

　高画質化を実現する多くの要素技術が開発され，それをシステム内に取り込む作業が行われる。この際，システム全体の見直しや相互依存関係の洗い出しが必須となる。新たなブラウン管を使用するケースを述べてみよう。その使用はシステムの大きな変更を要求する。例えば，丸形ブラウン管に変わって平面ブラウン管を使用する場合，システム化のための設計要素は大きく変化する。一例を挙げると，電子銃のフォーカス（電子ビームをブラウン管の蛍光面に焦点を結ばせるよう収束させること）が大きく変わるため，映像信号がもつ魅力を表現するためには，最適なフォーカス特性を得る回路を設計しなければならない。その結果，部品統合のありようは変わってくる。つまり，擦り合わせによるシステム化が行われるのである。

　この統合の仕方もメーカーによって違う。つまり，メーカーによって画像処理の考え方は違っており，それがシステム化の違いとなって現れ，その成果がシャシー設計に反映されていく。

　シャシー設計がテレビの個性を左右するのだが，日本企業は半導体技術の活用によってシャシー設計の負担を軽減しようとする。日本企業は半導体を自社製品に取り込み，かつ半導体分野での技術進歩を差別化・低コスト化の実現に転用・利用することを常に考えてきた（平本厚〔1994〕『日本のテレビ産業——競争優位の構造』ミネルヴァ書房；新宅純二郎〔1994〕『日本企業の競争戦略——成熟産業の技術転換と企業行動』有斐閣；椙山泰生〔2000〕「カラーテレビ産業の製品開発——戦略的柔軟性とモジュラー化」藤本隆宏・安本雅典編『成功する製品開発産業間比較の視点』有斐閣；善本〔2007 a〕）。シャシー設計が差別化と低コスト化のありようを大きく左右するため，この両立には半導体の活用が不可欠であった。半導体技術の進歩は，こうしたテレビシステム設計の要望を吸収していった。こうして，製品をまとめ上げる「擦り合わせ要素」（システム化のノウハウ）が LSI（Large Scale Integration：大規模集積回路）をはじめとする半導体の中に埋め込まれていき，カプセル化される。LSI へのカプセル化は，周辺回路や機能の取り込みを伴う。

　半導体の進歩と擦り合わせ発想の焦点化により，テレビの性能・機能は LSI 設計やソフトウエア開発で決定されるようになり，差別化のありようは，この

段階で作り込まれていく。例えば，デジタルテレビではLSI設計の段階でほとんどの機能が作り込まれ，製品統合技術とは，いかに半導体に機能集約していくかとほぼ同じ意味をもつようになった（善本〔2007a〕）。ここで指摘しておかなければならないのは，擦り合わせ要素のカプセル化行為の主体は，製品統合知識をもつテレビ部門・メーカーであり，半導体部門（あるいは半導体メーカー）が主導するわけではないことである*。システムの擦り合わせや製品統合知識は，テレビ部門・メーカーがもち，半導体部門・メーカーは生産・技術サポートをする立場にある。

  * テレビ事業と半導体事業を同一企業内にもつ統合型企業の場合，企業内でもシステム設計やLSI設計はテレビ部門が行っているため，「テレビ部門」および「半導体部門」と分けている。

　擦り合わせ要素のカプセル化が，テレビシステムをモジュラー型へと近づけていく。しかしながら，一般的にモジュラー型に類型されるブラウン管テレビであるが，常にモジュラー型であり続けたわけではない。例えば，先に述べた平面ブラウン管を使った新システムの開発など，それまでにない固有要素技術を使う場合には，システムはインテグラル度の強い製品として設計される。しかしながら，その都度，新たなシステムの擦り合わせ要素を半導体にカプセル化してきた。日本企業はテレビシステムのインテグラル度を高めたり，モジュラー度を高めたりと，その揺れ動きを自分の手で作り出し，繰り返してきた。
　擦り合わせの妙を半導体技術で吸収し，それを利用してきたのだが，システム全体は擦り合わせ発想で作り込まれてきたと解釈してよい。つまり，擦り合わせ発想を使ってモジュラー化を事前構想していく。擦り合わせ発想が焦点化されるため，LSIは最適パフォーマンスを追求する擦り合わせ度の高いアーキテクチャとなる。
　ところで，LSIでは吸収し切れない，アナログ特性領域への日本企業のこだわりからも擦り合わせ発想の設計スタンスをみて取ることができる。日本企業はベア管と呼ばれるブラウン管単体と偏向ヨーク（電子ビームを水平・垂直方向に走査するためにブラウン管に取り付ける部品）を別個に調達する。テレビシステムの最適パフォーマンスを実現するためには，偏向ヨークとブラウン管の組

み合わせを最適設計していく必要がある。例えば，偏向ヨークは個別仕様変更が重視される。ブラウン管をシステムに取り込むためには，磁気特性などアナログ領域の評価や調整ノウハウが必要であり，このノウハウをもとに，擦り合わせの妙で狙った画質を作り込んでいく。このアナログ特性領域が製品差別化の「のりしろ」として活用されるのである。後述するが，こうしたアナログ特性への手当ては中国企業とは対照的である。

　次に，液晶テレビのケースを見てみよう。画像処理LSIは，各社がそれぞれ設計したものを使っている。その理由は，ブラウン管テレビと同じである。液晶テレビの場合，ブラウン管テレビよりもLSIの開発・設計がシステム化で担う役割比重は高い。液晶テレビは，アナログ特性領域が広いブラウン管テレビよりも設計要素が少なく，デジタル制御技術によって問題解決がしやすいため，テレビの中では設計難易度は低い。しかしながら，パネル・モジュール（セルと呼称される液晶パネル単体に，液晶駆動用ICを実装した製品）はパネルメーカーによってその特性が違ってくるため，高画質化を実現するにはシステム設計でその違いに対する最適解を合わせ込んでいかなければならない。また，新たな固有要素技術を使ったパネルが開発された場合（例えば倍速駆動パネル〔動画改善を実現するために，駆動周波数を大きくした液晶パネル〕など），それを使用するために，パネルの技術進歩に合わせた設計要素をシステムに落とし込んでいく作業が頻繁に行われる。先に述べた平面ブラウン管のケースと同じである。簡単なパラメータの設定・調整で対応できる領域もあるが，動画改善や高画質化のために，液晶パネルの特性を活かすシステム設計や画づくりに多大なリソースを投入する。こうした擦り合わせ要素も，最終的にはLSIにカプセル化されていく。

　ブラウン管テレビや液晶テレビはモジュラー型製品として類型されるが，日本企業によるモジュラー化の背後には，擦り合わせ発想の焦点化によって，能動的に複雑性を排除しようと試みる設計スタンスがある。こうした擦り合わせ要素のカプセル化を利用したモジュラー化は，あくまで自分たちの複雑性を緩和するための対処手段であり，オープン化を念頭においたものではない。つまり，モジュラー化を自社内で活用するクローズな取り組みであると位置づけてよい。

2 中国企業のケース

　日本企業のケースで述べたように，ブラウン管テレビは日本企業が進んでモジュラー化を進めた（善本〔2007ａ〕）。丸川（2007）が垂直分裂と呼んだように，中国企業の事業存立基盤はブラウン管や半導体の外部調達によって支えられている（丸川知雄〔2007〕『現代中国の産業──勃興する中国企業の強さと脆さ』中央公論新社）。中国企業は日本企業とは違い，製品統合技術を自前で蓄積するのではなく，LSIとして外部から「購入」する。

　日本企業は積極的にLSIおよびブラウン管を中国企業へと外販してきた。LSIには，テレビシステムの製品統合知識が埋め込まれている。ただし，日本企業のテレビ部門が設計したLSIがそのまま外販されることはなく，半導体部門・メーカーによってテレビ部門固有のユーザーロジック部分を除いた形で，改めてASSP（Application Specific Standard Product：特定分野の機能に特化した汎用LSI。複数の顧客が使用できるように設計されている），あるいはセミカスタムチップとして設計され，外販される（善本〔2007ａ〕）。この意味では，日本企業のテレビシステムがそのままコピーされるわけではなく，基本的な製品統合・システム化の知識がASSPとなるわけだが，半導体部門・企業もテレビ部門・メーカーから学習することで，LSIの作業能力を高めていく。

　LSIはカタログによって選定可能な汎用部品として外販され，これらを中国企業が購入する。このLSI購入が，製品統合技術の購入と同義となる。LSIの作業能力が高まれば高まるほど，中国企業は製品統合技術を「使いやすい」状態で調達することが可能になる。中国企業のシステム設計ノウハウの有無に関係なく，進歩するLSIが製品設計を手助けする。つまり，モジュールが企業間の調整なしに独立的に進化していく，モジュラー化のメリットを享受しているわけである（H.W. Chesbrough and D.J. Teece〔1996〕"Organizing for Innovation: When is Virtual Virtous?", *Harvard Business Review*, 80(8)；青木〔2002〕；ボールドウィン・クラーク〔2004〕）。

　すでに述べたように，日本企業はブラウン管駆動に関して，アナログ特性領域を差別化の「のりしろ」として利用するため，偏向ヨークとブラウン管を別々に調達し，最適な組み合わせを設計しようと試みる。中国企業は，こうし

た「のりしろ」を利用しようとはせず，偏向ヨークとブラウン管を一体化させたITC（Integrated Tube Compornents：偏向ヨークを取り付け，コンバーゼンス，カラーピュリティといった画質調整が行われた状態で出荷されるブラウン管）と呼ばれるモジュールを購入する。ITCは，ピュリティ（色むら），コンバーゼンス（色ずれ）などの調整がブラウン管供給元で行われ，調達側はそれを買ってくるだけでよい。中国企業はこうした調整にかかる知識・ノウハウを持ち合わせていないし，蓄積もないケースがほとんどである。

テレビシステムとして最適パフォーマンスをめざすならば，偏向ヨークとブラウン管の組み合わせには，システム設計の目標値に合わせたスペックの落とし込みを必要とする。しかしながら，丸川（2007）が明らかにしているように，中国企業はパフォーマンスよりも複社購買による調達コストを優先し，同じ型番のテレビに対し，あたかも互換性があるかのように複数のITCを調達する。この場合，パフォーマンスの違ったテレビが同じ型番の製品となる*。カタログ選定で購入可能な汎用LSI群と調達コスト優先のITC群を寄せ集め，組み合わせる発想が中国企業の設計スタンスである**。

* ITCは購入先によって偏向ヨークのスペックが違ってくるのだが，あらかじめブラウン管メーカーが標準設定するスペックが存在する。中国企業はITCにスペック要求をするものの，それは標準設定が許容する範囲から外れることはない。つまり，このITCのスペック変更は最適パフォーマンスをめざすのではなく，テレビシステムとして最低限必要な技術上の問題を解決するためのものである（新宅・加藤・善本〔2005〕）。

** 例えば，こうした設計の内実は，吉原・欧陽（2006）や藤本・李・欧陽（2005）によるブラウン管テレビのハイアールの事例が参考になる（吉原英樹・欧陽桃花〔2006〕『中国企業の市場主義管理 ハイアール』白桃書房；藤本隆宏・李春利・欧陽桃花〔2005〕「中国企業の製品開発――動態分析・比較分析・プロセス分析の視点から」藤本隆宏・新宅純二郎編『中国製造業のアーキテクチャ分析』東洋経済新報社）。

液晶テレビも，ブラウン管テレビと同様のモジュラー化環境下にある。新宅他（2008）で明らかにされているように，中国企業はパネル・モジュールと画像処理LSIを外部調達する。中国企業が調達するパネル・モジュールは個別仕様変更要求が反映されたものではなく，また，画像処理LSIは，ASIC（Application Specific Integrated Circuit：特定用途向けIC。特定用途向けのICの中でも，一

般的に特定顧客向けのICを指す。不特定顧客向けが，ASSPとなる）など自社設計したチップではなく，LSIメーカーが提供する汎用品である。

　液晶パネルは多様な部材の組み合わせがある中で，パネルメーカー自らが設計する特性を得るために，各部材の設計を最適化していく。その結果，各パネルメーカーが自らターゲットとする色表現や階調特性，視野角といった要求性能を実現する設計やパラメータ解を出すため，一見すれば同じようにみえるパネルも，メーカーによって特性は違ってくる。その結果，パネル・モジュールと画像処理LSIには，微妙なマッチングが必要とされるのだが，例えば，パネル・モジュールの差異に対して，画像処理LSIにはそれに対応できるパラメータリストが搭載されている。中国企業では提供されたパラメータリストの選択・設定をもとに調整を行い，最適な値を「見つけ出す」作業が行われる。つまり，液晶テレビの基本システム設計に必要なノウハウが製品設計ソリューションとして提供されているわけである。LSIメーカーから提供されたリファレンスデザイン（主に半導体メーカーが提供する半導体を利用した製品の参照設計のことを指す。設計図であったり，また，物理的なキットとして提供されることもある）をベースに設計を行うケースが，その典型である。与えられたパラメータから見つけ出す作業以上の処理や設計は行われない。つまり，中国企業による液晶テレビのシステム設計とは，LSIのパラメータ調整と同義に近い*。中国企業の液晶テレビ設計スタンスはブラウン管テレビと同じく，寄せ集め的要素の強い組み合わせ発想にある。

　＊　中国企業による液晶テレビ設計の内実について，新宅他（2007）を参照されたい。

3　小　括

　ブラウン管テレビも液晶テレビも，技術的には組み合わせ発想だけに立脚したスタンスでも十分に製品化が可能である。言い換えると，技術蓄積やシステム設計能力がなくとも，モジュールメーカーの成果に依存することで事業化が可能になっている。そうではあるが，日本企業と中国企業の設計機能に対するスタンスの違いをもう一度検討し，その違いの意味を解釈してみよう。

　日本企業は，入念なシステム設計によってモジュラー度を高めていく。それ

は設計スタンスとして擦り合わせ発想をもちながら，そのターゲットを LSI に焦点化して擦り合わせ要素をカプセル化することで実現する。つまり，自らの擦り合わせ発想をベースにしたモジュラー化を使って，システム全体の最適パフォーマンスを追求する。日本企業は製品設計ソリューションを自ら創造し，自社完結的なクローズド・システムの中で能動的にモジュラー化を活用しようと試みる。日本企業は，モジュラー化のための最適解を自ら「作り込んでいく」。

他方で，中国企業は組み合わせ発想を徹底し，擦り合わせ発想のモジュールを購入することが製品設計の生命線になる。ブラウン管テレビのシステム完成度を高めるためには，LSI に吸収しきれない磁気特性や電圧特性などアナログ特性領域の知識を必要とし，またこの「のりしろ」を日本企業は製品差別化に利用するのだが，中国企業にとっては，この領域は自らで解決不可能なノイズとなる。中国企業にとって ITC の調達がノイズ除去の役割を果たしてくれる。モジュールが作り込まれ，その作業能力が高ければ高いほど，システム化が担保されるため，こうしたモジュールを調達することが重要になる。

日本企業によるモジュラー化は社内利用を想定したクローズな取り組みであり，あくまで自分たちの複雑性を緩和するための対処手段である。つまり，オープン化を念頭においたものではない。自社システムをオープン化するものではないが，擦り合わせ発想の焦点化は，ある種の筋の良いモジュールを生み出す。こうしたモジュールが外販されることで，事実上のオープン化がもたらされる。また，日本企業によるモジュラー化がモジュールメーカーにとっての参照設計となり，日本企業以外の欧米企業や台湾企業などが身離れのよいモジュールを設計し，中国企業に供給するようになる。

結果として，擦り合わせ要素をモジュールとして調達できる環境自体が，中国企業の設計機能の大半をあたかも代替し，設計の外部化ともいうべき様相を生み出している。中国企業はメーカー機能として商品企画と生産だけを担っているのが内実で，製品設計ソリューションも同時に外部から調達する受動的なモジュラー化の活用が，その行動様式の特徴となる*。

＊　さらには，ブラウン管テレビのモジュール組み合わせ発想の設計作業すら，デザイン

ハウスと呼ばれる設計専門の企業に委託する中国企業もある。中国企業によるGSM携帯電話端末事業では，こうしたデザインハウスを利用するケースが多い（今井健一・川上桃子〔2007〕『東アジアのIT機器産業——分業・競争・棲み分けのダイナミクス』アジア経済研究所；丸川〔2007〕；丸川知雄・安本雅典・今井健一・許経明〔2007〕「プラットフォーム化と企業間分業の展開——中国の携帯電話端末開発の事例」MMRC-J-143，東京大学大学院経済学研究科ものづくり経営研究センターディスカッションペーパー）。

　日中企業の設計スタンスをまとめると，以下のようになる。日本企業は，能動的にモジュラー化を活用しようとする「自己解決型」の設計スタンスをもち，自らの擦り合わせ発想で「組み合わせの妙」を得ようとする。能動的なモジュラー化とは，システムの見直しによって新たな連結パターンを生み出すことである。中国企業は受動的にモジュラー化を活用しようとする「ソリューション調達型」の設計スタンスをもち，外部資源に頼った「組み合わせの妙」をめざす。日本企業は事前に構想されたクローズな「組み合わせ」であり，中国企業は都度対応の「寄せ集め」であると，その設計実態を表現することもできる。

4　アーキテクチャの地政学からみた中国企業の設計能力

　前節では，日中企業の設計スタンスの違いを整理したが，この違いは蓄積された組織能力に左右される。以下では，中国企業に焦点をあてて，「アーキテクチャの地政学」の考え方からその組織能力を考察していく。

1　アーキテクチャの地政学

　地域による偏在性を鑑みたアーキテクチャと組織能力の相性を考察することで，藤本（2007）は地域別，国別の産業競争力に違いが生まれると推察し，この考え方を「アーキテクチャの地政学」と呼んでいる（藤本隆宏〔2007〕「アジアものづくりの比較優位説」藤本隆宏・東京大学21世紀COEものづくり経営研究センター編『ものづくり経営学——製造業を超える生産思想』光文社新書）。アーキテクチャの地政学はあくまで推察であると付言しているが，アジア域内製造業を地域別あるいは国籍別にその特性を類型化する見取り図として新たな知見を

もたらしてくれる。つまり，「アジア」といった空間的広がりを「まとめて」括るのではなく，同じ尺度で各地域・国の質的違いを整理し，その多様性を明らかにしようとする。

組織能力とは，企業によって違いのある，組織ルーチンの束が醸す個々の企業特有の組織属性である。企業ごとに組織能力の違いがある一方で，労働事情や歴史的経緯，教育制度などの違いから，地域によっても形成される組織能力は変わり，また，マネジメントのありようや戦略意図などから企業固有の違いは生まれるものの，同じ地域属性・特性といった環境要因を共有する場合には，似通った持ち味の組織能力を傾向として見出すことができる（藤本隆宏・天野倫文・新宅純二郎〔2007〕「アーキテクチャ分析にもとづく比較優位と国際分業――ものづくりの観点からの多国籍企業論の再検討」『組織科学』第40巻第4号）。

地域属性・特性の違いは，組織能力の移植においても大きな影響力をもつ。生産現場の事例を取り上げてみよう。上山・日本多国籍企業研究グループ編（2005）は，中国の環境要因に適合する**日系ハイブリッド工場**の姿を描き出している（上山邦雄・日本多国籍企業研究グループ編〔2005〕『巨大化する中国経済と日系ハイブリッド工場』実業之日本社）。つまり，日本で培われた組織能力のありようが移植先の環境によって変化する。善本（2007ｂ）は，日本企業による現場育成を重視するものづくり体質のアジア各国への移植をめざす姿と，地域特性に起因する現地生産ポテンシャルとの適合問題を考察し，そのミスマッチの現状や日本企業の組織能力の完全移植がすべての地域で有利に働くわけではないことを明らかにしている（善本哲夫〔2007ｂ〕「アジア力を活かすものづくり」『IEレビュー』Vol.48 No.3）。また，日本企業は自らの組織能力との親和性が低い地域や国では，環境の整備や対策を講じることで擬似的な組織能力適合環境を創り出し，移植をめざすケースもある（藤本・天野・新宅〔2007〕）。

生産現場にみる組織能力をターゲットに，日本企業と中国企業の持ち味を取り上げてみよう。日本企業は，インテグラル型アーキテクチャの製品を多能工

日系ハイブリッド工場：日本的生産システムの国際移転における「適用」と，現地環境要因との「適応」を組み合わせた（ハイブリッドした）現地日系工場のありようを指す。日本的生産システムの国際移転および工場運営を評価する「適用」と「適応」フレームワークから生まれた概念である。

や熟練作業者を基軸に擦り合わせ要素の高い設計データ通りに製造し，作り込む組織能力をもつ（大鹿・藤本〔2006〕）。他方，中国企業はモジュラー型アーキテクチャの製品を大量生産する現場能力に長けている。モジュラー型製品の製造はインテグラル型製品に比べて比較的容易である（安室憲一〔2003〕『中国企業の競争力』日本経済新聞社）。モジュラー型製品は，モジュール品質の積み上げで製造品質は担保される。生産現場はボルト＆ナット型で表現できる人作業中心の単純組立技術があれば機能するため，単能工の寄せ集めでオペレーションが可能となる。日本は長期雇用の仕組みと多能工化を活用せざるを得なかった歴史的経緯があり，中国では豊富な単能工を供給できる土壌と雇用の仕組みを持つ（藤本〔2007〕）。こうした歴史的経緯と環境の違いが，日本と中国で構築される組織能力の違いとなって現れる。

2　中国企業の設計能力のロックイン

　戦略的な組織能力の組み換えや転換があるケースを除けば，アーキテクチャの地政学のロジックを援用すると，地域別の組織能力のありようは歴史的経緯など環境要因と強い粘着性をもって堅持される傾向があり，強い慣性をもつといってよい。インテグラル型製品には部品間や企業間，部門間を統合・擦り合わせる能力が重要で，モジュラー型製品には部品・企業の選定・組み合わせ能力が必要とされる（延岡健太郎〔2006〕『MOT［技術経営］入門』日本経済新聞社）。以上からの点から，中国企業の組み合わせに長けた組織能力のありようについて考えてみたい。

　すでに述べたように，ブラウン管テレビと液晶テレビのケースでは，中国企業は製品設計ソリューションを外部調達する，受動的なモジュラー化活用の行動様式が見出されることがわかった。こうしたケースは携帯電話端末や家庭用ルームエアコンや電子レンジでも同様である（新宅純二郎・加藤寛之・善本哲夫〔2005〕「中国モジュラー型産業における日本企業の戦略――カラーテレビとエアコンにおける日中分業のケース」藤本隆宏・新宅純二郎編『中国製造業のアーキテクチャ分析』東洋経済新報社；丸川〔2007〕；新宅他〔2008〕）。

　天野（2007）はアーキテクチャ特性と分業構造の関係性から，組織的分業と

市場的分業について論じている（天野倫文〔2007〕「日本型ものづくりと国際経営」藤本隆宏・東京大学21世紀COEものづくり経営研究センター編『ものづくり経営学——製造業を超える生産思想』光文社新書）。これはアーキテクチャと部品間や組織間の調整メカニズムの相性を分業論的選択の問題として捉える考え方である。組織的分業とは，作業は分化しているものの，企業内・企業間で問題解決のための密な調整が行われる分業である。市場的分業は，開かれた市場取引によって，多様な企業が参加する分業である。組織的分業は日本の自動車産業に代表される分業特性，市場的分業は現在のパーソナルコンピュータ産業で支配的な分業特性といえる。組織的分業はインテグラル型製品に，市場的分業はモジュラー型製品で分業構造のポテンシャルを発揮する*。

＊　つまり，調整メカニズムとしてインテグラル度の高い製品が組織メカニズムを，モジュラー度の高い製品が市場メカニズムを選択しやすい（藤本〔2008〕）。

　インテグラル型製品の開発・設計をめざす組織的分業は，企業の組織能力と立地選択問題に大きな影響を受けると本章では考える。椙山（2000）は製品開発機能の立地に着目し，サプライヤーなど外部資源へのアクセスと関係構築から，企業特殊的優位（特定の課題を他の企業よりも効率的に遂行する能力をもつことで得られる優位性）が立地密着性と不可分にあることを述べた。善本・新宅・小川（2005）は，光ストレージ製品の開発作業をケースに，擦り合わせ距離の概念を提示した（善本哲夫・新宅純二郎・小川紘一〔2005〕「製品アーキテクチャ理論に基づく技術移転の分析——光ディスク産業における国際分業」MMRC-J-37，東京大学大学院経済学研究科ものづくり経営研究センターディスカッションペーパー）。最適パフォーマンスを実現するための問題解決の積み重ね型協業では，完成品開発主体と部品メーカーが頻繁に顔を合わせるコミュニケーションが取れる空間的距離が重要になる。光ストレージ製品の有力な部品メーカーのほとんどが日本国内に存在し，開発クラスターが形成されている。完成品メーカーと部品メーカーの空間的距離が近いという立地が，新たなコンセプト・技術をもったインテグラル型の光ストレージ製品を生み出す環境要因として大きな影響力をもっている。日本企業はインテグラル型製品を生み出した後，複雑性を排除するためにモジュラー化を進めていく。

他方で，モジュラー型製品は開発・設計段階での複雑な調整・管理が除かれるため，立地やコミュニケーション密度を問題にしない。中国企業のケースをとれば，完成品メーカーの開発・設計は選定し，調達したモジュールを素早くまとめあげることが主たる業務となる。また，新製品開発・設計は定められたデザインルールの中で，いかに早くパフォーマンスのよいモジュールを取り込むことができるかどうかに左右される。技術情報とモジュールが調達できればよいため，モジュールメーカーの開発・設計立地はどこでもよい。市場的分業のメリットは，開発・設計の立地密着性から解放される点にある。

 本章のテレビの事例からも，こうした傾向がうかがえる。日本企業は擦り合わせ要素のカプセル化やブラウン管の使いこなしで，テレビ部門と部品部門（半導体部門・ブラウン管部門・偏向ヨーク部門）が企業内あるいは企業間で問題解決のための密な調整を繰り返す。他方，中国企業は汎用部品および調達先企業を選択する市場メカニズムを選ぶ。

 丸川（2007）によると，このような行動様式のルーツを中国の計画経済体制と中国企業側の戦略上の理由に求めた。制度要因の詳細な歴史的経緯は丸川（2007）に譲り，ここでは競争環境と技術条件を取り上げていこう。

 ブラウン管テレビの市場条件を考えてみよう。中国では，80年代の日本企業からのプラント導入ラッシュによってテレビメーカーが乱立し，過剰な供給力が生まれた（郝燕書〔1999〕『中国の経済発展と日本的生産システム――テレビ産業における技術移転と形成』ミネルヴァ書房；陳晋〔2007〕『中国製造業の競争力』信山社）。乱立は激しい価格競争を招くことになった。価格競争はコスト削減をメーカーに要求すると同時に，新製品開発や豊富な品揃えを要求する。つまり，数百社存在したといわれるテレビメーカーの中で埋没せずに生き残るためには，圧倒的な供給力だけでなく，連続的な新製品投入が必要であった[*]（西口敏宏・天野倫文・趙長祥〔2004〕「中国家電企業の急成長と国際化――中国青島の家電企業の研究を通じて」MMRC-J-18，東京大学大学院経済学研究科ものづくり経営研究センターディスカッションペーパー）。特に，外資企業への市場開放が中国企業への大きな競争圧力となり，この傾向を強めることになった。こうした競争環境は，テレビであっても，DVDプレーヤーであっても，エレクトロ

ニクス製品では同じような歴史が繰り返されてきた。

* 例えば，ハイアールがその代表例である。藤本・李・欧陽（2005），吉原・欧陽（2006）を参照されたい。

モジュールへの機能統合が進めばモジュラー化は進み，同時にシステム知識の外部調達が容易になる。デザインルールを遵守すれば，製品開発は手っ取り早い。ブラウン管テレビや液晶テレビでは，半導体やITC，液晶パネル・モジュールなど外資が供給するモジュールの技術水準や先進性，品質が高ければ，それをいち早く導入することが新製品開発にとって重要な要件となる。

新製品開発に着目すると，既存モジュールを調達する市場的分業の利用は開発リードタイムを短くする。モジュラー型製品は製品ファミリー・シリーズの多展開が容易である（Sanchez, Ron〔1995〕"Strategic Flexibility in Product Competition," *Strategic Management Journal*, 16〔Summer Special Issue〕）。モジュラー型アーキテクチャの特性を利用すると，新たな機能や性能向上を進歩したモジュールの選択と取り込みで実現することができた。また，ある種外資企業製のテレビとの性能差があっても，旺盛な需要と低コストを求める顧客に支えられ，寄せ集め的な設計スタンスでも十分な製品競争力をもつことができたわけである。結果として，低コスト化と需要の伸びに対する供給量をまかなうためには，寄せ集め的な設計スタンスと市場的分業を選択するメリットがあまりに大きかった。

調整メカニズムの選択にも地域特性が影響していると考えられる。歴史的にも，中国企業内で開発・設計されたブラウン管や液晶パネル，光ピックアップ，半導体などエレクトロニクス製品の主要なモジュールがプレゼンスをみせたケースは，ほとんどないといってよい。中国企業は開発・設計の立地密着性に依存しない市場的分業を選択せざるを得ない環境にあったと推察できる。中国企業の設計能力は，その地域特性から市場的分業をベースにした組み合わせ能力を傾向的に構築することになった*。

* 大原（1998）や藤本・新宅（2005），丸川（2007）による中国製造業の一連の調査からも同様に，本文中で指摘した中国企業の設計能力のありようがわかる（大原盛樹〔1998〕「中国家電産業の優位性──エアコン産業の産業組織と海爾（ハイアール）グル

ープの事例から」『アジ研ワールド・トレンド』第 4 巻第 7 号；藤本・新宅〔2005〕；丸川〔2007〕）。

　組み合わせ能力構築の一方で，中国企業が擦り合わせ能力の構築をめざすことは難しかった。製品技術の蓄積と開発・設計経験が不足している中国企業が内部で要素技術の開発やシステム知識を蓄積しようとすると，そのことが市場的分業を活用するメーカーに対する，時間的・コスト的なデメリットとなる。自社開発を選択した場合，それは外資企業によって供給されるモジュールの先進性と同じスピードで内部開発し，競争しなければならないことになる。また，R & D 費用を負担しなければならない。企業が乱立し，競争が激化している市場において，組織的分業と開発・設計能力の構築をめざすことが中国企業にとって時間・費用的なペナルティとなってしまうのである。こうして，中国企業は既存技術にロックインされてしまう（葛東昇・藤本隆宏〔2005〕「疑似オープン・アーキテクチャと技術的ロックイン――中国オートバイ産業の事例から」藤本隆宏・新宅純二郎編『中国製造業のアーキテクチャ分析』東洋経済新報社）。

　中国市場では，低い普及率とそれに伴う低価格志向という市場条件のもと，市場的分業によって開発されたモジュラー型のブラウン管テレビが十分な製品競争力をもち得た。顧客の選好が，モジュラー型アーキテクチャの製品にマッチングしたのである。こうした市場条件と技術条件が中国企業の支配的なアーキテクチャをモジュラー型に固定したといえる。

　市場条件，競争環境の結果として，中国企業の設計スタンスは組み合わせ発想を選択せざるを得ず，また，組み合わせ発想から擦り合わせ発想に転換することが難しい。つまり，「中国」の能力構築環境では，市場的分業の利用とそれに適合する組織能力を選択することが求められ，また，その能力がロックインされていく。中国市場を中心に事業展開する中国企業にとって，その環境と歴史的経緯から設計能力構築のありようが「部品・企業の組み合わせ能力」へと導かれ，それが高い粘着性をもって定着し続ける。

第7章　生産システム

5　アーキテクチャでアジア域内製造業を大観する

　本章で述べてきた日中企業の設計スタンス・能力の違いは，モジュラー化を主導するのか，あるいは事後的にモジュラー化を受容するのかの違いでもあった。本章は類型化した2つの設計スタンスの優劣を論じるものではないが，ともに課題を抱えているのも事実である。この点を最後に考えてみたい。中国企業のソリューション調達型だが，日本企業の差として着目すべきは，次の点にある。モジュラー化の活用でも，擦り合わせ発想をもち続けるスタンスとそうでないスタンスでは，オリジナルの製品設計や要素技術を生み出す力に差が出てくる。日本企業は新たなコンセプトや要素技術をもった製品を最初に自社開発・設計し，市場投入する。しかし，中国企業は既存モジュールの調達，特に汎用LSI（ASSP）に頼っている結果，独自のオリジナルなシステムを生み出すことが難しい*。これが第一点である。第二点は，同質化競争に陥るリスクが高いことにある。市場流通する範囲内での高機能および先端モジュールを調達しようとすると有力なメーカーは限られてくる場合が多い。その結果，組み合わせ発想だけのスタンスで新たな新製品を投入しても，市場では他社の似通った，あるいは同じ機能の製品が存在し，同質化競争となる。技術差異化の乏しい製品は，価格競争を免れることが難しくなる。中国ではこのような傾向がブラウン管テレビや液晶テレビだけでなく，携帯電話端末やDVDプレーヤーなどモジュラー化が進んだ製品で観察されることが多い**。

　＊　また，日本企業と中国企業のテレビシステムは，世代間の技術的な差が生まれる。半導体メーカーによる独自の技術開発もあるが，およそ日本企業によって生み出された新たなシステムが汎用LSIに反映されるまでには，タイムラグが生じる。つまり，中国企業が調達できるシステム化知識やLSIは世代遅れとなる（例えば，厦門に本社をもつ中国企業へのインタビューによると，ブラウン管テレビのLSIを世代遅れでしか調達できなかったと回顧していた）。

　＊＊　例えば，携帯電話端末では丸川（2007）が詳しい。

　外部から調達する設計ソリューションに頼るために体系的な製品統合知識を蓄積することができず，オリジナルのモデルを作り出せない結果，収益性は悪

化していく。悪化すると,中国企業は新たなモジュラー型製品の事業化を行う。こうしたモジュラー型製品の収益性の悪化と新規参入を繰り返す,「**モジュラー型製品の収益悪化サイクル**」に陥ってしまう（新宅他〔2008〕）。

同質化の中で,技術差異化あるいは価格競争からの脱却をめざす企業は,ペナルティを支払いながらも,長期スパンで開発・設計能力を蓄積するか,収益性の悪い製品から将来性の高い製品に乗り換えるかを選択することになる*。

* 収益悪化サイクルからの脱却に向けて,開発・設計能力を鍛えようとする中国企業も存在する。例えば中国液晶テレビメーカーの中には,海外市場への進出や国内市場の嗜好変化などを捉え,外資企業との提携や協業から学習しようとしている企業がある（新宅純二郎・善本哲夫・立本博文・許経明・蘇世庭〔2007〕「液晶テレビのアーキテクチャと中国企業の実態」MMRC-J-164,東京大学大学院経済学研究科ものづくり経営研究センターディスカッションペーパー）。

こうした中国企業の設計能力や製品競争力の問題点を指摘する議論も多い。例えば,アーキテクチャの善し悪しを尺度にモジュラー型製品からの脱却が必要であると語られるケースもあるが,これは問題の本質を見誤っている。中国企業にとって,顧客・市場が選好する限り,モジュラー型製品とそれに適合する設計能力,市場的分業の選択は合理的であった。モジュラー化のメリットを受容し,それに立脚することが先発工業国にキャッチアップする大きな手段でもあった。また,日本企業の製品もモジュラー度は高い。モジュラー型からの脱却を論じるロジックに固執すると,インテグラル化への一方的移行やインテグラル型優位論,アーキテクチャの優劣に議論が帰着してしまう。擦り合わせ能力のみがシステム全体の「まとまりの良さ」を実現する唯一の手段ではない。

ところが,中国企業を取り巻く市場環境は変わりつつある。中国の大都市圏顧客の選好は様変わりする気配をみせており,また,海外市場と中国市場では顧客の選好も違う*。中国大都市圏顧客の選好や先発工業国市場では,寄せ集め的要素の強い組み合わせ発想のモジュラー製品よりも,擦り合わせ発想をベ

モジュラー型製品の収益悪化サイクル：収量低下によって常に新たな耕作地を求めて渡り歩く「焼き畑農業」的な事業乗り換えが繰り返される様のこと。モジュラー型製品の同質化競争が招く収益性の悪化と新規参入の容易性によって引き起こされる。

ースにした事前設計のモジュラー製品が好まれると推論することもできるだろう。製品としての「まとまりの良さ」や同じモジュラー型製品でも顧客が求めるニーズに適合した設計品質を生み出す能力をもてるかどうかが，中国企業に問われてくるようになっている。日本企業によるモジュラー化はクローズ性を念頭に取り組まれた成果を源流にもつ。テレビ用 LSI や液晶パネル・モジュール，ITC は技術進歩の成果や完成品システムの擦り合わせ要素を吸収し，ある種の筋の良い，身離れの良いモジュールとなっているが，出自の性格上，組み合わせの自由度が無限にあるような，理念型にみるモジュラー型アーキテクチャの完成度は持ち合わせていない**。中国企業にとっての課題はアーキテクチャの変化や選択の問題ではなく，モジュール化を受動的に利用する設計スタンスと設計能力のロックイン状態を解消することにある。

> * 例えば，2008 年の液晶テレビ市場の動向をみると，上海など都心部のシェアでは上位3社を外資企業が占めるようになった（ソニー，シャープ，サムスン）。過去，中国企業が上位であったが，買い換え需要であること，また，価格よりも性能などを求める顧客が外資企業の製品を選好するようになった（シェアについて，2008 年日系企業 X 社の中国販社へのインタビューおよび資料による）。
>
> ** ブラウン管テレビや液晶テレビも，厳密にいえば純粋なモジュラー型製品ではないため，モジュールの寄せ集め的要素が強ければシステム内に「ひずみ」が生まれ，基本パフォーマンスの性能や故障頻度・耐久性などの経年品質に問題が生じてくる。特に，ブラウン管テレビではアナログ特性の扱いが製品差別化の「のりしろ」であるとともに，性能を左右する重要なポイントとなる。中国企業は ITC 調達による「ひずみ」は許容し，設計容易性を優先する（せざるを得ない）。

日本企業のモジュラー型製品領域における悲観的な議論も多い。日本企業は擦り合わせ発想と組織的分業でモジュラー化を主導した。結果として，モジュラー化が中国企業などのキャッチアップを支えるのだが，日本企業の問題はモジュラー化やアーキテクチャの選択ではなく，モジュラー化後の事業展開のありようにあると考えられる。例えば，モジュラー化を主導する能力を設計から販売まで含むビジネスシステム全体で活かす仕組みのデザイン（設計）である。言い換えれば，事前構想による完成度の高いモジュラー型製品を訴求する能力が必要となってくる。

▶▶ *Column* ◀◀

中国にみる自動車のソリューションビジネス

　自動車には製品特殊的な部品が多く，日本の自動車メーカーはサプライヤーと密な調整によって問題解決しながら，それら部品を長期継続的な取引で調達します。部品の中でも，製品の心臓部にあたるエンジンは自社で開発・生産します。自動車システム全体を最適設計するために，長期継続取引やエンジンなど重要部品の内製が選択されるわけです。

　しかしながら，中国自動車メーカーでは様相が違ってくるケースも多いのです。中国で三菱自動車のエンジン販売が好調です。三菱自動車の中国事業固有の事情に関連した歴史的経緯から販売が始まったのですが，このエンジンを中国自動車メーカーが購入し，使っています。また，エンジンの使いこなしについて，欧米系企業が三菱エンジンに合わせ込んだソリューションを販売しています。三菱製エンジンと使いこなしソリューションの組み合わせは，ある種のパッケージ商品のようになっており，これを中国企業が購入し，自動車の開発・生産を行うわけです。

　エンジンの開発・生産には大きな投資を必要とします。作るか買うかの意思決定それ自体は経営判断の問題となります。ここで注目したいのは，「エンジンの使いこなし」を外部に頼っている，ということです。これは製品システムの知識がどうあるか，の問題です。この知識が少ないと，スパイスの効いていない，ひと味足りない製品しか生み出せず，いわばオリジナルな製品・モデルを作り出すことが難しくなります。これはエレクトロニクス製品で中国企業が長年にわたって経験していることからも解ります。

　パッケージで買ってくるのは便利ですが，そこから知識を学ぶ事業スタンスを取れるかどうかが，長期的な能力構築を左右します。工業後発国企業のキャッチアップを捉える視点として，製品化・事業化の背後にある組織能力のありようや構築プロセスに着目することが改めて重要になってきています。

　企業によるアーキテクチャの選択は顧客の選好に適合するかどうかが重要であり，安易なインテグラル化やインテグラル型製品へのアーキテクチャ・シフトによって競争優位が得られると考えるのは幻想である。技術的にもモジュラー化しやすいエレクトロニクス製品のアジア域内の競争構造を大観すれば，「モジュラー型製品」同士の競争をどう戦うかに着眼する必要がある。日本企業の組織能力には「作り込みの良さ」があり，中国企業の組織能力には「割り

切り・見切りの良さ」がある。これはそれぞれの強みであると同時に，互いの弱みでもある。自らが構築した組織能力をさらに鍛えながら，足りない能力は学ぶ，あるいは協業するといったことが重要になる（藤本隆宏〔2004〕『日本のもの造り哲学』日本経済新聞社；新宅・小川・善本〔2006〕）。

アジア域内製造業の発展という視点から日本企業と中国企業のありようを考えると，アジアという空間的広がりの中で異なる設計スタンスや能力が混在する意味は大きい。日本企業によって主導したモジュラー化が触媒となり，中国企業の事業化を喚起する。マクロ的な相関を考えると，こうした発想の違う企業の関係性がアジアを世界的なエレクトロニクス産業集積へと導いたといってよいだろう。アジアには多様な企業が集積しており，互いの組織能力をミックスアップさせる地理的な近接性がある。この意味では，日本企業にとって中国企業のキャッチアップは学習の契機になったといえる。組織能力の競い合いと混じり合いがアジアの製造ポテンシャルをさらに引き出し，また，世界の製造業をリードするダイナミズムを生み出している。

[推薦図書]

藤本隆宏・東京大学21世紀COEものづくり経営研究センター編（2007）『ものづくり経営学――製造業を超える生産思想』光文社新書
> アーキテクチャの考え方や日本・アジアのものづくりの実態など幅広い領域を網羅している。

丸川知雄（2007）『現代中国の産業――勃興する中国企業の強さと脆さ』中央公論新社
> 中国企業・産業構造のありようを的確に捉えている。現実のおもしろさが解る。

塩地洋編著（2008）『東アジア優位産業の競争力――その要因と競争・分業構造』ミネルヴァ書房
> アジア域内の企業・産業が「なぜ世界的に優位性をもつに至ったのか」をひも解こうとしている。

[設 問]

1．中国企業によるモジュラー型製品の設計には，どのような特徴がありますか。

2．中国企業の設計能力がロックインされてしまうのは，なぜでしょうか。

(善本哲夫)

第8章

CIO
──中国における現状と課題──

1980年代にアメリカで設置が一般化したCIO（Chief Information Officer：情報管理担当役員）は1990年代末になってようやく中国においても設置がみられるようになりました。では中国ではどのような人材がCIOとして登用され，どのような役割を果たしているのでしょうか？　また，課題は何でしょうか。その中国的な特色はあるのでしょうか。本章の狙いはCIOの概念について明らかにするとともに，アンケート調査の結果から中国のCIOの現状と課題について明らかにすることです。

1　CIOという概念の出現

　CIO（Chief Information Officer：情報管理担当役員）は企業において情報化戦略を立案，実行する責任者のことである。日本語訳では定訳はなく，「情報管理担当役員」以外には「最高情報責任者」「情報システム担当役員」「情報戦略統括役員」など様々な訳語がある。

　今日の先進国企業等では，CEO（最高経営責任者），CFO（最高財務責任者），COO（最高執行責任者）と並んで，CXO（チーフ・オフィサー）の一角をなす。

　中国においてもCIOの概念は普及しつつある。中国の企業情報化は概ね1980年代に始まった。しかし，当時の企業情報化は主に大型国有企業が企業内LAN（Local Area Network）を構築したり，あるいは，国外から既存の**MRP Ⅱパッケージ**（MRPⅡは製造資源計画）＊を導入したといったものであり，**ERP（企業資源計画）** ＊＊の導入を含む本格的な大企業の企業情報化は実質的には1990年代に始まっている。この企業情報化の進展が同時にCIOの出現をもたらしたのである。

　＊　MRP（資材所要量計画）／MRPⅡ（製造資源計画）／MRPⅡパッケージ：MRPは，Material Requirement Planning の略であり，「資材所要量計画」といった日本語訳があてられる。1960年代に製造業務の手法として提唱されたもので，部品表と基準生産計画をもとに資材の所要量を求め，これを基準に資材の発注，納入，出庫をコントロールするシステムである。MRPⅡは，Manufacturing Resource Planning の略であり，「製造資源計画」あるいは「生産資源計画」といった日本語訳があてられる。1980年代にそれまでのMRPから進化したもので，MRPを生産能力計画，人員計画，物流計画まで拡張したシステムである。ただしこれらの生産計画の指示は，中央の計画立案部門から全工程に同時に押し出されていく，「押し出し方式（プッシュ方式）」である。日本では，トヨタ自動車のジャスト・イン・タイム方式の隆盛もあり，大きくは広がらなかった。MRPⅡパッケージは MRPⅡのために開発された標準パッケージソフトである。

＊＊ ERP（企業資源計画）／**ERP システム**／**ERP パッケージ**（統合基幹業務パッケージ）：ERPは財務，管理会計，人事，生産，調達，在庫，販売といった部門を越えて人的・物的・金銭的経営資源を企業全体で最適化する手法・概念を指す。1990年代から発展をしてきた。ERPを実現するための情報基盤をERPシステムといい，ERPシステムを利用することによって，業務処理コストを削減できるだけでなく，リアルタイムに業務内容が把握できるようになり，データの一元管理が可能となる。ERPシステムを具現化するために標準的な企業を想定して開発されたパッケージソフトウエア製品が「ERPパッケージ」である。ERPパッケージとしては，SAP 社の R/3，オラクル社の Oracle Applications, PeopleSoft が有名である。

　1981年にアメリカではすでにCIOという概念が提起されていたが，どのような役割を果たすべきなのかについては依然曖昧であった。サイノット（W. R. Synnot）は当時出版された『情報資源管理』と題された書物の中で次のように述べている。すなわち，今日においてもCIOは実際上豊かな想像力をもつリーダーのみが理解できる概念に留まっている。将来の2〜3年のうちは情報を1つの資源として献身的に管理する管理者たちが力を注いで創造するようなものに留まるだろう，と（W.R. Synott and W.H. Gruber〔1981〕*Information Resource Management*, John Wiley & Sons）。

　当時アメリカはすでにMRPⅡ等のソフトウエアの開発を完成させており，情報技術は広範に企業管理の中に取り入れられつつあった。例えば，当時，ウォルマートのアメリカでの販売額はわずかに16億ドルに過ぎず（2001年には2200億ドル），販売店は276店（2001年4000店）で，大型小売業の中では33位であった。ウォルマートは1982年に通信専用衛星の回線を購入し，その後，

年成長率 40% で成長を続け，1990 年代にはシアーズを凌駕するとともに，世界最大 500 社にランキングされるようになった。このような状況の下で，人々は CIO の重要性を強く認識し始め，CIO の研究も始まったのである。したがって，CIO という管理職の出現と企業情報化の発展は不可分一体のものである。

CIO の概念が体系的に提起されたのはデービス（G.B. Davis）『情報管理システム　第 2 版』においてが初めてである。筆者の一人（李東）は同書の中国訳に関わり，1985 年に同書は中国語に翻訳されてテキストとして使用されるようになっていた（G.B. Davis and M.H. Olson〔1985〕*Management Information Systems 2nd Edition*, McGraw-Hill／中国語訳李東〔1985〕『管理信息系統—概念基礎，結構和研制』哈爾浜工業大学出版社）。CIO の概念は 1980 年代半ばにすでに中国には紹介されていたのである。しかし，当時の中国においては情報化は一部の国有企業に限定されており，したがって人々の関心を惹くことはまれであった。その後，1990 年代に入り，企業情報化が発展するにつれ，CIO はようやく企業の中の重要な職位であるとの認識が高まり，CIO に関わる諸問題が情報システムの中でも重要な研究課題となったのである。

2　CIO の発展

情報技術の普及と企業の ERP 導入に伴い，1990 年代末には CIO の概念は中国社会においても広範な関心を寄せられるものとなっていた。聯想集団（レノボ），ハイアール・グループ（海爾集団）など数社が企業情報化の代表的な成功事例となり，企業情報化の過程において CIO が果たす役割と責任についての社会的な認識が高まっていった。

この時期においては 2 つの事柄が企業の共通認識となっていた。すなわち，第一に改革・開放は正確な発展方向であり，経済発展の基本政策をなすということである。過去数十年においては間違った指導方針の下で，中国経済は紆余曲折を重ねてきた。そして，抜本的にやり直し，国際的な潮流とも流れを合わせることで初めて現状を打破することができるのだ，との認識である。第二に，

企業情報化が必須であることである。企業の発展過程において，国際的な潮流と流れを合わせることの重要な中身として情報技術を国際的潮流に合わせるということがある。情報技術の発展はすでにいかなる躊躇も許さないほどになっている。情報技術の運用に劣る企業は将来において全面的な競争劣位に立つことになる。したがって，少なくない企業は「工業化と情報化」のバランス問題において「情報化が工業化をリードする」成長モデルを選択したのである。

　企業情報化の実践過程において，人々は企業情報化は単なる技術的な問題ではないということに気づき始めた。情報技術の導入は企業の発展戦略と将来の管理モデルにも関わるものであり，したがって，単純な技術管理方式は企業の要求を満足させない。真の意味で企業を発展させる情報システムは，経営戦略に従って情報技術の全面的な計画がされていることが必要となるのである。このことを経営組織の側面からみれば，当該企業のトップマネジメントの中にできるだけ早く専門の役員を置かなければならないことを意味する。これこそが，CIO の役割である。

　この段階において，情報システム関連の学術界もまた，CIO 問題を当該領域の重要な研究課題として取り上げるようになっていた。当時，霍国慶たちの研究は，中国企業において情報管理を主管するのは，圧倒的に部長クラスであり，通常，「情報センター主任」ないし「情報部門管理者」と呼ばれていたことを明らかにしている。企業の最高意思決定層の一員であり，企業情報管理を専業とする（あるいは主たる業務とする）副総裁クラスの CIO を置く企業はごくわずかの比率を占めるに過ぎなかった（霍国慶・尹小山〔1999〕「中国 CIO 写真――CIO'98 問巻調査分析」『IT 経理世界』1999 年 3-4 号，51-54 頁）。

　しかし，中国企業の部門級の情報管理責任者，あるいはもっと精確にいえば情報センター主任ないし情報部門管理者は決して現状に満足はしておらず，環境が熟してからアクションを起こそうと待ち望んでいる。いかなる組織的な発展も外部環境変化と組織内部の推進とが結合されることで発生する。事実，情報技術の急速な発展に伴う 1990 年代の企業情報化は CIO が集団的に生まれ出てくる重要な要因であった。聯想集団（レノボ），ハイアール・グループ（海爾集団）などいくつかの先進的企業が ERP を導入し，生まれたばかりの CIO が

企業の中でますます重要な職責を担うようになって，CIOが集団として出現したのである。

中国においてはCIOの急速な成長とともに，数多くの矛盾も現れてきた。例えば，企業情報化の成功率が低く，企業にもたらした経済的便益が必ずしもはっきりしなかったため，CIOたちはその存在意義が問われた。このことは，CIOがまだまだ外来的な概念であり，中国企業の中で健全な形で成長しなければならないことを示している。CIOは企業の置かれている経済環境，運営方式，組織構造，情報部門の組織内影響力などの現実的な要素を充分に認識すべきなのである。

このことについて筆者は1990年代に以下の提起を行った。すなわち，中国のビジネススクールはCIO集団に関して深い研究を行うべきであり，かつ，CIOの研究を情報システム学会の1つの重要課題とすべきである（李東〔1999〕「探索中国企業情報化的道路」『計算機系統応用』10号，4-6頁）。このような研究の実践的意義は，CIO集団に対し，彼ら自身の立場を正確に理解できる1つの参照モデルを提起できるということである。このような立場の明確化は以下のように多層的に行われなければならない。①CIOの概念内容を明確化し，基本的な理解における曖昧さや混乱を避けること，②中国におけるCIO集団の特徴を確定し，CIO集団が今後の発展過程の中でもちうる優位性と問題点を明らかにする，③先進国との差異を明確化し，CIO集団に今後の発展方向と目標を提示すること，④何人かの成功したCIOの経験を総括し，中国のCIO集団の発展方向を模索し，計画的に段階を追って先進国との差異を縮め，目標を実現することである。

3　CIOの概念内容

表面的にみると，CIOは情報技術に関連する組織上の一管理者に過ぎない。しかし，深く分析してみると，CIOは決して一管理者に留まらないのであり，情報戦略意識をもつ意思決定者なのである。企業情報化の水準が高ければ高いほど情報技術が企業において果たす役割はより重要となるのであり，CIOの

企業内における役割はさらに大きくなるのである。いくつかの先進企業におけるCIOの地位はそれゆえ高いのである。忘れてならないのは，企業の情報化が進むと，情報と情報技術は企業において代替不能な役割を果たすようになるということである。情報化を始めたばかりの企業においては，CIOの役割は情報機器設備の管理に留まる。これらの企業ではCIOの出現した背景，意義，役割などが充分に理解されていないため，企業において情報機器設備を管理する責任者がCIOであると誤解されているのである。企業情報資源管理の観点からすると，このような誤解は企業の情報化の発展を阻害する。もし，企業内において情報機器設備の管理する情報センター主任が自分はCIOであると誤認していたら，それらの人々は企業の最高意思決定層に昇格する機会を失うか，あるいは遅らせることになる。それゆえ，中国のCIOは自らの現在の位置および業務をよりよく遂行するためにあるべき位置について精確に認識し，現在の位置から目標とする位置へと移動するべく尽力しなければならないのである。

　中国の企業においてはおおよそ3分の1のCIOしか直接にCEO（最高経営責任者）に直接に報告することができないし，CIOの管理する資産も国外企業ほどには多くない。筆者らの調査結果からみると，多くのCIOは上層管理層における支持者をみつけることを重視しており，また，それと同時に現業部門とのコミュニケーションについても大変重視している。しかし，大多数のCIOはIT投資における意思決定権限を有しておらず，また，現業部門にITの重要性を理解させることにおいても必要な地位が与えられていない。このことから，CIOの現業および現業人員に対する理解と現業部門のIT部門およびCIOに対する理解はともに不足しがちなのである。CIOの概念の内容が企業内において精確に理解されることが待ち望まれている。

　また，CIOの概念の内容もまた進化の途中にあり，情報システム管理主任，情報資源管理者とCIOの区別は依然，不明確なところがあって，多くの問題において共通認識が得られていない。理論的にいえば，CIOは組織の上層に位置しなければならず，IT部門以外の機構の理念を指導し，管理しなければならないのであるが，それをどのようなメカニズムによって実現するかについては，深く研究されているとは言い難い。それゆえ，CIOの概念の内容はま

だまだ深化させなければならないのであり，そのような深化は企業情報化の実践プロセスにおいて極めて重要となっている。

4　CIO の役割

　CIO 研究において明らかにされるべき最も重要な問題は，CIO は企業内において一体何をすべきなのか，ということである。この問題に対する研究は経営者職能に関する著名な研究者であるカナダのマギル大学教授ミンツバーグ (H. Mintzberg) の先駆的な研究にまで遡ることできる。1975 年，ミンツバーグは『ハーバード・ビジネス・レビュー』誌に発表した「経営者の仕事：伝説と事実」(Mintzberg〔1975〕) において，人々が管理者に対して立てている多くの仮説が誤りであることを指摘した (H. Mintzberg〔1975〕"The Manager's Job: Folklore and Fact", *Harvard Business Review*, July-August)。例えば，経営者と情報システムはどのような関係にあるか，という問題である。人々は情報システムは経営者が必要とする多くの情報を提供すると仮定する。しかし，ミンツバーグの経営者の役割に関する研究の中で明らかにされたことは，企業の上層経営者は情報システムの中から多くの情報を引き出すことはできないということであった。上層経営者は彼らが必要とする情報の大部分を会話の中から得ている。上層経営者が会話に費やす時間は総勤務時間の 78% を占める。つまり，上層経営者が本当に必要とする情報の多くの部分はこのような非公式的なチャネルから入手されるのである。

　では，CIO が企業内において果たすべき役割は何なのか？　サイノットは 1987 年に『情報武器』と題する書物の中で，CIO の果たすべき 3 つの役割を提示している。つまり，現業者 (Business man) としての役割，管理者 (Manager) としての役割，そして技術者 (Technologist) としての役割である (W.R. Synott〔1987〕*The Information Weapon*, John Wiley & Sons)。

　CIO に関する優れた研究を通じて，以下のことが明らかにされている。すなわち，成功した CIO は 1 つの共通点をもつ。それは，そのような人々は当該領域に必要とされる業務技能と知識をもち，企業の業務を明確に理解してい

るということである。そのような成功したCIOは情報技術を理解しているだけではなく，市場，財務指標，営業成績などについても充分な理解をもち，それゆえ企業内においてITの活用を進めていけるのである。

　聯想集団（レノボ）のCIOである王暁岩は繰り返し以下のように主張している。つまり，CIOは業務の手順，生産・販売・財務のそれぞれの業務内容など会社のすべての業務とその発展方向について理解していなければならない，と。彼女は現業部門の上層経営者であった経験もあり，会社業務について深く理解しており，それによって企業情報化推進過程において鍵となる役割を果たし，多くのCIOが学ぶロールモデルとなっている（喬欣〔2002〕「企業信息化的関鍵成功要素──聯想信息化的啓示」『第8届海峡両岸資訊管理研討会論文集』）。

　CIOは管理能力を必要とするのであり，人的資源，予算，プロジェクトに関して管理できなければならない。大企業のCIOは通常1000人以上の情報部門従業員，大規模なIT予算を管理しなければならない。中国の情報化過程において出現したいくつかの非理想的な事例を通じてわかったことは，情報システムに関するプロジェクトはしばしば予算超過，時間的な遅延，人員流失といった問題を引き起こしているということである。これらの諸問題の原因は何だろうか。筆者らはその原因としてプロジェクトリーダーが当該プロジェクトに必要な人的資源管理，財務管理，プロジェクト管理等の知識と能力に欠けているということを発見した。CIOはもちろん情報技術について理解していなければならない。

　中国企業のCIOの大部分は情報技術を専攻してきた人々であり，一般的にいって情報技術に関する基本知識を有しているだけでなく，技術トレンドに関しても極めて敏感である。しかし，CIOは1つの特定領域において深く研究してきた専門スタッフではなく，技術一般に通暁した人材である。彼らは上層経営者と専門技術スタッフの架け橋とならなければならない。CIOがもつべき技能に関しては様々な見方がある。

　ある論者は業務，管理，技術の三者の中では情報技術こそが最も重要であると考えている。中国のある銀行のCIOは次のように主張する。すなわち，CIOはまずもって技術専門家でなければならず，IT技術全般の発展，技術の最先

端とその特徴，発展方向を全面的に把握し，理解していることが必要である，と。CIO は今日の投資が明日の基礎となることを理解するために，新技術を理解しなければならないのであり，そうして初めて新技術の重要性が理解できるのである，と。しかし，どのような新技術を採用するかは 1 つの難題である。それゆえ，新しい情報技術概念（サービス指向アーキテクチャ：SOA，ビジネス・インテリジェンス等）を学習し，理解していることは，CIO の能力を判断する上で，1 つの重要な指標である。このことについては疑いようはない。

別の CIO はそれ以外にももつべき能力と役割があると主張する。多くの中国の CIO は次のように認識している。すなわち，CIO は自己と CEO との関係をうまく処理するだけでなく，CFO（最高財務責任者）との関係もうまく処理しなければならない。なぜなら，CFO の観点からすると，CIO は IT 関連の投資をひっきりなしに提案してくるからである。CFO の関心は今日の投資が明日にどのような形で報われるかである。CIO の観点からみれば，彼らの関心はしばしば技術の企業への影響および先進性である。それゆえ，両者をいかに均衡的に発展させるかについて CIO は CEO や CFO と良好な関係を保ち，恒常的に意思疎通を図っていなければならないのである。さらにいうと，CIO は企業内において変革をリードする役割を演じることが必要である。変革をリードするためには，技術の最先端を理解しているだけでなく，改革が省力化や業務方法の改善につながることを理解していなければならないのである。これらはいずれも，CIO が推進し，成し遂げるべき変革であり，彼らは精確に変革の尺度と速度を把握していなければならないのである。

5 企業情報化と CIO 満足度調査

[1] 中国 CIO の現状と職務満足度に関する調査の趣旨と概要

CIO の体制的な発展方向について系統的に研究を進めるため，著者の 1 人が所属する北京大学光華管理学院管理科学・情報システム学科は国家自然科学基金の資金協力を得て中国 CIO 研究チームを結成し，中国の CIO に対して実証的な研究を行った。2006 年に実施した第 1 次調査では，『中国計算機用戸』

(『中国コンピュータユーザ』）誌の協力を得て，中国全国の2000名のCIOに対してアンケート調査（郵送，ネットの両方）を実施し，いくつかの都市では種々の類型の企業のCIOに調査と統計分析を行った。これらの調査に基づき，中国のCIOの現状と職務満足度に関する有意義な結論を引き出すことができた（北京大学光華管理学院信息系統系CIO領導力研究小組〔2007〕『中国企業信息化成熟度国際比較研討会』資料）。

以下，この調査の分析結果について紹介する。

まず，調査対象となったCIOの属する企業に関して統計的分析を行い中国のCIOのおかれている企業情報化の環境について明らかにし，ついで，サンプルとなったCIOの業務および業務関連の基本状況についての分析を行い，中国CIOのおかれた基本的な状況について明らかする。ついで，CIOの所属する企業と担当する職務に関する主観的な態度に関しても分析を行い，CIOが自らのおかれた環境に対してどのような態度をとっているかを明らかにする。そして最後に，統計結果を総括し，いくつかの有意義な結論を引き出す。

2 サンプル企業の情報化の現状

アンケート結果の集計の結果，最終的に384件のサンプルが有効なものとなった。うち，310件はネット上で得られたものであり，紙による郵送は74件であった。ネットでも郵送でもアンケート項目は同じであり，以下の分析においてはネット上によるものか郵送によるものかは区別せずに分析する。

サンプルとなった企業は様々な種類の企業であり，われわれは企業の所有制，従業員数，業種，年間売上高によってサンプルを分類した。その結果は**表8−1**の通りである。

表8−1からわかる通り，企業情報システム構築の進展具合からみると，外資系企業の情報システム構築の程度が最も高く，それに次ぐのは国有企業である。民営企業は国有企業にやや劣る。サンプル外資系企業のうち，全社レベルの企業情報システムを有する外資系企業は33%，部門レベルの情報システムを有する外資系企業は44%であり，それぞれ国有企業の7%，12%よりも高くなっている。企業規模からみると，従業員数2001人以上の大企業の情報シ

表8-1 各種分類別にみたサンプル企業の企業情報化状況

		情報システムの整備度（％）		
		個別業務	部門レベル	全社レベル
所有制	国有企業	42	32	26
	外資系企業	22	44	33
	民間企業	51	30	19
	その他	69	6	25
従業員数	100人以下	80	7	13
	101－2000人	47	32	21
	2001人以上	11	31	58
業　種	製造業	62	21	16
	サービス業	50	27	23
	その他	40	28	33
年間売上高	1億元以下	33	41	27
	1億元超－10億元以下	44	30	25
	10億元超	71	10	19

（出所）　北京大学光華管理学院信息系統系CIO領導力研究小組（2007）より作成。以下の図表すべて同じ。

ステムの構築レベルは最高レベルであり，それに次ぐのは101人以上2000人以下の中企業である。業種別にみると，政府，教育，ハイテク等の業種の情報化レベルが最高レベルであり，サービス業がそれに続き，製造業は相対的にみれば最低レベルになる。しかし，情報化の全社的な整合性からみると，大企業は中小企業に及ばない。個別的な業務における利用においては大企業はIT利用度は中小企業よりもはるかに高い。しかし，部門レベルや全社レベルでの構築状況をみると，大企業の比率は中小企業よりもかえって少ないのである。年間売上高1億元以下の小企業のうちの全社レベルでの情報システム構築を行っている企業の比率は，年間売上高1億元超～10億元以下の中企業よりも高く，さらには年間売上高10億元超の大企業よりも高いのである。もっとも，当該調査はCIOを有する企業に対する調査であり，年間売上高と情報システム構築のレベルとの普遍的関係を示すものではないことには注意しておく必要がある。実際には中国の大企業の情報化レベルは中小企業よりもはるかに高い。

　情報化投資の状況について分析しよう。外資系企業の年平均情報化投資額400万7700元はその他の所有制企業よりもはるかに高く，民間企業の約5倍

(単位：万元)

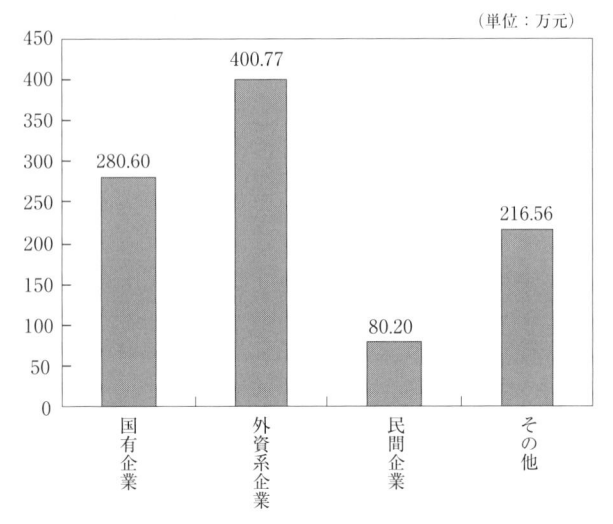

図8-1　情報化投資額（所有制別）

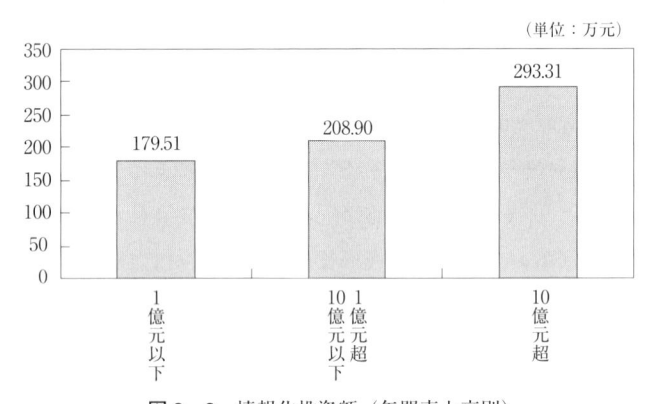

国有企業　280.60
外資系企業　400.77
民間企業　80.20
その他　216.56

(単位：万元)

図8-2　情報化投資額（年間売上高別）

1億元以下　179.51
1億元超10億元以下　208.90
10億元超　293.31

にも上る（図8-1）。大企業の情報化投資の絶対額も中小企業をはるかに上回るが，中小企業の情報化投資額の年間売上高に対する比率は逆に，大企業よりも高くなっているのである（図8-2）。

3　サンプルCIOの基本状況

さらに明確に中国のCIOの基本状況をスケッチするために，以下，企業の

第8章 CIO

表8-2 所有制別にみた CIO の年齢および勤務年数

	年齢			勤務年数	関係業務勤務年数	企業勤続年数
	平均	最小	最大			
外資系企業	33.9	23	56	10.2	6.3	7.2
国有企業	40.3	23	64	19.2	11.6	14.3
民間企業	33.6	21	66	12.3	7.9	6.2
その他	38.2	24	70	17.1	9.9	11.8
合　計	38.4	21	70	17.0	10.3	12.1

表8-3 所有制別にみた CIO 学歴比率
(単位：％)

	学歴比率			
	博士	修士	学部	その他
外資系企業	0.0	11.1	77.8	11.1
国有企業	2.9	11.7	76.6	8.8
民間企業	1.9	11.3	56.6	30.2
その他	3.1	19.8	65.6	11.5
合　計	2.6	13.6	71.3	12.5

(注) 学部卒業生は本科生のみ。

表8-4 業種別にみた CIO 学歴比率
(単位：％)

	学歴比率			
	博士	修士	学部	その他
製造業	2.1	11.2	61.2	25.5
サービス業	2.5	10.1	79.0	8.4
その他	3.0	17.5	71.7	7.8

　所有制別，企業規模別，業種別，年間売上高別にみた CIO の全体状況を検討する（表8-2～表8-4）。
　これらのアンケート集計結果から以下のことがいえる。民間企業 CIO の平均年齢が最も低く，国有企業 CIO の平均年齢が最も高い。両者の平均年齢差は7歳近くにもなる。しかし，国有企業 CIO は比較的高学歴であり，学部卒以上の比率は民間企業よりも約20％高い。注意すべきは，外資系企業 CIO において修士および学部卒の比率は国有企業とほぼ同じであるが，博士号をもつ CIO が存在しないことである。このことは外資系企業が CIO に対して要求するものは実践経験であって学歴ではないということも示している。勤務年数の比較からいえることは，外資系企業は昇進速度が国有企業に比べて極めて速いということである。勤務年数でみても，当該企業での勤続年数でみても，国有企業のおおよそ2分の1である。このことは国有企業にとって若年化が課題で

表 8-5 性別にみた CIO の基本状況

CIO 性別	年齢			学歴（％）				勤務年数	関係業務勤務年数	企業勤続年数
	平均値	最小	最大	博士	修士	学部	その他			
男	38	21	70	3	14	70	13	16.6	10	12
女	41	25	59	0	8	80	12	19.9	11	13
合計	38.4	21	70	2.6	13.6	71.3	12.5	17.0	10.3	12.1

あることを示している。また，業種別にみると，製造業 CIO の学歴はやや低く，勤務年数もやや短い。このことは製造業において IT 管理人材が不足していること，若年 IT 人材は製造業において比較的機会が多いことを意味している。

サンプル中 87％ の CIO は男性であり，女性は 17％ しかいない。表 8-5 に示されている通り，中国の女性 CIO の平均年齢は男性 CIO の平均年齢よりも高く，情報化関係業務に就いていた勤務年数でみても，当該企業の勤続年数でみても男性 CIO よりも長い。女性 CIO の学歴は男性 CIO よりも低く，80％ の女性 CIO は大学・学部卒であり，修士は 8％，博士は 0％ である。

男性 CIO の 45％ は IT 部門以外に 1 つの部門に責任をもち，22％ は IT 部門以外に 2 つ以上の部門の責任をもっている。女性 CIO の場合には IT 部門以外に 2 つ以上の部門に責任をもつのはわずかに 12％ であり，53％ の女性 CIO は IT 部門以外には責任部門がない。このことは女性 CIO は男性 CIO よりも職責範囲がかなり狭いことを意味している（図 8-3）。

4 CIO の企業情報化水準に対する評価および自己に対する評価

①アンケートの趣旨と設計

CIO の企業情報化水準に対する評価および CIO 自身への自己評価はアンケートの 19 の質問項目から分析されている。それぞれの質問項目は 1〜7 のポイントが付けられ，そのポイントが高い点ほど CIO が同意していることを示す。19 の質問項目は 2 つの部分に分けられる。第一の部分は第 1〜12 の項目で主に，企業情報化に影響する各種の要因および情報化水準の評価に関わるものである。第二の部分は第 13〜19 の項目で，CIO の自分自身の業務に対する評価

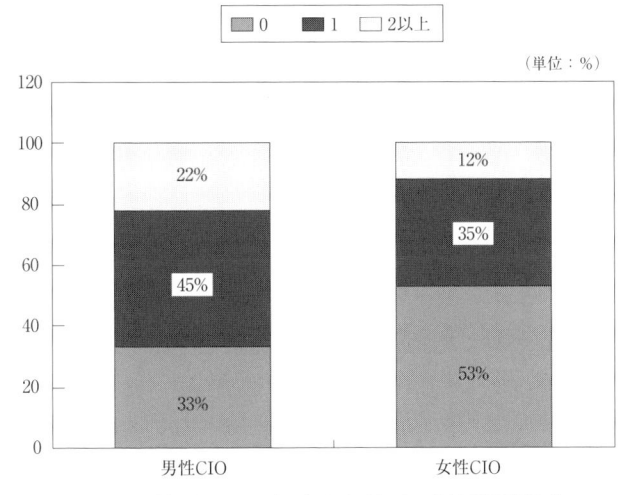

図8-3 性別にみた（IT部門以外の）責任部門数比率

に関わるものである。アンケート調査の概要およびその分析結果は以下の通りである。

②CIOの企業情報化水準に対する評価

CIOの企業情報化水準に対する評価を分析するために設定した第1～12の項目の概要は**表8-6**で示されている通りである。

表8-6から以下のことがいえる。まず，どの項目の平均ポイントも4以上であり，大多数のCIOは情報化に対して比較的肯定的な態度をとっている。大部分のCIOは比較的良好に関係部署を指揮し，企業情報化を進めており（D1），企業情報化の効果について上層経営者に認められている（D2）。企業の各部門の情報化の推進に対する態度は積極的かつ協力的である（D3）。ここでD2とD3の値の相関関係をみると，相関係数は0.633であり，上層経営者の支持と各部門の支持とが極めて高い相関関係にあることがわかる。

D8（ITは企業業務発展において代替不能な効果をもっている），D9（IT技術が用いられることで企業業務の鍵となる問題のいくつかを解決することができる）が比較的高い平均値を示していることは，ITが上層経営者からの支持を得ているだけでなく，企業発展においてすでにますます大きな役割を果たすように

表8-6　CIOの企業情報化水準に対する評価項目の調査結果概要

項目	平均値	平均値標準誤差	標準偏差	歪度	4点以下の累積%
D 1	4.4297	0.0882	1.7284	-0.24	48.44
D 2	5.3003	0.0797	1.5607	-0.92	26.89
D 3	4.9817	0.0805	1.5761	-0.53	36.03
D 4	4.5833	0.0802	1.5711	-0.26	45.83
D 5	5.6110	0.0811	1.5878	-1.18	21.46
D 6	4.8568	0.0943	1.8474	-0.56	38.54
D 7	5.1332	0.0828	1.6214	-0.67	31.85
D 8	5.2786	0.0865	1.6941	-0.78	31.25
D 9	5.2969	0.0795	1.5584	-0.74	28.13
D 10	4.2943	0.0916	1.7948	-0.22	52.34
D 11	5.2865	0.0862	1.6889	-0.91	27.86
D 12	5.3464	0.0795	1.5574	-0.92	25.26

なっていることを意味している。

同時にD5，D6から，情報化の安定性は依然としてCIOがかなり重視している課題であるということがみて取れる。企業情報化は企業内の各部門に影響が及ぶものであり，情報化の促進は必然的に企業の業務責任の変革と業務革新に関連してくる。それゆえ，情報化の推進は安定性を基礎としなければならない。アンケート調査において，D5（情報化の過程において企業の業務に影響を与えるような重大な事故は発生していない），D6（企業は情報化過程において重大な挫折に遭遇したことはない）の両項目はともに高い平均値を示しているのである。

CIOの自分自身の命運と企業情報化の発展とが緊密な関係をもつことは，D12（私は自社の企業情報化の未来に対して楽観的な見通しをもっている）のサンプル分布からみて取れる。平均値は5.3464となっており，大部分のCIOは企業情報化の発展に対して楽観的な見通しをもっているのである。

③CIOの自己評価

第13～19項の質問は，CIOの自らの業務環境に対する評価を行ったものである。これについても同様の分析を行おう。

表8-7から以下のことをみて取ることができる。大部分のCIOは自己の仕事に大いなる関心を抱いており（D15），かつ，自分は情報管理責任者の業務に向いていると認識している（D18）。また，少なくないCIOは現時点での収

表8-7 CIOの自己評価項目の調査結果概要

項目	平均値	平均値標準誤差	標準偏差	歪度	4点以下の累積%
D 13	3.6536	0.0911	1.7854	0	64.32
D 14	4.5885	0.0859	1.6831	-0.43	44.01
D 15	5.7552	0.0721	1.4133	-1.23	17.71
D 16	4.0183	0.0927	1.8139	-0.16	56.92
D 17	5.6354	0.0709	1.3890	-1.02	20.31
D 18	5.6867	0.0679	1.3287	-1.12	17.49
D 19	3.144	0.110	2.156	0.51	72.06

入にあまり満足しておらず (D 13),かつ,昇進や昇級の機会もあまり多くないと認識している (D 16)。このことはD 13とD 16のそれぞれの平均値が小さいこと (3.653, 4.018) と4点以下の累積パーセントの高さ (64.32%, 56.92%) から判断できる。

これらのことはCIOの転職が多くみられるようになっている理由を示しているともいえる。つまり,CIOは仕事に対しては大いに関心をもっているが,報酬に対しては満足しておらず,その状態を長くは継続していけない。必要な経験が蓄積されたら,CIOは現状よりももっと大きな誘因を与えられて離職してしまうかもしれないのである。

D 19 (私は全社レベルの管理職であり,部門レベルの管理職ではない) の結果において,その平均値が低く (3.144),大部分のCIOが否定的態度を取っている (4点以下の累積パーセント72.06%) ことには注意すべきである。このことはサンプルの対象となった企業の大多数のCIOは依然として全社レベルの管理職の地位を獲得しておらず,CIOが本来もつべき地位との間で乖離があるということを示している。また,このことは,中国企業の情報化が依然として発展段階にあり,CIOの生存環境の改善が待たれていることも示している。

さらに,D 13～D 19について主成分分析を行った結果,職務に対する総合評価に与える影響としては個人目標と企業目標の結合可能度 (D 14) が最も大きいことがわかった (サンプルの全分散の43.31%を説明する第1主成分のポイント0.443160)。この項目が大きな影響を及ぼす理由の1つはサンプルとなったCIOが21～40歳の若年層に集中していることである。若年層にとっては個人

第Ⅱ部　職能・企業形態別編

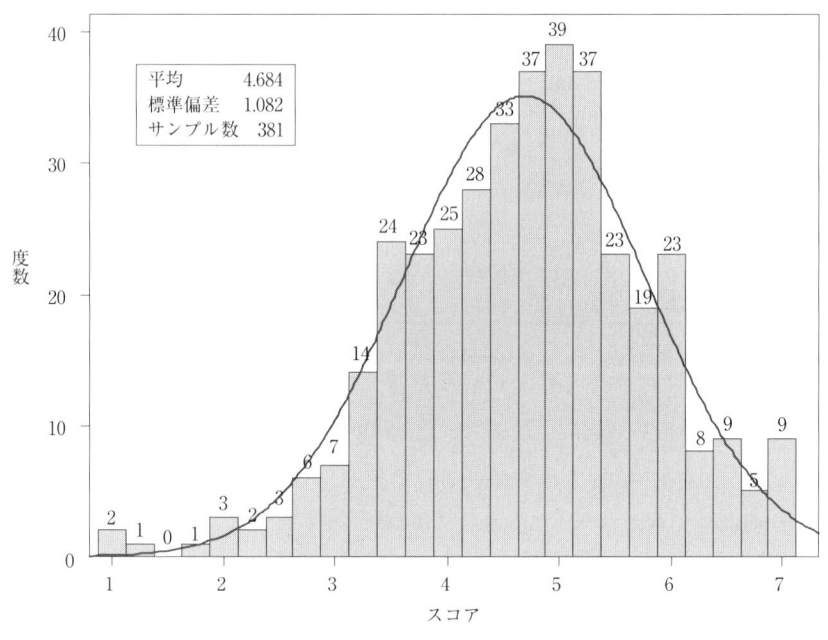

```
平均       4.684
標準偏差   1.082
サンプル数  381
```

図8-4　CIOの総合評価点分布図

の目標は当然ながら，考慮すべき重大問題である。ついで収入（D 13，同0.396054）および昇進の機会（D 16，同0.400304）が続く。

図8-4からわかることは，CIOの総合評価点の平均値は4.6845であり，4.0よりも大きなサンプル数は280で，サンプル総数の73.5％を占める。このことは，サンプルとなったCIOの大部分は仕事に対して前向きな姿勢をもっており，企業のCIOの職位はある程度の吸引力を有しているということを意味する。しかし，報酬および昇進機会等の問題は依然として存在しており，このことが少なくないCIOの現状に対する不満につながっているのである。

④影響要因分析

アンケートの19の質問項目から情報化効果に大きく関連する項目を取り出してみよう。

　　CIO自身の水準（D 1）
　　各部門の協調性（D 3）

第8章　CIO

表8-8　回帰分析結果

説明変数	係数	標準誤差	t値	P値
定数	0.5504	0.2507	2.20	0.029
D 1	0.20773	0.03541	5.87	0.000
D 3	0.37398	0.04427	8.45	0.000
D 5	0.18502	0.04009	4.61	0.000
D 7	0.08324	0.04043	2.06	0.040
D 11	−0.07721	0.03592	−2.15	0.032
D 12	0.17032	0.04388	3.88	0.000
決定係数 57.0%　補正済決定係数 56.3%　ダービン・ワトソン比 1.94782					

情報化発展の安定性（D 5，D 11）

企業主要業務の経営状況（D 7）

自社の情報化見通し（D 12）

　これらを説明変数とし，「情報化の効果が上層経営者によって認められている」（D 2）を被説明変数として回帰分析を行った。その結果は**表8-8**の通りである。

　この回帰分析の結果から次のことがいえる。まず，各説明変数ともt値が充分に大きく（D 11は係数が負であるため充分に小さく），P値はいずれも0.05よりも小さいことから5％の有意水準ではいずれも有意な相関関係を有しているといえる。その他の説明変数と比較すると，部門間の協調性（D 3）とCIOの生涯計画（D 1），比較的安定的な情報化の推進（D 5）の効果がより大きく，企業経営状況の良好さ（D 7）も情報化の結果に対して促進的な効果を有している。企業情報化の推進過程についてはこれらの点に特別に注意する必要がある。

［付記］　本節の内容および図表は筆者がこれまでに公表してきた文献に基づいている。李東（2005）「CIO，你満意嗎？」『中国計算機用戸』11月28日号参照のこと。

6　中国におけるCIOの役割と今後の展望

　本章の分析から，中国のCIOに対して以下の結論を引き出すことができる。第一に，外資系企業や民間企業のCIOは実践経験がより評価される傾向に

▶▶ *Column* ◀◀

聯想集団（レノボ）における企業情報化

　聯想集団（レノボ）は1984年に設立されました。マーケティング・オリエンティッドなビジネススタイルを作り上げて，1997年には，すでに聯想集団は中国PC市場において第1位の市場シェアを占めるに至りました。

　その急成長の裏では内部管理が一層困難となりつつあり，さらに成長を遂げ，コストを引き下げていくには，管理をもう一段階引き上げる必要に迫られていました。1993年，聯想集団はすでに在庫管理システムを開発し，また，販売管理と財務管理とも連動させてはいました。しかし，財務決算に30日もかかるような状態では，リアルタイムでの有効な管理をすることはできませんでした。この中で，聯想集団はまだその効果について中国では議論があったERP（企業資源計画）システムを導入し，経営資源の管理を行うこととしました。1998年，聯想集団は世界でも代表的なERP企業であるSAPと正式に契約し，SAPのERPパッケージ（本章208頁参照）であるR/3システムを基礎に，共同でERPシステム（本章208頁参照）を構築していくこととしました。

　しかし，4カ月間，数千万元にも上る投資を行いながら，このERPシステムは何の成果も上げることができませんでした。ここで，1999年4月18日，聯想集団総裁（当時，現聯想控股有限公司総裁）の柳伝志は経営幹部会議を開催し，重大な決意を表明しました。財務・人事担当の総裁補佐の王暁岩をEROプロジェクトの総監督責任者とし（すなわち後にいうCIOとし），王暁岩は直接に柳伝志総裁に対し責任をもつこととしました。そして，業務プロセスの再構築が鍵とみた王暁岩の下に，ERPプロジェクト業務プロセス再構築ワーキンググループが設置され，各部門，子会社にもそれぞれERPプロジェクトチームが作られました。かくして，2000年1月になってやっと稼動をし始め，聯想集団の情報化のレベルは1つ上がったのでした。

　聯想集団のERPシステムは人的資源管理と生産管理からさらにサプライヤーの管理に拡張され**SCM***（サプライチェーンマネジメント）に発展していきました。さらに聯想集団は，SCMと顧客管理システム，電子商取引システムを連動させ，顧客ニーズにより適合的な形でSCMが行われるようにしました。顧客へのサポートサービスにおいても，顧客からの電話に対して，カスタマーサービスセンターの人員は即座に過去のサポート記録を引き出すことができるようになり，サービス効率を上げるとともに，顧客満足度を上げることができるようになりました。

　現在，聯想集団の企業情報化は企業のすべての業務を統合するものとなっています。聯想集団の平均納入時間はERPシステム導入以前の11日から5.7日に短縮さ

れ，従業員の1日1人あたりの注文書処理量も13件から314件にまで増え，財務諸表の作成に30日かかっていたのが，半日でできるようになったのでした。

聯想集団はこれらのシステムによって毎年10億元以上を節約しているともいわれています。

> * **SCM**（サプライ・チェーン・マネジメント）／**SCM** パッケージ：サプライ・チェーンとは資材の調達から最終消費者に届けるまでの資材や部品の調達・生産・販売・物流といった業務の流れを1つの大きな鎖（チェーン）として捉えたものであり，そのチェーンはしばしば1企業内を超えて複数の企業にわたる。1990年代以降，ERPの普及に並行する形で広まってきた。サプライ・チェーン・マネジメントはこのサプライ・チェーン内における情報，物財，資金の流れを個々の部門や企業レベルでなく全体として最適化するようにマネジメントすることである。SCMの代表的な事例は世界を代表するPCメーカーであるデル社が考案したBTO（Build to Order）がある。これはサプライヤーや配送業者との間で，予測，生産・在庫計画，制御方法といった手法に基づき，的確に情報を伝達し，生産，在庫，配送などをコントロールするものである。SCMパッケージはSCMのために開発された標準的なパッケージソフトである。
>
> 参考：「《電子商務》：聯想信息化建設的5個故事」http://tech.sina.com.cn/it/m/2001-12-07/95044.shtml；「聯想信息化的十年道路」http://www.enet.com.cn/article/2007/0704/A20070704708370.shtml その他。

あり，国有企業のCIOよりも若く，昇進も早い。CIOの大部分は男性であり，女性CIOは比較的学歴が低く，勤務年数が長いが，責任部門は狭い。

第二に，大多数の企業において，ITはその経営的な役割を上層経営者によって認められているだけでなく，実際に，企業発展の中においてますます重要な役割を果たすようになっている。少なくないCIOは上層経営者の一員となっており，大多数のCIOは自社の企業情報化の発展に対して楽観的な展望をもっている。

第三に，CIOは技術的な知識を学習し，吸収することだけでなく，管理能力の向上を極めて重視している。成功したCIOのほとんどは豊富な管理職務の経験を有している。CIOは一般的に，企業情報化の成否はCEOおよび関連業務部門の支持が得られるかどうかに大きくかかっており，したがって，情報化の推進を行う際にはCEOと良好な関係を保ち，関連業務部門とは濃密なコ

ミュニケーションを行うことが必要であると認識している。

　第四に，CIO は企業情報化の安定性を確保することを重視している。成功した CIO は情報化の推進過程において重大な失敗を引き起こさないよう，細心の注意を払っている。

　第五に，CIO という職業は吸引力をもつ職業であり，特に，仕事内容への関心という点で比較的大きな吸引力をもつ。個人の仕事に対する関心と企業の発展目標とを結合できるかどうかは CIO が成功するかどうかの重要な要因となる。

　第六に，大多数の企業においては，CIO は依然として上層経営者の地位を与えられておらず，報酬や昇進機会の面で不満が多い。今後，情報化は企業の発展においてますます深い影響を与えるようになり，CIO の役割も不断に高まっていくと考えられるので，このような事態は改善しなければならない。

[推薦図書]

李東／中川涼司訳（2001）「中国企業情報化の現状と課題」本田英夫編（2001）『中国のコンピュータ産業』晃洋書房
　　やや古くなったが，中国の企業情報化の進展が理解できる。
須藤修・小尾敏夫・工藤裕子・後藤玲子編（2007）『CIO 学――IT 経営戦略の未来』東京大学出版会
　　CIO を学問的に捉え，CIO 学を提唱した意欲的文献。
NTT データ経営研究所（2007）『CIO の IT マネジメント（NTT データ経営研究所情報未来叢書 1）』NTT 出版
　　CIO 誕生の背景を振り返り，現在の CIO を取り巻く環境を整理し，CIO に求められる役割と機能について解説するもの。

[設　問]

1．CIO とは何でしょうか。その求められる役割とはどのようなものでしょうか。
2．今後，日本や東アジアにおいて CIO はどのように発展していくべきでしょうか。その障害は何でしょうか。

（李　　東・中川涼司）

第9章

マーケティング
――東アジアの経営環境と市場の多様性を軸として――

　中国をはじめ，東アジア地域は「世界の工場」として注目を集め，世界各地から製造拠点として投資が進んできました。同時に経済成長の結果，人々の生活水準が向上するにつれて，東アジアは有望な消費市場として位置づけられるようになり，メーカーのマーケティング活動の対象になり，そして巨大小売業の進出が続きました。しかしアジアの国々の市場環境はどのような特徴があるのでしょうか。またどのようなマーケティング活動が行われているのでしょうか。本章では，そうした東アジア地域のマーケティング活動の側面について考えてみます。

1　東アジアと企業のマーケティング

1　企業のマーケティングの特徴

　本章で取り上げるマーケティングについて，その特徴を捉えておこう。マーケティングは生産や購買，財務，人事などの職能部門と並んで，企業の経営活動における販売職能分野の活動が発展してきたものである。しかしそれは販売職能に留まらない独自の発展を遂げている。すなわちマーケティングとは，顧客（消費者）の生活上の何らかのニーズに応える製品を開発して提供することを意味し，できあいの製品を顧客に売りつけることを意味する販売活動とは異なるものである。

　マーケティングは，消費者のニーズに対応して企業などの事業組織が市場に対して体系的に働きかける活動を意味するが，マーケティングの対象となる市場とは，売り手集団と買い手集団の双方を含める経済学のような概念ではなく，買い手である顧客の集合を意味する。そしてマーケティングは，この市場＝顧客の集合を漠然とした1つのまとまりとみなすのではなく，市場の中には所得

や年齢，ライフスタイルなどのある種の基準でまとめることのできる同様の特徴をもつ集団として識別可能な複数の顧客グループが存在していると考えている。そして特定の基準で識別される，同じような特徴をもつ顧客グループで構成される市場の区画（セグメント）を設定する。そうした市場の中においてなんらかの基準で区別される顧客グループの存在を明らかにすることをセグメンテーションという。マーケティングはこうして設定したセグメントのうち自社にとって魅力的な市場を選定して働きかけの対象となるターゲットとして決定し，当該市場における自社製品の位置づけ，差異化のあり方を検討し，どのようなポジションでマーケティング活動をするのかを明らかにする。こうした市場のセグメンテーション（Segmentation），ターゲティング（Targeting），ポジショニング（Positioning）の一連の活動は，マーケティングの基本戦略的な意義をもつので，それぞれの頭文字をとってSTP戦略という。

　STP戦略の立案後，実際に市場に働きかける際には，様々なマーケティング活動を組み合わせて効果的で効率的で最適なマーケティング活動となるような戦略立案を行う。これをマーケティング・ミックス戦略という。マーケティング・ミックスを構成するマーケティング活動は，製品デザイン，製品の特徴，性能，ブランドネーム，希望価格，特売価格，割引，リベート，様々なチャネル，テレビや新聞などを利用した広告，特売セールの展開，営業部員による働きかけなど，多数の活動の集合であり，その中から適切なものを組み合わせることになる。その組み合わせるべき諸活動は，製品（Product），価格（Price），流通チャネル（Place），プロモーション（Promotion）の大きく4分野にまとめられるので，それぞれの分野の頭文字を取って，「マーケティングの4P」といわれる。換言すればマーケティング活動は4Pの組み合わせによって遂行されることになる。

　市場に働きかけるマーケティング活動は，しばしば国境を越えて他国の市場でも展開される。国境を越えることは，政治体制や法律制度，国民経済としての枠組み，文化的な差異などの国家の枠組みが異なることから発生する様々な経営上の課題に直面する。国境を越えることによってそうした課題に直面するマーケティングが国際マーケティングということになる。本章で取り上げる東

第9章　マーケティング

アジアのマーケティングとは，こうした国際マーケティングの次元でのマーケティングということになろう。

国際マーケティングでは，進出先の国によって異なる経営環境，特にマーケティング環境が存在するために前述した STP 戦略や 4 P 戦略（マーケティング・ミックス戦略）も国別に異なると考えられる。そこで国際マーケティングはそれぞれの国に固有の経営環境を研究することを重視し，それぞれの進出国の市場環境に適合することをめざす現地適応マーケティングが提唱されることになる。東アジアでいえば，国ごとの環境を分析し，固有のマーケティング戦略を打ち立てることになる。

他方で 1983 年にマーケティング研究者のレヴィット（T. Levitt）によって国ごとに市場の特性は異なるのではなく，技術の発展などの結果，長期的には世界市場として同質化しつつあるという見解が主張された（T. レヴィット「地球市場は同質化へ向かう」『ダイヤモンドハーバードビジネス』1983 年 8/9 月号）。この立場からすると，各国市場は同質化してきているのであるから，国別のマーケティング戦略を立案するのでなく，世界を同質的市場とみなして標準化したマーケティング戦略を各国市場で展開することが適合的な戦略ということになる。東アジアについても各国で異なるマーケティング活動を行うのでなく，標準化された戦略が求められる。レヴィットは，標準化されたマーケティングの事例としてコカコーラやマクドナルドなどを挙げている。たしかにコカコーラは，どこの国でも同様にデザインされた缶やビンが使用され，同様の広告が展開されているし，マクドナルドはゴールデンアーチのロゴなど多くの点が標準化されている。

しかし多様な商品分野を丁寧に調査するとこうした標準化戦略として理解することができにくい事例も存在していることがわかる。国際マーケティングではこうした「現地適応化 vs. 標準化」が 1 つの基軸的な論点の 1 つとして議論されてきた。東アジアのマーケティングを考える際にも重要な視点を提供している。

表9-1　東アジアの主要国の指標

	面積 (1,000 km²)	人口 (1,000人)	国民総所得 (億ドル)	1人あたり 国民総所得 (ドル)	主な宗教
インドネシア	1,905	231,627	2,822	1,280	イスラム教
シンガポール	0.69	4,436	1,198	27,580	仏教・イスラム教
タイ王国	513	63,884	1,750	2,720	仏教
大韓民国	100	48,224	7,650	15,840	キリスト教・仏教・儒教
中華人民共和国	9,634	1,352,148	22,697	1,740	道教・仏教
台湾	36	22,858	3,334	14,770	道教・仏教・儒教
日本	378	127,967	49,765	38,960	仏教・神道
フィリピン	300	87,960	1,097	1,320	キリスト教
ベトナム	332	87,375	513	620	仏教・儒教・道教
マレーシア	330	26,572	1,259	4,970	イスラム教

(出所)　『2008データブック』等の統計資料を参照して筆者作成。人口は2007年, 所得は2005年の数値。

2　東アジアの企業経営とマーケティング

　マーケティングは, アメリカにおいて生成・発展してきたことは知られており, 第二次世界大戦後の世界においては, アメリカのマーケティングが標準的なマーケティングとして世界を席巻している。マーケティング理論の基本的な内容は国際的にどこでも同じとみることができる。事実, マーケティングのテキストを取り上げても, 「アジアの視点」からのマーケティングと謳っている場合であっても, そこで利用されている事例がアジアの市場であったり, アジアの企業のマーケティング実践であったりするだけで, マーケティング理論の内容や体系に顕著な差異は見られない (例えば, Philip Kotler, Swee Hoon Ang, Siew Meng Leong and Chin Tiong Tan〔2003〕*Marketing Management : An Asian Perspective,* 3 rd.ed., Pearson Education)。

　他方でアジア地域は広大であり, 仮に中国, 韓国, 日本などに加えてタイ, ベトナム, シンガポールなどを含めた〈東アジア〉地域に限定しても, その範囲は広大な地域である。表9-1のように人口も極めて多く, 東アジア地域に存在する国々の置かれている政治的, 経済的, 文化的状況は様々である。

　経済の側面からアジアをみる際に, かつては日本企業はしばしば生産拠点としてアジアを位置づけてきた。発展途上の地域で日本よりもはるかに低い生産コストで, 無尽蔵とはいわないまでも容易に働き手を集めることができるため,

日本国内からアジアに工場を移転することによって製品の製造コストを低く抑えることができるので，競争優位性を確保できると考えてのことである。事実，こうした視点からタイ，マレーシアに製造拠点づくりのための投資がなされ，そこでの人件費の上昇のために，その後は改革・開放が進む中国へ，そしてベトナムへと投資が外延的に展開された。こうしたアジア地域で生産された安価な加工食品，家電製品などが日本へ大量に輸入されるのと並行して，アメリカ市場やヨーロッパ市場への輸出拠点として，アジア地域が重視されてきた。例えば，DVDプレーヤーやテレビ，洗濯機などの身の回りにある多くの家電製品をチェックしてみると，"Made in China"であったり，"Made in Malaysia"と表記されていたりすることでも確認できる。そこでは発展途上国地域の東アジアが製造拠点として，経済発展を遂げた日本や欧米がマーケットとして位置づけられていることになる。マーケティング活動は，主としていわゆる先進国市場向けの活動であった。東アジア地域での主要な経営課題は，労働力の確保，選別，人事管理や労使関係管理などの人的資源管理であり，製造拠点としての工場の設計，オペレーションなどの生産管理であった。

　東アジア地域が生産拠点として位置づけられ，そこにおける経済が成長する過程で日本以外の国々でも，国外ないしはアジア地域へと進出してマーケティング活動をする企業も生まれてきている。そうした企業は，自国のGDPが大きく成長したことと並んで，人口規模の大きさに由来した国内市場規模が大きく拡大したことにより，自国市場を基盤に成長して国外進出して行ったか，国際分業体制化でOEM（相手先ブランドによる製品供給）企業として成長する中で，国外市場へと進出して行った場合が多い。こうした企業の中には，韓国のサムスン（三星：Samsung）やLG，現代自動車，中国の聯想集団（レノボ）のように，グローバルにマーケティング活動を進めている企業も増加してきている。

　しかし，われわれの身の回りにある商品については，日本を除いて東アジアからグローバルなマーケティング活動を展開している企業はそれほど多くはない。むしろ欧米や日本企業がグローバルなマーケティング活動の一環として東アジア市場に進出しているほうが多い。それは，アジア市場がこれまでは，自国の企業が巨大規模にまで成長できるほど発展しておらず，グローバルに展開

する競争力のある外資が市場参入を積極的に進めてきたことの現れであろう。

しかしこうした製造拠点としての位置づけに加えて、工業化が進行し、国民が豊かになりつつある東アジア地域は、新たに消費市場としても本格的に位置づけられるようになってきた。製造拠点としての東アジア地域では、企業内の労働が経営の管理の対象となるが、市場としての東アジアでは、労働はもちろんのこと住民のあらゆる生活への究明が必要となる。なぜならマーケティングは、生産管理や人的資源管理のような経営内部のマネジメントを対象とするのでなく、何よりも経営外部の市場（＝顧客）を活動の対象としているからである。このようにマーケティングが市場に対する体系的な働きかけである以上、市場となる東アジア地域の特徴をどのように捉えるかが重要なポイントとなるであろう。

3　新興市場としての東アジアとマーケティング

東アジアのマーケティングを考察する際に、「新興市場」という視点からの接近についても検討できるであろうし、マーケティングの特性を考える際にはそのほうがより普遍的な特徴を付与するかもしれない。そうした立場から黄教授は、「新興市場とは、世界に開放されつつ、経済成長に伴って潜在需要が顕在化し、あるいは急速に拡大している国や地域を指す。新興市場の特徴として、まず市場環境が急速に変化していること、つぎに新規参入した企業にとってしばしば異質性の大きい市場であること、さらに多くの場合、新興市場がグローバル競争の焦点になっていることをあげることができる。中国市場はまさしくこのような新興市場の典型である」と指摘している（黄磷〔2003〕『新興市場戦略論』千倉書房、11頁）。

ここで想定されているのは中国市場であるが、中国以外にも巨大な人口規模を有しなおかつ急速に開放が進み、経済成長の著しいいわゆる **BRICs** といわ

BRICs：新興工業国の中で、高い経済成長がみられるブラジル（Brazil）、ロシア（Russia）、インド（India）、中国（China）の頭文字で表した4カ国を意味する。いずれも広大な国土、多数の人口、国内に天然資源が存在するなどの共通点がみられるとともに、政治体制や宗教などでは相違点もある。今後の経済発展によって、BRICsの世界経済に占める比重と影響力は大きくなることが予想される。

第9章　マーケティング

れる国々が含まれるであろう。さらに国を越えて地域という括りで考えると，東アジア全体さえもが包含されることになろう。これらの新興国では経済成長に伴ってマーケットが急速に拡大し，かつマーケットの成熟も進行し質的な変化も著しい。同時に経済成長の特徴が異なることやまた地域的な生活文化の相違もあって，これらの地域のマーケットの特性にはかなりの相違もみられる。

新興市場としての特徴は，これらの東アジア地域のマーケティング活動について共通の特徴を明らかにできる点で参考となる1つの重要な視点であるといえるかもしれない。

4　東アジア発の国際マーケティングと東アジア市場におけるマーケティング

東アジアのマーケティングは，日系の自動車製造企業や家電企業のように東アジア地域で成立，成長した企業が，国内はもとより東アジアや世界各地に進出してマーケティング活動を展開する場合と，東アジア諸国の市場で現地資本や外資系の企業によって行われているマーケティングの二様の意味が考えられる。

前者の場合は，東アジア地域は経済発展が著しいので，今後そうした企業が続々と登場することも考えられる。また今日アジアで例外的に高い経済発展を遂げた日本もかつては，欧米に比べて経済発展段階，特に技術力や市場の成熟度合いが低いと評価されていた。そうした事情があっても，日本企業は，トヨタ自動車のように，第二次世界大戦後に未舗装地域が多いなど劣悪な道路事情の日本の市場に適合した〈トヨペットクラウン〉ブランドを開発し，国内市場で本格的な乗用車生産・販売を開始するとともに，その後自動車産業が発達していて，整備された高速道路網の発達しているアメリカ市場に打って出た。もちろん直ちには良い成果は生まれなかったが，日本企業がそうしたチャレンジをしたことは，その後の輸出マーケティングや直接投資に基づく現地マーケティングを展開する際に大きな成果を生み出し，グローバルな大企業として成長するために貢献している。

東アジア諸国の企業はかつての日本企業が先進国に進出したのと同様に，経済発展が相対的に遅れた段階の東アジア諸国の市場から相対的に高い経済発展

段階にあり，成熟化が進行しているとみなせる西ヨーロッパや北米，そして日本の市場に進出するマーケティング活動上の課題に直面しているとみることができよう。

東アジアを母国市場とする企業の欧米などのいわゆる先進国の市場で展開されるマーケティングは，**グローバルプラットフォーム**である母国市場の影響を受けるため，東アジア地域の企業によるマーケティングとみることができる。しかし他面ではマーケティングが展開される先進国の市場の特性に大きく左右されるし，現地の市場の特性に十分に対応してマーケティングを展開しなければ売上の増大も企業規模の成長も実現しないであろう。日系企業のように東アジア地域の企業であっても，欧米市場で展開する場合には欧米の現地市場の特性に影響されたマーケティング活動としての特徴をも有することになるだろう。それゆえ東アジア地域の市場の特徴を明らかにすることが，東アジア・マーケティングの特徴を明らかにすることにつながると考えられるのである。したがって本章では，東アジア地域の市場特性とそこで展開されるマーケティングの特徴を明らかにすることを中心的な課題としている。

2　東アジアにおける格差構造の存在とマーケティング環境の多様性

1　マクロ環境

①自然環境の多様性

東アジアは，963万km²という広大な領域に13億人を超える世界最大の人口を有する中華人民共和国からわずか国土が699km²という狭い地域に440万人余りが暮らす都市国家シンガポールなど，多様な国土面積と人口を有する国々が，中国東北部や朝鮮半島北部の冷帯（亜寒帯）気候，日本や中国沿海部の温帯気候，中国内陸部の乾燥気候，タイやインドネシアなどの熱帯気候まで

グローバルプラットフォーム：M.E. ポーターの提唱した概念で，国が国内企業に対してグローバルに戦える優位性を与える環境を提供する場合，その国はその企業のグローバルプラットフォームとなる。したがってグローバルプラットフォームがグローバル企業の競争優位性を生み出す土台となっていることになるので，それはグローバル企業の優位性を左右する要因といえる。

様々な気候地域が存在している。こうした自然的条件の多様性が，人々の暮らし方に大きな影響を及ぼし，生活手段としての製品を規定する面がある。

石灰分の多い水を使用している地域などでは，同じブランド名を使用しても，地域ごとに洗剤の成分を変更する必要があろう。また良質の水が大量には利用できない地域では，水量節約型の洗濯機の開発と普及が家電製品のマーケティングを成功させるキーポイントになるかもしれない。

食生活を取ってみても，同じ中国で饅頭や餃子などを主食とする北部地域と米や麺類を主食とする南部地域とでは，食習慣の相違が大きい。広く麺類を食する東アジアであっても，例えば日本のカップ麺をそのまま中国に輸出したとしても人々に支持されるわけではない。中国に適合した味付けが求められることになる。狭い日本でも，地域によってカップ麺のスープの味付けが変えられているのは，よく知られている。

原材料問題やエネルギーコスト，公害などは世界的に問題になっているが，経済成長が著しいアジアにおいても，マーケティング活動を取り巻く環境として重要性をますます帯びてきている。石油価格の高騰がガソリンを燃料とする自動車の将来像に大きな影響を与え，低燃費の自動車の生産・販売へと車種をシフトさせてきている。いまだ成熟化していない自動車市場を抱えている東アジアでも，どのようなタイプの乗用車を開発，製造，販売するのかの意思決定は，企業の存続に関わる課題となってきている。

②政治―法的環境の多様性

東アジアには共和制の国だけでなく，タイ王国のように王制の国も存在する。王制といっても，国王に政治の実権がかなり残されている国もあれば，日本の象徴天皇制のように主権が国民にあり比較的に共和制に近い制度の国まで多様である。また共和制でも，中国のように社会主義政治体制を採用している国家も存在し，民主主義制度のあり方についても，理念や運用のあり方がかなり異なる。こうした政治形態や統治機構のあり方の相違が，マーケティング活動に影響を及ぼさざるを得ない。

さらに法制度のあり方がマーケティング活動に大きな影響を及ぼす。欧米でも様々な法的規制がマーケティングに影響を及ぼすが，東アジアの場合には欧

米とは異なる政治体制のために特有の事情が存在する。法律が厳格に運用されているというより，いわゆる「人治主義」で行われて，行政担当者の裁量権が大きいために政府の規制や政策遂行に変動が大きく，そのためマーケティング活動に歪みを生じる場合も存在する。

③経済環境の多様性

海外市場への参入を決定する際に，その国の市場規模は大きな意味をもつが，市場規模を評価する際の基本的な指標はGDPであろう。またその国の経済的な発展の尺度は1人あたりGDPで評価されることが多い。いずれも参入の可否やその後のマーケティング活動の展開方向を決定する際に有用な指標である。またGDPおよび1人あたりGDPの成長率は，将来的な経済発展の可能性を評価するものであり，現在は必ずしも魅力的でなくとも，経済成長率が高く将来的には有望な市場であるならば，積極的に参入することがみられる。

アジアの中では日本がシンガポールと並んで1人あたりGDPでも群を抜いている。中国は経済成長率の高さからいずれ日本のGDPを追い抜くと考えられるが，1人あたりGDPでは，日本にははるかに及ばないので，経済発展段階の視点からは日本と同種の市場とみなすことはできない。しかし同時に留意すべきことは，アジアのGDPを考慮する場合，都市部と農村地域では同じ国内でも著しい地域間の経済格差が存在することが多い。中国でも沿海部といわれる地域にある大都市では，深圳，広州，上海のような約1万ドルの高い1人あたりGDPをすでに達成している都市が存在するが，他方で内陸部では依然として1000ドルにも満たない低い1人あたりGDPの地域も存在する。地域間の所得格差は，（省・直轄市・自治区単位で）最高の上海市と最低の貴州省では，10倍程度とされている。これは日本で最大の1人あたり県民所得を有する東京都と最低の沖縄県が2.3倍程度であるのに比較して，極めて著しい格差といえる（『通商白書』2007年版より）。こうした一国内の所得格差の存在を東アジアのマーケットでは無視することはできない。日本はアジアの中でも都市と農村の経済格差がそれほどではない国といえるので日本全体で画一的なマーケティングをすることが可能であるが，東アジアの多くの国では地域ごとの所得格差を考慮したマーケティングが必要となろう。

④文化環境の多様性

　東アジアは，中国では道教や仏教，韓国はキリスト教，日本やタイでは仏教，インドネシアやマレーシアではイスラム教など多様な宗教が混在しているところに特徴がある。マーケティング活動をする際には，こうした様々な宗教上の禁止事項などを遵守することが求められる点で厳しい環境要因となっている。キリスト教がかなり優勢な北米やヨーロッパとは明らかに異なる特徴である。かつて食品メーカーの味の素社がイスラム教で口にすることを禁じている豚肉のエキスを含む製品を東南アジアで販売していたことで厳しい批判を浴びたのはその代表的事例である。各宗教で神聖さなどについて色合いのもつ意味が異なるため，そうした点を考慮した製品デザインも必要となってくる。

　また宗教的信念に関連して，人生観や日常生活における信条が異なるために，そうした違いも考慮しなければならないであろう。例えばイスラム教では飲酒は禁止されているので，イスラム教の影響の強い地域では，そうした信念を十分に配慮したマーケティング活動が必要となるだろう。また正月や中秋，イースターやクリスマスなどへの態度も国によってかなり異なる。

　宗教や信条，あるいは学歴・所得，年齢などに影響される各国，各地域の生活様式の相違も多様である。アジアは概して対面や面子を重んじる社会であり，消費生活においても華美なデザインや過剰包装が好まれる傾向があるとされる。

　博報堂の調査によれば，中国の中間層の家庭では，ホームシアターやシャンデリアなどを備えた豪華な客間・リビングなどがしばしばみられたりする（大橋直子他〔2008〕『中国で成功するマーケティング』日本経済新聞出版社，46-123頁）。こうした消費生活態度は，経済発展の程度によっても影響されているとはいえ，アジアの各地域の生活文化を反映していると考えられるので，マーケティングを展開する際に極めて大きな考慮要因となる。

[2]　市場特性の多様性と産業の特性に由来するマーケティングの特性

　マーケティング活動を検証する際には，製品の特性をみておかなければならない。一般的に企業のマーケティングを考察する際には，個人（あるいは家族）が生活を営む際に使用する（消費する）商品群（消費財）と製造業やサービ

ス業などを営む事業体が事業目的のために使用・消費する商品群（生産財）の相違を前提とする。生産財の中身は，生産設備や原材料であるが，事業で利用される乗用車やパソコンなども含まれる。こうした事業活動に使用される財は，たとえ商品の形態や内容が消費財と類似していたとしても，使われ方は異なるので，マーケティングの仕方も異なる。そして生産財のマーケティングは重要であるが，国際マーケティングを検証する際に前提とするのは，主要には消費財のマーケティングである。

消費財のマーケティングについては，どのような消費財なのかで，マーケティング活動はかなり異なる。日常生活で頻繁に消費される最寄品，ファッショナブルな衣料品や家電製品のような比較購買が行われる買回品，ベンツやBMWのような高級自動車やピアノなどの専門品ではマーケティングのあり方がかなり異なることに注意しなければならない。

国際マーケティングの展開を検証する際には，ポーター（M.E. Porter）が提唱した2つの業界区分を考慮に入れなければならないだろう。ポーターは，国際マーケティングを展開する業界について，大きく2つの業界に分けている。1つはマルチドメスティック産業であり，もう1つはグローバル産業である。

マルチドメスティック業界とは，競争が国ごとに行われる特徴をもつ業界であり，食品，トイレタリーなどの日用品製造業や小売業，金融，保険などがそうした業界と指摘している。こうした業界では，国ごとに優劣が決まるので，マーケティング戦略も国ごとに異なる戦略が採られる。製品の開発，製造，広告，チャネルなどの活動も国ごとに基本的に展開されるほうが成功する。他方でグローバル業界とは，1つの国の市場における優劣がほかの国の市場における優劣に大きな影響を与えるような業界で，別言すれば競争が地球規模で行われることになる。マーケティング戦略もグローバルに立案される。テレビやDVD，パソコン，自動車のような製品分野では，こうしたグローバルな競争が展開される。製品開発，製造などは，世界的な拠点の選定と配置を行い，集中化したほうが効率的であると同時に効果的な展開が可能となる。もちろんこうした業種でも，広告活動や営業活動は国ごとに分散的に展開されるほうが成功することが多い。

中間的な特徴をもつ業界もありうるとはいえ，どちらの業界に所属すると考えるかによって，戦略が異なる。東アジアのマーケティング展開の場合にも，マルチドメスティックな業界かグローバル業界かという業界特性が影響することになる。

こうした業界特性の差異が国際マーケティングの特徴の違いに極めて大きな意味をもつと考えられる。多くの場合は，母国市場で確立した事業に基づいて外国市場に参入するので，上述のような業界特性の差異が国際マーケティングに影響するからである。

3 マーケティング活動の多様性と二極分化

1 STP戦略

経済成長の著しい東アジアでは，住民の所得が確実に増加してきているが，マス・マーケットとしての中間階層の量的拡大が進行しているとはいえ，人口構成比に占める割合は日本ほどではなく，富裕層と低所得層との経済格差は大きいし，また地域的にも大都市地域，特に首都圏と大半の農村地帯を含めた地方とでは，大きな地域格差が存在している。

中国では沿海部といわれる東部の地域に大都市が集中し，経済的な発展が著しいが，対極的に農村地帯が中心の内陸部では貧困な生活を営んでいる地域が多く存在している。タイ王国では，首都バンコク周辺と農村地域，特に東北部地域とでは住民1人あたりの地域生産額で5倍近い格差が存在している。

こうした著しい所得格差が存在している東アジアでマーケティング活動をする場合，いわゆる**BOPマーケティング**のような試みがなされているように大量の貧困層へのマーケティング活動も可能とはいえ，マス・マーケティングの手法は採用しにくく，むしろ特定のセグメントを標的市場に設定することが選

BOPマーケティング：世界の人口の大半は，1日2ドル未満の生活をしている40億人であるという現状から出発し，これまで見捨てられてきたこうした「貧困層（Bottom of the Pyramid）」に対する的確なマーケティングを展開することで，彼らの生活水準を向上させることを狙ったマーケティング。C.K. プラハラードによって提唱された。

択肢となりうる。日本のような1人あたりのGDPが高く経済発展の著しい先進国の企業が既存の自社製品でもって，東アジア地域の市場に参入を企図する際には，多くの場合富裕層をターゲットとして，所得の高い住民の居住地域である大都市市場に参入する。これは平均的な所得階層にとっても先進国の製品は高級品として認知されることも一因である。例えば中国上海地域で日常的に食される肉饅頭が1元程度であるのに対して，ハンバーガーのセットメニューは20元を超えるため，おしゃれな食べ物と参入した当初は認知されたはずである。

　日本のキリンやアサヒのビールが中国市場に参入したとき，販路は当初高級ホテルで日本人を対象にして高級ビールというポジショニングであった。例外的にサントリーが上海地域の合弁企業で開発した「三得利ビール」は，大衆向けビールとして開発，発売され，庶民が愛飲する低価格のビールとして上海地域のビール市場で圧倒的な市場シェアを獲得した。これは日本市場とは隔離されて，独自に製品開発から出発してマーケティングを展開したもので，日本のサントリー・ビール（モルツ）を大衆品としてポジショニングしたわけではなく，先のマルチドメスティックな業種としての性格を踏まえて，中国市場で異なるポジショニングでマーケティング活動をしたことで成功した例外的な事例である（高元昭紘〔2002〕「中国市場におけるサントリー・ビールの経営戦略」『流通』98-111頁）。

2　ブランド戦略と広告

　東アジアは概して発展途上にあり，市場も必ずしも成熟化していない。また現地資本の成長も一部を除いて強力でなく，ローカルな企業に留まっている。したがって中間層から上位の所得階層の購入する製品は，欧米や日本など外資系メーカーの製品が多い。またブランドの支持も，欧米志向が高いということになる。

　アジアの多様性は，製品戦略にも大きな影響をもっている。日本ではコカコーラなど炭酸系清涼飲料水のマーケットの拡大に影響を受けながら，茶葉を原料とした緑茶や烏龍茶などアジア的な飲料のマーケットが拡大して炭酸系の飲

料市場と競合しながら大きく成長してきた。緑茶の缶やペットボトルは，日本茶を飲みなれている日本人にとってなじみ深いが，それ以外にも烏龍茶などの売上の成長は目覚ましかった。日本市場での茶葉系飲料市場の成長それ自体も東アジアのマーケティングの特徴として興味深いが，中国市場への展開過程はさらに興味深い。

　もともと中国では伝統的にお茶の飲み方は，烏龍茶を主に飲む地域であれ，緑茶を主に飲む地域であれ，茶葉に沸かした熱湯を注いで飲むという熱いお茶が基本であり，人々はそうしてつくったお茶を携帯し，あるいは熱いお茶を入れる急須などを携帯することが多かった。したがってペットボトルに入って冷やされたお茶というのは，冷たい料理と同じように中国の伝統的な生活文化とは異なる飲み方であった。日本の茶メーカーは，こうした中国の伝統的な生活習慣に対して，ペットボトル入りのお茶類をそれまでのお茶とは異なるカテゴリーとしてリポジショニングを行った。そのために中国市場では烏龍茶や緑茶に砂糖を入れた甘いジュースのような清涼飲料として発売したのである。同じ東アジアでともにお茶を飲むとしても，固有の飲み方の文化が日本の消費者よりも強く根付いている中国では，ひとまず新しいソフトドリンクとして発売し，その後，最近は日本と同様に無糖の烏龍茶や緑茶へと製品アイテムを拡張して販売を進めている。同じ東アジアとして文化が近いとはいえ，異なる側面も大きいゆえに直面した製品コンセプト展開上の課題であったといえよう。

　他面では共有する面の多い消費文化の地域であるゆえに，日本で開発したものが欧米よりも展開がしやすい面も見逃せない。例えばコカコーラが日本で独自に開発したオレンジなどの風味の飲料である「クー」は，東アジアに普及している。またこうした「アジア」を強調したコンセプトとネーミングを積極的にアピールする製品開発も行われる。花王のシャンプー〈アジエンス〉は1つの事例で，欧米の女性とは異なるアジア女性特有の黒髪の美しさを強調した広告を一貫して展開することで，アジア全体の消費者の共感を呼び起こす効果があると思われる。

　グローバル産業に属する家電業界の製品の多くは，アジア的な特徴を有するわけではないが，しかし細かな仕様では，東アジアの経済発展や文化的な特徴

が現れることがある。客をもてなすことが重要な文化となっている東アジア地域では，リビングに大型の液晶テレビと DVD レコーダーが導入されてホームシアター化がされることが多くなるので，それに対応した品揃えが製品戦略として求められることになる。また例えば欧米や日本の冷蔵庫は，料理などの食材を冷蔵・冷凍するために使用されるので，キッチンの面積・配置に相応しい冷蔵庫が望まれるが，中国ではリビングに大容量の大型冷蔵庫を置くことがみられるように，売れ筋が欧米とは異なるなど，東アジア固有の生活文化に適合させることが求められる。

3 価格戦略

価格戦略は製品のグレードや品質に密接に関連するがゆえに，製品政策と切り離して論じることはできない側面を有しているが，ここでは価格戦略固有の課題についてみておこう。すでに述べたように，アジア各国における所得格差の存在は，先進国を母国市場とする企業にとっては，世界共通の価格政策を難しくしている。各国における価格設定上の制約は，その製品を当該国内で生産するか，他国から輸入するかで大きく異なる。同じ会社のブランドでも，特に労働コストの低い東アジア地域で生産したものか，日本から輸入したものかで価格設定のレベルに大きな差が生じるので，工場の国際的な配置や物流システムの構築などの国際ロジスティクスが大きな意味をもつことになる。家電製品をみると中国やマレーシアを生産拠点として，製品別，工程別のある種の分業が行われることになる。

先進国のブランド品の価格設定は，東アジアでも高級品として高価格の設定がなされる。日本で開発されたチョコレートやビスケットのような製品も，現地生産をしているために日本よりもコスト的には低価格が設定可能であるとはいえ，あたかも日本国内でベルギーのゴディヴァが高級チョコレートとして扱われるほどではないが，東アジアでは高級品として位置づけられることになる。また所得階層分化が存在するように，地域間の所得格差が歴然と存在するために，全国画一の価格設定をし難い局面もある。そうした中で，先進国で発売されている既存のブランドを世界共通の最高級ブランドと位置づけ，富裕層の消

費者を対象とした高価格を設定すると同時に，他方で現地企業の買収や独自の製品開発によって，それとは異なるマス・マーケットを狙って**浸透価格**で発売するリージョナルなブランドの開発が行われることにもつながる。そうしたリージョナルなブランド品は，東アジアに限定されていて世界規模の市場を対象としないため，価格設定の柔軟性が高いことになる。いわゆる浸透価格の設定が可能となる。

4 チャネル戦略

東アジアでは，先進国の企業が自社ブランドを消費者に販売しようにも，流通チャネルが未整備のために売上の成長が困難に直面する事例がみられる。先進国の製品は高級品が多いが，そうした高級品を扱うチャネルとしては，大都市部における若干の百貨店が存在する程度である場合である。近年地元の百貨店事業の成長拡大だけでなく，日本の百貨店の進出が進んでいる。しかしそれ以上に注目すべきこととして，百貨店とは別にフランス系資本であるカルフールやイギリス系資本であるテスコなど欧米の**ハイパーマーケット**が急拡大することによって，チャネルの整備が進んできている。

さらに食品やトイレタリー分野を主力品揃え商品とする**スーパーマーケット**やコンビニエンスストアなどの普及・定着が進むことで，流通チャネルが確立しつつあるといえよう。しかしこのことは，メーカーのマーケティング活動に対して大きな課題を突きつけることになった。

浸透価格：価格設定の方法として，主として高所得層を対象として製品の開発コストも含めて投資を短期間で回収し，利益も大きく設定するスキミング価格と市場に深く広く浸透することを狙って低価格の設定をする浸透価格が存在する。

ハイパーマーケット：食品はもちろん洗剤などの日用雑貨，衣料品，自転車，旅行用品，書籍・CDなど日常生活で使用・消費するあらゆる商品を品揃えして，比較的低価格で提供する大型のセルフサービス店。わが国の総合スーパーと類似のタイプの業態であるが，レジを集中した完全なセルフサービスを実施するなどいくつか異なる特徴をもつ。小売市場が未発達のアジアやヨーロッパなどの発展途上国を中心に急速な成長を遂げた。

スーパーマーケット：青果，精肉などの生鮮食品を中心に，主として家庭内で調理する材料としての食品を提供することを品揃えの特徴としたセルフサービス型の食料品店舗業態。したがって売り場面積が300㎡から大きくても3000㎡程度の規模であり，さらに大規模な売り場を有して非食品のウェイトの高い総合スーパーやハイパーマーケットの業態とは区別される。

▶▶ 企業事例 ◀◀

資生堂

　設立1927年。売上高7235億円。経常利益651億円。資本金645億円。従業員2万8793名。(2007年度)

　資生堂の源流は1872年の調剤薬局の創業にまで遡り，戦前からハイクラスをターゲットにした先駆的なマーケティングを日本国内で実施していました。資生堂の戦後の海外展開は1957年の台湾進出から始まります。その進出当初から，〈HIGH IMAGE〉〈HIGH QUALITY〉〈HIGH SERVICE〉の「3高マーケティング」を一貫した考え方として，「プレステージマーケティング」を海外で追求してきたのです。今日の資生堂は，SHISEIDOブランドでもって世界73カ国に展開していますが，特に中国市場を海外の最重点市場としてマーケティングを展開しています。

　中国への進出は，北京市からの依頼によるもので，有望市場として経済的な判断からではない点は，他の日本企業の海外進出の際にもみられる特徴です。特に社名の「資生堂」が中国の古典から採用しているように，日中友好の視点から1981年に北京市のホテルなどで輸入した自社商品を販売したところから始まり，1983年には技術提携で化粧品の生産を開始し，91年には北京市政府企業と合弁で資生堂麗源化粧品有限公司を設立し，94年には中国市場向けの独自ブランドとしてAUPRES（オプレ）の販売を開始しました。オプレは，資生堂のブランドであることを明記していますが，気候条件が厳しい中国の消費者の肌に適した中国市場向けの高級なグレードのプレミアムブランドであり，一流百貨店の売り場をチャネルとしています。

　対中国市場戦略として，大都市に集中する百貨店とは別に中小都市の市場を開拓するチャネルとして，日本で培ってきたチェーンストアシステムのアイデアを移転して専門店チェーン網を中国全土に構築しました。専門店チェーン向けのブランドとして「ウララ」を開発して，販売しています。

　さらに大衆向け化粧品として，資生堂の名を付けずに資生堂ブランドとは一線を画してアジア地域共通で展開しているZaブランドが存在します。

　このように，アジア地域で資生堂は重層的なブランド戦略を展開しているといえます。

東アジアにおいてハイパーマーケットやスーパーマーケットなどのいわゆる近代的な業態が急速に拡大することは，別言すれば小売市場がアメリカやヨーロッパ諸国の小売市場と同様に，少数の巨大小売企業によって占有され，寡占構造化することを意味する。大手メーカーであってもチャネルをコントロールできず，むしろそうした大規模な小売業の要求に対応することを迫られる中で，東アジア地域におけるマーケティングが制約されるようになりつつある。

こうした寡占的大規模小売企業との確執とは別に，新興国であるアジアでチャネルを構築する際には，経済発展の低さと関わって，独自の困難が待ち受けている。例えば中国市場で，現金取引が定着している中でチャネルとしての取引先からの売掛債権の回収はしばしば困難を極めた。売上は伸張しても売掛金が回収できないために，経営が継続できずに中国市場から撤退した企業も存在している。

資生堂の中国法人の場合には，百貨店のチャネル以外に，中国全土に専門店チェーンを構築することによって，百貨店のない中小都市にもマーケティングを展開可能にしていった。そうした中にあっても，取引先の専門店に対してかなり厳格に教育・訓練を実施し，店舗の陳列方法や接客サービスの指導などを徹底することで強力なメーカー主導のチャネル構築に成功している（中国・資生堂投資有限公司での聞き取りによる）。

このように自社の製品を顧客に提供するために，安定したチャネルの確立に向けて独自の取り組みが必要となっている。

[推薦図書]

谷地弘安（1999）『中国市場参入――新興市場における生販並行展開』千倉書房
中国の改革・開放政策後の比較的早い時期に日本企業の中国市場参入行動の特徴を分析し，マーケティング活動の課題を析出している。

黄磷（2003）『新興市場戦略論――グローバル・ネットワークとマーケティング・イノベーション』千倉書房
中国市場を事例として取り上げながら，新興国市場におけるグローバルマーケティングの参入戦略，標準化戦略，グローバルネットワークなどの諸課題を究明している。

コトラー他／洞口治夫監訳（2007）『ASEAN マーケティング――成功企業の地域戦略とグローバル価値創造』マグロウヒル　エデュケーション
　グローバリゼーションが進行する中での ASEAN 地域の各国の現状，市場の特性について論及し，ASEAN 各国における企業マーケティングの事例を紹介して，その特徴を明らかにしている。

設問
1．中国，タイ，マレーシアなど東アジアの国々の市場がどのように異なるのか，新聞記事や統計資料などを利用して調べてみよう。
2．日本企業が東アジアの国々に進出してマーケティング活動をする中で，どのような課題に直面したのか，新聞記事などで調べてみよう。

（齋藤雅通）

第10章

中小企業
――東アジア8カ国・地域の課題――

みなさんは中小企業の名前をいくつあげられますか？ 消費者としてのわれわれには近所の商店のほかに中小企業の姿を思い浮かべることは難しいかもしれません。しかし，中小企業は働く場，生産経営の担い手として，国民経済や地域経済に欠くことのできない役割を果たしています。多様な国・地域から構成され，ダイナミックに変化する東アジアにおいて，中小企業はどのように位置づけられ，どのように展開しているのでしょうか？

1 「東アジア中小企業論」の視点

1 中小企業とは

「中小企業」とは単に中小規模であるというだけでなく，本来，大規模な企業とは質的に異なる面がある経営体のことを意味する。中小企業論の教科書では，中小企業は国民経済の担い手として重要であるにもかかわらず，大企業と比較して「資金調達等で競争上不利な立場に立ち」，「同時に経営組織として単純であることにより大企業とは異なる経営行動をとることができる」ことから「中小規模の企業が中小企業として独自な存在として把握され，中小企業としての政策の対象となる」（渡辺幸男・小川正博・黒瀬直宏・向山雅夫〔2001〕『21世紀中小企業論』有斐閣）と述べられている。このような中小企業が通常どの国でも数の上で圧倒的比率を占めるだけでなく，雇用や生産の面でも大きな役割を担っている（表10-1）。

ただ，具体的な中小企業の範囲は，国・地域の事情を反映して一様でなく（工業・製造業については表10-2），その範囲には変更も加えられてきた。また，産業組織や企業間関係としての大企業と中小企業との関わり方も，国・地域，そして時期によって異なっている。

表10-1 中小企業の比率

(単位:％)

	企業数	生産額	従業員数	輸出に占める比率
中　国（2004年，工業）	99.8	68.8	73.0	68.1
韓　国（2003年）	99.8	52.8	87.0	42.2
台　湾（2007年）	97.6	28.3	77.1	17.0
ベトナム（2006年）	96以上	26.0	49.0	
タ　イ（2006年）	99.5	38.9	76.7	29.1
シンガポール（2005年）	99.4	46.3	62.3	
マレーシア（2005年）	99.2	32.0	56.4	19.0
日　本（2006年）	99.1		77.8	14.5

(注) 日本の企業数，従業員数は事業所ベース，中小企業の輸出額比率は「中小企業性製品」のみの値（共存業種製品を含めると輸出に占める比率は56.5％）。台湾の生産額欄は営業額に占める比率。

(出所) 中華民国経済部（2008）『2008中小企業白皮書』中華民国経済部；財団法人自治体国際化協会（2006）『韓国の中小企業支援施策について』Clair Report No.295；中国中小企業協会・南開大学中小企業研究中心（2008）『中国中小企業藍皮書―現状與政策（2007-2008）』中国発展出版社，独立行政法人中小企業基盤整備機構（2008）『ASEAN 6カ国における中小企業政策』；中小企業庁（2008）『中小企業白書2008』により作成。

2　国民経済発展の過程と中小企業

　東アジア諸国・地域は一部を除いて国民の政治参加を大なり小なり制限しながら経済建設を行った（**開発独裁・権威主義開発体制**）という共通した経験をもつ。社会主義体制もその一類型と考えられ，中国に至っては今なお政治参加の制限を継続している。このように共通の経験をもちながら，そこでの中小企業のあり方は様々である。

　中小企業研究では大企業と中小企業との間のいわゆる「**二重構造**」が主要な論点の1つになってきたが（福島久一編著〔2002〕『中小企業政策の国際比較』新

開発独裁・権威主義開発体制：経済成長のためには政治的安定が不可欠であるとして，政治体制への国民の参加を著しく制限している体制。アジアでは冷戦の影響を受けて権力の集中が正当化される傾向があった。韓国，台湾の例から経済発展が政治変化をもたらすという見方があり，中国の行方が注目されている。

二重構造：経営規模の相対的に大きい企業と相対的に小さい企業とで経営関連指標を比べると大きな格差が認められる。これが「二重構造」の数量的内容だが，中小企業と大企業との格差を平均値で固定的に捉えると中小企業の積極的側面を見落とすことになる。

表10-2 中小企業の基準（製造業，工業の場合，基準のいずれかを満たすもの）

国・地域		従業員	資本金・総資産	年商
中　国	中小企業 ：小企業	2000人未満 300人未満	総資産4億元未満 同4000万元未満	3億元未満 3000万元未満
韓　国	中小企業 ：小企業	1000人未満 50人未満	同5000億ウォン未満	
台　湾	中小企業 ：小企業	200人未満	資本金8000万台湾ドル以下	
タ　イ	中小企業 ：小企業	200人以下 50人以下	総資産2億バーツ以下 同5000万バーツ以下	
ベトナム	中小企業 ：小企業	300人未満 50人未満	資本金100億ドン未満	
シンガポール	中小企業		固定資産1500万シンガポールドル以下	
			シンガポール資本30%未満は「外資系中小企業」	
マレーシア	中小企業 ：小企業 ：マイクロ企業	150人以下 50人以下 5人未満		2500万リンギ以下 1000万リンギ未満 25万リンギ未満
参考：日本	中小企業 ：小企業	300人未満 20人以下	資本金3億円以下	

(注)　マレーシアは製造業・製造業関連サービス業・農業関連産業。
(出所)　中小企業庁 (2008)；独立行政法人中小企業基盤整備機構 (2008)；財団法人国際貿易投資研究所 http://www.iti.or.jp/smallbusinesslink.htm（主要国の中小企業施策に関するウェブサイト）；中国中小企業協会・南開大学中小企業研究中心 (2008)；平川均・劉進慶・崔龍浩編著 (2006)；土地総合研究所「韓国の法例・経済法分野」http://www.lij.jp/index.phtml?page=hourei/kankoku/keizaihou/mokuji

評論），例えば台湾と体制移行国（中国，ベトナム）では「官営ないし公営（公有制）企業と民営企業」，韓国では「**財閥**と非財閥」というようなもう1つの「二重構造」が主要な問題として存在してきた。同じくアジアNIES（新興工業経済地域）として括られながら，韓国は大企業主体で，台湾は中小企業主体で発展してきたとされる（北原淳編著〔2002〕『アジアの経済発展における中小企業の役割』日本図書センター；服部民夫・佐藤幸人編著〔1996〕『韓国・台湾の発展メカニズム』アジア経済研究所）。その違いはどこからくるのか。また，計画経済

財閥　→序章7頁参照

は理論的に大企業だけで運営可能であるにもかかわらず，中国には計画経済時代から中小規模の企業が多く存在してきた。ならば1990年代末になって中国をあらためて中小企業振興に駆り立てた要因は何なのか――。

東アジアの中小企業の位置を明らかにするには，規模別差異やこれに由来する差異以外の要素も踏まえて，個々の国民経済の発展過程に即して考えていく必要があると思われる。

本章では，まず，東アジアにおける中小企業のありようが，それぞれの国民経済の発展過程に深く規定されていることを，台湾，韓国と中国を事例に時系列的に概観する。

次いで，専修大学社会知性開発研究センター・中小企業研究拠点が行ったアジア8カ国・地域のアンケート調査の結果を一部用いて東アジアの中小企業を台湾，韓国と中国を中心にしつつ横断的に比較し，その多様性の考察を試みる。

2　経済発展過程における中小企業の位置づけとその特徴

1　台湾：「官民二重構造」からの中小企業発展

①台湾の「二重構造」の特徴

台湾では歴史的経緯を反映して，大企業・中小企業の二重構造は，公営・官営企業と民営企業との「官民二重構造」として現れた。国民党政権が接収した元日本企業の大規模な各種重化学工業と大陸から移転してきた金融・交通運輸・物資系・その他の企業が公営企業として，外来者である国民党の台湾支配を支えることになった。民営中小企業は外来人に支配される台湾人（内省人）を背景にもつ企業であったから，台湾では当初，民営中小企業の発展は顧みられず，図10-1のように民営企業の生産額比率は低かった（石田浩〔1999〕『台湾経済の構造と展開　台湾は「開発独裁」のモデルか』大月書店；平川均・劉進慶・崔龍浩編著〔2006〕『東アジアの発展と中小企業――グローバル化のなかの韓国・台湾』学術出版会）。

台湾において中小企業の基準が初めて制定されたのは，国民党政府が台北に移ってきて20年近くたった1967年，労働集約型輸出志向工業化を民営中小企

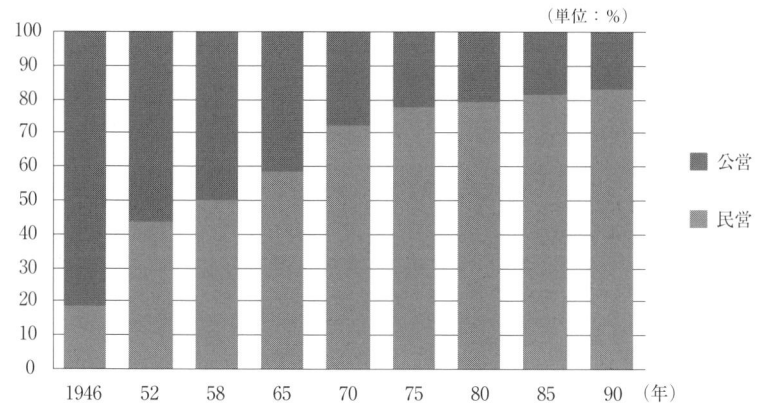

図10-1 台湾の工業生産額に占める公営企業と民営企業との比率の変化
(出所) 石田浩 (1999) 116頁をもとに作成。

業が担い始めた時期のことだった。中小企業を管轄する専門の政府部門である「中小企業処」ができたのは1981年，中小企業基本法にあたる「中小企業発展条例」が公布されたのはさらに遅く1991年である。ただ，逆説的ながら，台湾では発展が顧みられなかったことが，かえって中小企業の発展を促進することとなった（平川・劉・崔編著〔2006〕）。

②初期の輸入代替を担った民営中小企業

1950年代初めから60年代初めまでの輸入代替期には，内需を中心とする公営経済と，政府・公営企業による米・砂糖の輸出が成長を担った。60年前後からアメリカ資本の市場開放要求を受けて外資規制が緩和され，公営企業に国内市場を独占されていた民営中小企業は，60年代半ばから，外資との提携（委託加工，合弁，下請け）をテコに輸出に活路を開いた。台湾政府も50年代末からの為替レートの統一，60年代初めの各種投資条例，65年の輸出加工区の設置で，労働集約型輸出志向工業化の基礎を整え，外資（電気・電子，化学，製薬）と民営企業（紡績，セメント，食品，プラスチック）が60年代以降の台湾の成長を牽引し，民営工業が公営を完全に凌駕した（図10-1）。60年代には台湾の貿易構造はアメリカとの相対関係から，資本財を日本から輸入し完成品をアメリカに輸出する構造に変化した。

1960年代末から70年代初頭に，紡績，化学，セメント，家電・電機，自動車，製紙，保険，建設等の業種から後に大企業に成長する民営企業が現れ，公営企業の独占を崩す力となった（石田〔1999〕；平川・劉・崔編著〔2006〕）。

　③「官 vs. 民」から「大 vs. 中小」へ

　1974年から，台湾ではインフラ建設と重化学工業の輸入代替化が始まった。それは，1971年に国連から脱退して国際的孤立を深め，国民党政権が台湾定着に注力せざるを得なくなったためであり，そして1973～74年の石油危機で受けた打撃からの立て直しに投資が必要になったためだった（石田〔1999〕）。

　またこの時期，公営紡績業が退出し，企業の構図は「官 vs. 民」から「大 vs. 中小」へと移ってきた。公営大企業は砂糖輸出を除き依然台湾域内市場を独占したが，中小企業から成長してきた民営大企業が，外資との合弁で輸入代替を担い，やはり台湾域内市場を対象とした。他方，中小の民営企業は1960年代から台湾に進出した外資を窓口に輸出を担った。この結果，中小は輸出，大企業は域内市場という市場の棲み分けが形成され，1980年代前半には民営中小企業による輸出が台湾の全輸出の約60％（1984年）～70％（1982年）を占めた。ただ，この段階では大企業と中小企業との連関関係はなお希薄であった。

　1973年に行政院は初めての中小企業政策といえる中小企業金融支援を行った。翌74年，石油危機を受けて一連の中小企業融資政策を実施したが大きな効果はなかった。しかし，この頃つくられた中小企業信用保証制度は効果があったとされる。1976年には既存の無尽を改組再編する形で中小企業銀行が設立された（石田〔1999〕；平川・劉・崔編著〔2006〕）。

　④労働集約加工型輸出志向からハイテク輸出志向へ

　1980年代に入ると重化学工業化は行き詰まりをみせた。台湾では経済発展の結果として1人あたり所得が上昇し（賃金上昇），貿易黒字が累積（外貨保有増加）してきた。1985年9月のプラザ合意以降，為替レートが上昇すると，台湾域内での労働集約加工型発展も限界に達し，労働集約型中小企業は急速に競争力を失い，構造転換を迫られる中で支援策なしには域内中小企業が立ち行かなくなった。そこで1991年にようやく中小企業発展条例が公布された（平川・劉・崔編著〔2006〕；朝元照雄・劉文甫編著〔2001〕『台湾の経済開発政策』勁

草書房)。

　だが，そもそも政策支援の蚊帳の外に置かれ続けてきた民営中小企業は，80年代後半には安価な労働力を求めて自ら ASEAN（東南アジア諸国連合）へ進出し始めており，さらに 1987 年の戒厳令解除以後，（香港等を形式的に経由しつつ）中国大陸への投資も活発になった。

　他方，1980 年代末から内資の電子関連民営大手企業が成長してきた。90 年代に台湾では産業構造が高度化し，伝統産業（紡績，プラスチック加工，日用雑貨）が台湾域内から淘汰され，IT 機器，PC・周辺機器，電子産業へとシフトした。大企業も中小企業も輸出志向的でそれぞれ外資と合弁，提携して成長を遂げた。90 年代の経済グローバル化の中で，多国籍企業が PC や周辺関連機器を **OEM・ODM**（相手先ブランドによる製品供給）委託するようになり，台湾はこの受託に成功して PC 委託加工，IT 周辺機器部品生産の世界的基地になった。

　なお，民間の力が台湾経済発展の源であったと同時に，1980 年の新竹科学工業園区（IC，PC・周辺機器，IT，光学エレクトロニクス，バイオ，精密機械の振興）の設立など「官」の役割も見落とせない。工業技術研究院からの独立や技術移転が台湾の IC 産業発展のタネになったといっても過言ではない。専業のファウンドリー（受託生産に特化した IC メーカー）が成立し，IC 生産が分業化されたことが大きく関わって，新竹科学工業園区の集積効果が中小企業である**デザイン・ハウス**（生産機能をもたない半導体メーカー，IC 設計業）の成長をもたらした（平川・劉・崔編著〔2006〕）。

⑤大企業─中小企業間垂直分業的関係の形成と産業構造調整

　1990 年代からのハイテク輸出志向工業化の過程で，電子産業ではアセンブ

OEM・ODM：OEM（Original Equipment Manufacturer または Manufacturing）は，発注者のブランドでの生産委託を受ける製造業者ないしその委託生産方式をいい（序章 8 頁も参照），ODM（Original Design Manufacturer）は，相手先のブランドで製造，供給するが設計も自社で行う製造業者ないしその生産方式のことをいう。

デザイン・ハウス：設計受託会社を指す。半導体産業では，技術の進歩に伴い設備投資に必要な費用が増大し，生産組織が垂直統合型から工程間分業に変化した。受託生産に特化したファウンドリーが成立する一方，設計開発に特化するデザイン・ハウスが生まれ，設計開発への参入が容易になるとともに，開発の進展を促した。

リー大企業と中小サプライヤーとの垂直的分業関係が形成された。ただし，これは，日本のいわゆる系列関係とは異なり，中小企業の**企業間戦略連携**の一環として展開されているといわれる。電子産業は台湾の対大陸投資の3分の1を占めるとされ，2004年には台湾区電機電子工業組合の会員企業の4分の3が大陸での生産を行い，生産額の過半を大陸での生産が占めたという（平川・劉・崔編著〔2006〕）。大陸への生産移転については「産業空洞化」と両岸政治関係との関わりから常に議論がなされている。

台湾から大陸への生産機能の移転と台湾域内の産業構造の調整（サービス化）により，中小企業数は増加する一方で企業規模は零細になり，また中小企業の台湾域内における生産額比率や輸出比率は低いようにみえるが（前掲表10-1），間接輸出も含めれば，なお全輸出の3分の2は中小企業が担っているとみられる。

2　韓国：財閥系大企業 vs. 中小企業の「二重構造」

①「二重構造」の起源と特徴：輸入代替工業化

韓国では財閥系大企業が経済開発を担い，中小企業の発展は遅れてきたとされる。その起源は，建国初期の輸入代替工業化とその後の輸出志向工業化への転換の過程にあった。

建国後，李承晩政権下の韓国には，親米政権維持を目的とした援助物資と資金がアメリカからもたらされ，まず援助物資を加工する製粉，製糖，綿紡績の輸入代替工業化が始まった。加工原料となる援助物資の販売先がすでに加工能力をもつ事業者（主に元日本人工場の帰属資産を得た者）に限られたことが，財閥形成の源泉の1つとなった。財閥は朝鮮戦争の際のアメリカの特恵からも生まれている（梁先姫〔2008〕「韓国財閥の歴史的発展と構造改革」『四天王寺国際仏教大学紀要』第45号）。安価な援助物資の供給で小企業は市場を失い，援助物資の加工産業である大企業と農業・農産物加工を中心とする小企業との間には

企業間戦略連携：大企業中小企業間の分業だけでなく中小企業間でも広範な横断的分業・提携関係をもつ経営方式。大企業が自社内と同様に下請け中小企業を管理する準垂直的統合を特徴としていた日本の系列下請け関係とは性質が異なる。

連関を欠き，生産性格差も拡大した。

　国内市場の限界から1950年代に輸入代替工業化が行き詰まると，輸入代替工業化を担った企業家たちは，援助物資の扱いから得た利益を不動産投資や高利貸での運用に向け始めた。1961年に軍事クーデターで政権を獲得した朴正熙は政権掌握後，このような「商人資本」的性格をもった企業群に対し，不正蓄財の罪を問い，これら企業が蓄積した資本を，工業投資に向けさせることを狙った。そして国の開発計画に応じた企業群には，用地取得から資金調達まで便宜を図り，民間資本を育成しようとした（朴一編〔2004〕『変貌する韓国経済』世界思想社）。

　朝鮮半島が南北に分断され，工業生産力が北に偏在し，資金や技術が圧倒的に不足した初発条件の下，韓国は北との緊張関係の中で経済建設を進めることになった。そのような条件や環境の下では，国内の限られた資源を有効活用し，政府が主導して特定産業に民間資本を誘導する工業化のやり方には，一定の合理性があった。

　他方，中小企業に対しては「中小企業育成対策綱領」（1956年），「経済開発3年計画（59～61年）」（1959年）で，大企業＝重工業，中小企業＝軽工業という産業間分業の形成や農工間連携により，大企業と中小企業との間の生産性格差縮小がめざされたが，現実には大企業優先発展が貫かれ，ほとんど実行されなかった（平川・劉・崔編著〔2006〕）。

　②輸出志向工業化と二重構造の深化

　1960年代後半から輸出志向工業化に転じてからは，政府が選んだ企業群に支援が集中され，労働集約型産業分野で多くの財閥が形成された。そして財閥企業群は政府の開発計画に沿い，制度金融に頼って1960年代は様々な輸出産業，70年代は重化学工業へと多角的に事業を拡大していった（朴編〔2004〕）。

　1960年代には，財閥系大企業を中心とする輸出志向型の経済成長が実現したが，その過程では大企業との技術格差がもたらす中小企業の存立条件の悪化が指摘された。そこで財閥系大企業と競合関係にあった中小企業を分業関係へ転換し，中小企業を系列化して，輸出産業の補助部門として振興しようという政策方針が出され，企業を選別した支援が行われた。また，地方中小企業の支

援（工業団地設置など）も行われたが，大企業と中小企業との格差（二重構造）解消にはあまり役に立たなかった。

とはいえ1960年代は商工部内への中小企業課設置（1960年。1968年中小企業局に昇格，1996年に中小企業庁設立），中小企業基本法制定（1966年，施行法の中小企業振興法制定は1978年），信用保証基金準備制度創設（1961年）等，中小企業政策の枠組みが形成された時期であった（平川・劉・崔編著〔2006〕）。

③重化学工業化と中小企業政策

1970年代に入って石油危機を経験すると，外資と財政投融資に依拠し，輸出増加が投入財輸入増加を誘発する軽工業中心の輸出主導型工業化は限界に達した。大企業の不振は系列化を進めてきた中小企業にも波及した。

1973年に政府は「重工業化宣言」を出して，低賃金，消費財最終加工の国際的下請け構造からの脱却をめざした。重工業化は在韓米軍撤退に伴う国防産業育成の必要と関わっていた。1975年に出された中小企業系列化促進法は，大企業への系列化を促進し，軽工業部門での大企業独占対中小企業の構図は重工業分野を含む系列化へと変わって，大企業の資本蓄積に直接中小企業を組み込む形になった。他方で1970年代後半には，地方工業育成（セマウル工場建設）も行われた（平川・劉・崔編著〔2006〕）。70年代以来，製造業における中小企業の比率は高まっている（図10-2）。

政府に誘導された形での重工業への過剰投資が第2次石油危機で顕在化し，1980年代に入ると，韓国の工業化には，外延的拡大（大量生産依存）の限界，技術競争力の不足という新たな限界が訪れた。韓国政府は政府主導体制から民間主導体制への移行を宣言し，公正取引法制定を含む規制緩和を進めた。しかし，民間主導への移行も政府の手を経て行われ，結局，重要産業は財閥系大企業に集中することになった。

中小企業に関しては，小企業の育成，国策研究技術開発事業の成果の中小企業への移転をはじめ，技術集約型中小企業の創業を促し始めた。1980年代後半からの賃金上昇を受け，中小企業は大企業との取引だけでなく中小企業間分業にも積極的になり，1981年に23.2％だった下請け企業の比率は89年には53.3％に高まった（朴編〔2004〕；平川・劉・崔編著〔2006〕）。

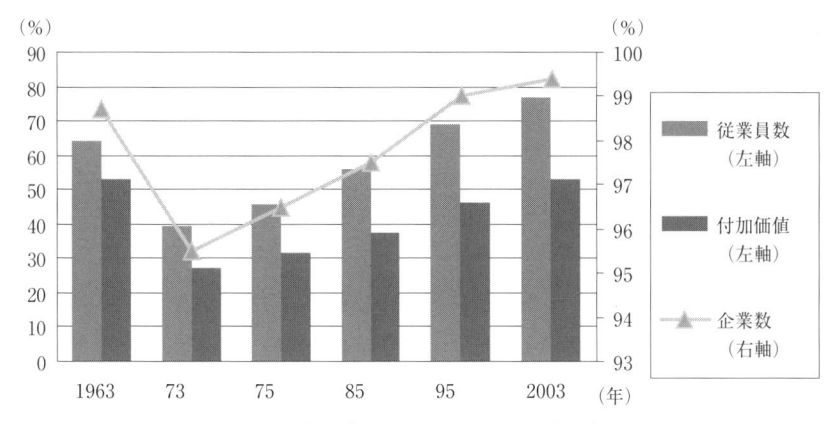

図10-2　韓国の製造業部門における中小企業の割合の変化
(出所)　平川均・劉進慶・崔龍浩編著〔2006〕37頁をもとに作成。

④中小企業の知識集約化政策

1990年代に入ると，文民政権の登場，資本取引の自由化など韓国の政治経済環境は大きく変化した。アジア通貨危機で，アジアへの過大な投資を行っていた財閥の資金繰りが悪化し，銀行からの借入金に極度に頼ってきた財閥企業群の破綻が相次いだ。融資に慎重になった銀行の貸し渋りは中小企業の倒産も引き起こした（朴編〔2004〕）。

2000年代になると政府はベンチャー企業育成政策を採択し，金融危機での製造業の停滞に中小企業の技術革新で対応しようとした。これは韓国にとって事実上初めての大企業中心政策から離れた中小企業政策であるといえる。技術集約型の中小企業育成は1980年代からあったが，1997年の金融危機が本格的契機となり，ベンチャー創業2万社を目標とする中小企業支援策が策定された。そこでは財閥系大企業からのリストラ組が多数，ベンチャー創業に関わったといわれる（新宅純二郎〔2007〕「韓国中小企業の苦悩」『赤門マネジメントレビュー』オンライン版，6巻6号）。ただし，ベンチャーの創業・発展は2000年代半ばに構造調整段階を迎えている。

他方，1990年代半ば以降，地方経済の振興や雇用創出策は引き続き中小企業政策の一部として展開され，特に1997年からは生業的小企業の育成が始まっている（平川・劉・崔編著〔2006〕）。

さらに1992年の中韓国交樹立以降，中小企業の対中投資も活発になった（2003年までで累計直接投資の約3分の2が対中国）が，中国市場の環境変化に苦戦を強いられているところもある。

③ 中国：「公 vs. 非公（民）」から「大 vs. 中小」関係へ
①「新生事物」ではない中小企業

中国で，「中小企業」向けの政策が多く打ち出されるようになったのは，1990年代末からであった。財閥・大企業体制で発展してきた韓国経済がアジア通貨危機で著しいダメージを受けたのに対し，中小企業主体で発展してきた台湾等その他アジアNIESのダメージは軽微だったことが，中国が中小企業の役割を認識するに至った1つの要因だといわれる。

たしかに中国では1998年に中小企業専門の初めての役所「中小企業司」が設置され，2002年に初めての企業規模別法「中小企業促進法」が成立，2003年には簡素化された企業規模区分が公表されており，中国における中小企業振興は，この10年ほどの出来事のように思われる。しかし，中国では建国以来，ほぼ一貫して中小企業を必要としてきた。

新中国が成立した時，中国経済の起点はあまりに低く，そうであるがゆえに，より野心的な経済成長が志向された。このため計画経済が本来的には想定していなかった農村での工業生産が必要とされ，人民公社には農業生産財関連の中小工場が併設された。この点で，同じ社会主義計画経済でも，都市工業が農業生産財を農村へ供給し，農村は農業に専念できた旧ソ連とは大きく異なっていた。また，戦争に備えて人民公社を単位とする地域完結型の生産体系が意図的に形成されたことも，農村の中小企業が計画経済期から多く存在した背景にあった（駒形哲哉〔2005〕『移行期中国の中小企業論』税務経理協会）。

こうした国民経済の戦略的理由により，中国では計画経済期から中小企業が一定の発展を遂げただけでなく，政治的混乱で計画経済が麻痺した際に，都市部では集団所有形態の中小規模の経営体が設立されたり，農村では中小工場が生産を伸ばしたりして結果的に国民経済を支えた。それゆえ計画経済から市場経済への分岐となる1978年時点でも，当時の基準で工業企業数の99.6％，工

業生産額の4分の3を中小企業が占めていた（駒形〔2005〕）。

②農村中小企業振興の意味

旧ソ連のように都市工業が農業生産財を十分供給できなかったことは，後に却って幸いする。農村中小工業の発展は，市場経済への移行にあたって，旧ソ連のようなラディカルな体制移行とは異なる選択を可能にしたのである。

1980年代には，財源を自ら確保しなければ公共サービスが供給できない農村末端の自治体が活発に中小規模の公有制事業体を興し，農村部の雇用創出，所得の向上や市場経済形成に貢献した。**郷鎮企業**と呼ばれるこの事業体は，国有企業の下請けに従事したり，国有企業の進出が薄い業種，国有企業と競合する領域（繊維産業等）に進出したりして発展し，農村の産業構造を変え，かつ国民経済の資本蓄積のあり方を変えていった。さらに，80年代後半から中国が国家戦略として労働集約型委託加工で国際分業へ参画し始めた際，郷鎮企業はその中心的役割を与えられ，輸出生産の担い手となった。

③私的経営（非公有制経済）の容認から中小企業振興へ

毛沢東時代には，労働力をひたすら投入することで先進諸国への急速なキャッチアップをめざし，人口増加が許容されたため，1970年代末の改革・開放への政策変更の時期までに，雇用問題はすでに深刻な状態になっていた。それに加えて70年代末からの諸改革措置のうち，農業請負制導入はさらに大量の余剰労働力を顕在化させ，また，企業自主権拡大は，雇用の抑制に作用して，都市部で「就職待ち青年」の発生が社会的な問題となった。農村では上記のように公有制事業体の振興も図られたが，都市・農村の雇用創出のために共産党はイデオロギーを後退させ，私的経営（以下，非公有制企業）を容認していった。

1990年代初頭に中国は自らの体制を「社会主義市場経済」と称し，市場経済化を加速した。90年代半ばまでに，非国有企業との競争に直面した繊維産

郷鎮企業：農村部に立地する企業群。人民公社時代には「社隊企業」と呼ばれ，1984年に自治体や個人が設立したものを総称して「郷鎮企業」と呼ぶようになった。1996年制定の「郷鎮企業法」により，「農村集団経済組織または農民の投資を主体として郷鎮・村で設立された，農業支援の義務を負う各種の企業」と定義されている。

表10-3 中小企業の企業形態別構成

(単位:％)

	企業数	従業員数	年商	総資産
国内資本	95.4	85.6	82.4	80.5
国有＋集団所有	15.8	21.1	25.7	17.2
株式，有限責任	12.3	22.7	33.5	28.0
私営企業	61.9	37.9	20.8	32.5
その他	5.5	3.9	2.5	2.8
香港・台湾・外資系	4.6	14.4	17.6	19.5

(出所) 中国中小企業協会・南開大学中小企業研究中心 (2008) 22頁。

業や，戦時体制から平時体制への転換と，経済成長に伴う産業構造の変化という2つの構造変化に直面した重工業部門の国有企業は，大量のリストラを余儀なくされた。

1990年代半ばに，「売り手市場」から「買い手市場」に転換すると，競争的な産業では需要発見と迅速対応の能力と効率的経営の組織編成能力に優れる非公有制企業が，公有制企業に対し優位性をもつようになった。地域開発のため活発に設立された地方の国有中小企業や，農村の公有制郷鎮企業も不振に陥っていた。1995年には中央政府は「大企業を摑み，小企業を放つ」策を提起し，事実上，中小国有企業の売却，民営化を容認した。また，公有制郷鎮企業の民営化も進展した。

過去においては経済過熱が発生すると，国有企業以外の企業の経営活動を抑制し，これらを「調節弁」としてきたが，1990年代半ばを境に状況は大きく変わり，雇用創出の担い手や，ビジネスチャンスに挑む市場経済の担い手の役割を非公有制企業群に依存せざるを得なくなった。そこで，1997年の第15回党大会の決定，99年の全国人民代表大会(国会に相当)での憲法改正を経て，非公有制企業は公有制と同等の地位に引き上げられた。

④成長支える非公有制中小企業

1990年代末に中小企業振興を唱え始めた最大の理由は，非公有制企業の振興が重要になったけれども，そのほとんどが中小規模であるという事実にある。なかでも中心は地場資本の非公有制企業である(**表10-3**，国有＋集団所有，香港・台湾・外資系を除く大部分)。

第10章　中小企業

▶▶ 企業事例 ◀◀

会社名：寧波市日聘工貿有限公司
　　　　——市場機会を察知し，技術集約度の高い製品にチャレンジ
所在地：中国浙江省寧波市
事業内容：自転車部品（ディレーラー，ブレーキ）
設立年：1991年（自転車パーツメーカーとしては1993年）
資本金：150万元
従業員数：600人（2007年）

　創業者の徐明強氏は，まず農村企業に勤務してプレスと金型の構造を学び，勤務していた農村企業が倒産した後，2年間，ドアの蝶番の加工，オートバイ・自動車部品加工などを行っていましたが，儲かること，生産量が安定していること，自分の技術で可能なことという点から1993年にマウンテンバイク用ディレーラーメーカーを立ち上げました。国産メーカーが少なく，部品が主に輸入されていることに着目し，台湾，日本，ドイツ製の製品を研究して部品から国産化に成功し低価格で市場を占拠しました（1セットの価格は日系の4分の1，台湾系の2分の1）。参入の際，品種を絞り，投資規模を下げる工夫もしています。

　自転車部品は①周辺な部品に属し，高度の技術が不要で労働集約的な部品，②機械の自動化による小品種多量生産が可能で，関連工業の発展をあまり必要としない部品，③金属加工・溶接が主で堅牢性が必要であるが，比較的標準化技術により製造可能な部品，④自転車の中枢部品で，高度の技術が必要な技術集約的な部品の4つに分類され，④への参入は難しいとされます。ところが，中国では④に属するディレーラーの量産に成功しているメーカーが同社だけにとどまりません。

　当初の対象市場は国内の民営小企業群の組み付け用であり，同時に専門市場に補修用パーツとして供給していました。しかし，1995年から展示会に出展し始め，1996年からは東南アジアの顧客が直接買い付けに来るようになり，対象市場は輸出主体に転換しました。設備も国産中古，国産民営企業製（浙江温州製）から台湾製に入れ替えました。1996，97年ころまでは上海の研究所，国有完成車メーカーのスタッフから技術指導を受けていました。最近では江蘇省の元国有大手メーカーから技術者を招聘しています。品質的には国際市場ではマス・マーケットの中低級車向けで，同社の製品は内外市場全体で15～20％のシェアをもつとされます。

　現在は厨房器具などにも進出し多角経営を行っています。

工業生産の伸びが大きい一級行政区（省・直轄市・自治区レベル）では中小企業の比率が高いという傾向があり，このことは中小企業振興の重要性を示唆するが，中小企業の比率が高い地域というのは非公有制経済の発展した地域でもある（駒形哲哉〔2009〕「中国・中小企業分析の視角――民営企業論か中小企業論か」『中小企業季報　2008年』No.4，大阪経済大学中小企業・経営研究所）。

　例えば浙江省，福建省，広東省などがそうした地域で，浙江省では早くから非公有制の農村工業が発達し，成功者に追随する形で特定製品・業種に従事する企業が集中立地する**産業集積**が多数形成された。産業集積はこの20年ほどの間に，全国250余の地方のうちの160余に形成され，浙江省だけでも2005年段階で800余の集積があるという（中国中小企業協会・南開大学中小企業研究中心〔2008〕『中国中小企業藍皮書――現状與政策（2007-2008）』中国発展出版社）。広東省の珠江デルタ地域や福建省は，在外同郷人や外資との関係から非公有制中小企業群の輸出産業が発展し，やはり産業集積が多く存在することで知られる。

　非公有制中小企業の発展と産業集積との間には密接な関係がある。中小企業にとって，産業集積がもたらす**外部経済**は中小企業が孤立して立地するより大きな有益性をもたらすし，産業集積が**動態的有益性**を発揮できるのは，環境の変化に対応しうる非公有制企業の存在が前提になるからだ。

⑤技術発展の担い手としての中小企業

　中小企業促進法では，中小企業は雇用創出の担い手にとどまらず，技術革新の担い手としての役割を期待されている。現実に，中小企業は全国の特許の約66％，技術革新の75％以上，新製品開発の82％以上を占めている。

産業集積：同業種・関連業種の企業が特定地域に多数集まることで産業の集中が生じている状態。このうち，多くの企業や関係組織が競争しつつも同時に協力し，共通性や補完性により連結している集積やイノベーションを促進するタイプのものは「産業クラスター」と呼ばれる。

外部経済：個別企業には規模の経済性（生産量が増えるに従い単位あたりコストが下がる効果）がなくても，企業が多数集まることによって企業間に相互作用が生じ，全体の経済性がもたらされる現象。

動態的有益性：産業集積のもつ有益性の1つ。ある時点時点での経済性ではなく，変化する環境に対応できるという有益性。集積内に存在する様々な機能を必要な時に必要なだけ組み合わせて利用できることによって生まれる。

中国における IT 関連の新産業を牽引したのは，大学や国の研究所が設立した半官半民の企業群であり，また大学・研究機関からスピンアウトした研究者や新卒研究者たちによる新興非公有制企業群である。これらは「民営科学技術企業」と呼ばれ，技術開発面でも国民経済の成長に貢献している。「中国のシリコンバレー」と呼ばれる北京の中関村に代表される，ハイテクの産業集積も多数形成され，帰国留学生の創業の場が広東の「広州高新区」等各地に形成されている（中国中小企業協会・南開大学中小企業研究中心〔2008〕）。

⑥中国の「二重構造」問題

　2006 年から始まっている「第 11 次 5 カ年規画」では，粗放的な量的拡大から効率重視の質的発展への転換，企業間協力重視，自主創新能力向上，社会的責任履行などを内容とする「中小企業成長プロジェクト」が打ち出されている。中国における中小企業は大企業との関係において競争上の不利性をもつ存在としてよりも，むしろ非公有制企業として経済成長を牽引する存在と捉えられている。中小企業の直面する困難の中では資金調達難は突出した問題といわれ，1990 年代末より展開され始めた信用保証制度も十分機能しているとはいえない。

　しかし，資金調達の困難は中小企業としての不利性だけでなく，制度改革の過程における非公有制企業としての不利性が働いている側面がある。この点で，中国の中小企業問題にはなお非公有制企業問題が重なっている。

　2007 年に成立した独占禁止法（反独占法）は，行政独占と外資に対する規制をかけつつ，競争を促進して国民経済の効率を高めることを狙っている。ただし，日本の独占禁止法とは異なり，「自由」（商品流通を除く），「民主的」といった文言がなく，競争促進はあくまでも公益（国民経済全体の利益）のためと位置づけられている。ここに「社会主義市場経済」の性質をうかがい知ることができよう。

3 東アジアにおける中小企業の多様性

1　東アジアを横断的にみる

　ここまでは，台湾，韓国，中国の事例から，国民経済の発展と中小企業の位置づけを時系列的にみてきた。今度は，東アジアの中小企業の姿を横断的にみてみよう。以下では，アジア8カ国・地域（日本，韓国，台湾，シンガポール，中国，マレーシア，ベトナム，タイ）の中小企業を対象に，専修大学社会知性開発研究センター・中小企業研究拠点が実施したアンケート調査（詳細は章末参照）の結果を利用する。

　ひと口に中小企業といっても，各国・地域の量的規定は異なり（前掲表10-2），企業の規模構成も異なっている。アンケート対象となった中小企業群のうち，従業員100人未満の企業の比率は日本，タイ，台湾で9割を超えるが（韓国は約87%），中国は50%以上が従業員100人以上である。平均従業員数(2003年)は日本34人，韓国・タイ49人，マレーシア55人，台湾69人，ベトナム71人，シンガポール187人，中国191人だった。

　以下ではアジア8カ国・地域の中でも，前節で扱った韓国・台湾・中国を再び主要な対象におき，日本を意識しながら横断的にみていこう。

2　企業と経済の「若さ」

　1998年と2003年の二時点を比較すると（ベトナム，シンガポールは2002年と2005年），日本の中小企業の過半が売上を落とし，従業員数も減らしているのに対し，アジア諸国・地域は総じて，売上・雇用の両面で上向きの状況にあった。韓国の場合，アジア通貨危機の落ち込みからの回復の要因もあると思われるが，(サンプル企業群が「生業的な」＝利潤最大化を目的とせず生計維持を目的とする＝特徴をもつ) タイを除くと，特に中国の中小企業の雇用の急拡大が目立つ（図10-3）。

　成長の差は，企業の「若さ」とも関連しているようだ。企業には誕生から成長，成熟（そして衰退）に至る**ライフサイクル**があるという指摘がある（安田

第10章　中小企業

(単位：%)

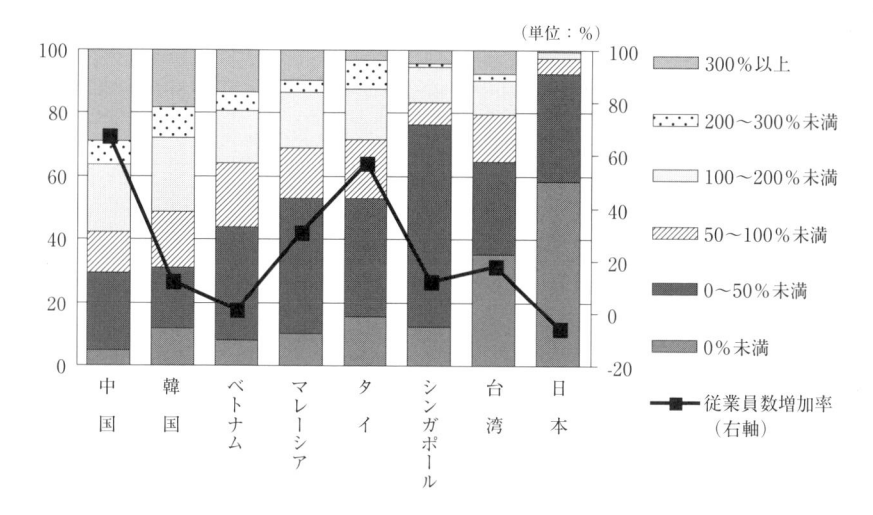

凡例：
- 300％以上
- 200～300％未満
- 100～200％未満
- 50～100％未満
- 0～50％未満
- 0％未満
- 従業員数増加率（右軸）

図10-3　国・地域別売上拡大率（1998-2003年）

(注)　シンガポールとベトナムは2002～05年の値。
(出所)　専修大学中小企業研究拠点アンケート（以下同じ）。

武彦・高橋徳行・忽那憲治・本庄裕司〔2007〕『テキスト ライフサイクルからみた中小企業論』同友館）。体制移行国（中国，ベトナム）は市場経済への制度改革で非公有制・民営企業が生まれ，それらは歴史が浅いので中小規模の企業が多いという経緯と事情がある。それゆえ，中小企業が相対的に「若い」のは当然だが，アンケート結果によれば，その他の国・地域も少なくとも7割以上が1980年代以降の設立で，日本の中小企業の8割以上が70年代以前に生まれているのと対照的である。経営者についても，中国，ベトナム，マレーシア，韓国の中小企業の70～90％程度がなお創業者であるのに対し，日本はすでに経営者が2代目以降に入っているが，その経営者の平均年齢は日本ではすでに59歳に達し，移行国（ベトナム42歳，中国46歳）そしてマレーシア（45歳），タイ（39歳）とは対照的である（韓国・台湾は52歳，シンガポールは51歳）。

ライフサイクル：企業には創業期→成長期→成熟期→衰退期というライフサイクルがあると考えられる。ただし人と異なり，企業は取り組み方次第で成熟期からさらに発展・成長する可能性もあり（第2次創業），また，廃業・倒産した企業を買収したり，元従業員が開業したりする「再生型創業」も存在する。

第Ⅱ部　職能・企業形態別編

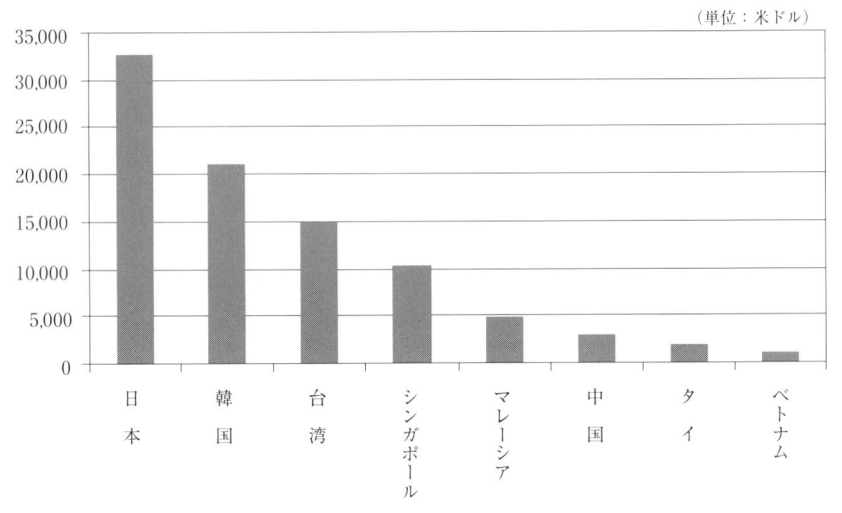

（単位：米ドル）

図10－4　平均賃金（2003年）

（注）　シンガポールとベトナムは2005年の値。アンケート結果と年末為替レートにより便宜的に算出。
（出所）　表10－3に同じ。

　企業の社齢ないし経営者の年齢の高さを，個別の企業の次元ではなく，その国民経済や地域経済を構成する企業群の性質として捉えると，そのライフサイクルは高度成長から成熟期へという国・地域の「興亡」とも重なってくる。

　経済が成長し成熟に近づくにつれ，人々の生活費用は上がり，賃金水準は上昇していく。その前の成長段階では賃金水準は成熟経済と比べ相対的に低い（図10－4）。売上拡大率上位に入る中国，ベトナム，マレーシアなどはまさにこの成長段階にあたる。このことは，成熟国・地域から成長国・地域への産業移転をもたらす大きな要因となり，また成長国・地域の経済成長を促進していく要因となっている。

　後発工業国の追跡を受け，先発工業国・地域の企業群は生き残りをかけて，より生産コストの安い地域へ生産の一部を委託したり，現地生産を行ったりする必要に迫られる。中間製品を生産している企業は往々にして最終製品の大企業の進出についていくことを要請される。もちろん，後発工業国同士も競合関係にある。

　アジアの後発工業国の中で，特に製品の競合相手と認識され，生産コストを

第10章　中小企業

表10-4　企業設立理由（複数回答）

(単位：%)

	N=	よい就職先がなかった	以前の勤務先に不満があった	以前の勤務先の事業縮小・倒産のため	より高い所得を得たかった	自分の裁量で仕事をしたかった	自分のアイデアを事業化した	経営者になることをめざしていた	以前から経営者	その他
日　本	204	4.4	7.4	6.4	10.3	61.3	15.7	22.5		0.5
韓　国	195	0.5	0.5	6.7	12.8	61.5	30.3	30.8		2.6
台　湾	177	1.7	1.7	4.0	10.7	10.7	60.5	43.5		6.2
シンガポール	14	7.1	－	－	14.3	14.3	－	42.9		21.4
中　国	204	3.4	5.4	5.4	18.1	11.8	48.5	33.3		4.4
マレーシア	134	4.5	10.4	－	17.2	6.7	51.5	36.6		6.7
タ　イ	40	10.0	5.0	5.0	22.5	32.5	17.5	35.0		5.0
ベトナム	121	9.9	7.4	1.7	15.7	27.3	32.2	38.8		12.4

（出所）　表10-3に同じ。

下げるための委託先となり，生産拠点設置先となっているのが中国である。とりわけ台湾と中国との経済面での競合と統合は並行して進展しており，台湾の中小製造業の低成長と台湾域内の中小企業の構造変化には，中国要因が大きく影響しているとみられる。

3 「自己実現の場」としての中小企業

　中小企業は，個々の企業の雇用数は少なくとも，合わせれば多くの雇用を生み出す場であり，同時に，創業は自らの思いの実現をめざす経営者を創出する過程でもある。
　アンケートの結果でも，中小企業の創業は，「よい就職先がなかった」というような消極的な理由や「より高い所得」という金銭的理由よりも，むしろ「自分の裁量で仕事をする」「自分のアイデアを事業化する」「経営者になる」といった自己実現が創業の動機になっていることが，アジア諸国・地域にほぼ共通して見出される（表10-4）。
　その中でも，「自分の裁量で仕事をする」ことを第一の動機とする国（日本，韓国）と，「自分のアイデアを事業化する」ことを第一の動機とする国・地域（台湾，中国，マレーシア）という差がみられ，後者は「経営者になることをめ

表10-5 販売額の多い販売先（複数回答）

(単位：%)

	N=	直接消費者へ	小売業者へ	自社の直営販売店や販売代理組織へ	卸売業者へ	製造業者へ	直接輸出	他企業を通して輸出	その他
日　本	650	4.0	15.5	11.1	39.4	49.7	2.2	4.0	4.2
韓　国	225	22.7	7.1	13.8	12.9	51.1	22.7	7.1	6.7
台　湾	220	21.8	5.5	20.5	12.7	25.9	41.4	18.2	5.5
シンガポール	84	17.9	13.1	14.3	4.8	50.0	40.5	20.2	11.9
中　国	327	28.4	10.7	25.4	14.7	23.2	18.3	9.2	7.0
マレーシア	195	41.0	17.4	22.6	26.2	45.6	14.4	12.3	21.0
タ　イ	107	45.8	26.2	16.8	22.4	16.8	9.3	−	1.9
ベトナム	153	26.1	24.8	15.7	29.4	36.6	28.1	14.4	2.0

（出所）表10-3に同じ。

ざしていた」比率も総じて高い。

4 企業間取引関係・産業組織と中国中小企業の「本質」

　このことには，例えば中国系人に「鶏口牛後」という考え方が強いことなど，その国・地域の人々の特徴も影響しているのかもしれない。しかし，企業間関係や産業組織のあり方にも理由があるのかもしれない。

　ここで表には示していないけれども企業間関係の構造を特定取引先への依存度の程度からみると，最も取引額の大きい取引先への取引額比率が30％を超えている企業の比率が，日本（48.8％），韓国（46.0％），台湾（58.8％）で高い（ベトナムも54.2％と高いが，中国37.0％，タイ32.8％，シンガポール27.8％，マレーシア25.6％）。うち台湾は大口の取引先が海外にいることがうかがわれるが，日本の中小企業は国内の大口取引先に相対的に依存しており，韓国はその中間に位置していると思われる。日本の中小企業は最終製品よりも中間製品を主体としているだけでなく，販売を他者に依存している割合が高い（**表10-5**）。

　これと対照的なのが中国である。日本，韓国，台湾（そしてベトナム）よりも特定取引先への依存度と国内製造業の下請け比率は低く，国内市場の消費者に直接製品を供給する比率が高い。特に自社の販路を構築している比率が高い

表 10-6 経営目的

(単位：%)

	N=	企業を発展させ、企業規模の拡大をめざす	企業発展を目指すが、規模より質的な充実をめざす	無理して企業の発展を図らず、安定経営をめざす	自分や家族の生活を豊かにする	従業員に満足してもらえる企業にする	その他
日　本	644	11.5	43.9	31.7	5.7	6.2	0.9
韓　国	224	29.9	30.4	27.2	2.7	8.9	0.9
台　湾	221	22.2	48.0	23.1	2.7	3.2	0.9
シンガポール	84	56.0	32.1	10.7	1.2	－	－
中　国	325	56.9	24.6	9.5	3.7	4.0	1.2
マレーシア	195	59.5	14.9	17.4	0.5	6.7	1.0
タ　イ	108	21.3	25.9	23.1	18.5	7.4	3.7
ベトナム	153	29.4	32.0	9.8	1.3	27.5	－

(出所)　表 10-3 に同じ。

ことが特徴である（表 10-5）。計画経済から市場経済への移行の過程で，不足するモノを配分してきた既存流通機構の役割が低下，解体し，非公有制（民営）中小企業は自ら流通経路を形成していったことがうかがわれる。

少なくとも 2000 年代初頭の段階で，中国の中小企業を集計値からみると，日本のような大企業支配体制下での下請け中小企業という印象はなく，拡大する市場環境の中で独立した経営を営む企業と捉えられる。企業の経営目標についても，「無理せず安定・質的充実をめざす」日本の中小企業，「規模よりも質的発展をめざす」韓国・台湾の中小企業，そして「経営規模の拡大をめざす」中国（加えてシンガポール，マレーシア）の中小企業というように特徴づけることができ（表 10-6），これは平均賃金（前掲図 10-4）の序列を反映している。このような拡大志向と企業間関係の特徴とを合わせて考えてみると，中国の中小企業は，「成長過程にあり現在中小規模である企業」と規定できるかもしれない。

表10-7　自社の強味（複数回答）

（単位：％）

	N=	コストが低い	品質が良い	短い納期で生産できる	他企業にない独特の加工技術がある	製品開発力が優れている	販売力が充実している	需要や技術に関し、他企業が気づかない情報をもっている	その他	特に強みはない
日　本	650	15.7	55.1	39.1	22.9	10.0	5.4	5.4	0.9	8.9
韓　国	223	9.9	62.3	23.8	17.0	17.5	19.3	13.9	1.8	3.1
台　湾	220	12.3	68.6	40.5	18.6	34.5	14.1	7.7	3.2	1.4
シンガポール	84	29.8	73.8	42.9	20.2	6.0	8.3	6.0	7.1	―
中　国	325	28.9	63.7	24.0	13.2	12.6	17.2	5.8	2.8	4.6
マレーシア	195	21.0	86.7	34.4	8.7	11.3	13.3	3.6	13.8	2.6
タ　イ	109	16.5	65.1	43.1	6.4	7.3	5.5	0.9	4.6	10.1
ベトナム	153	28.8	71.2	28.1	15.7	11.8	15.0	9.2	1.3	2.6

（出所）表10-3に同じ。

5　東アジア中小企業の優位性と直面する困難

①東アジア中小企業の優位性

　製造業の経営の基本は「Q・C・D」（Quality 品質，Cost コスト，Delivery 納期）である。アジア8カ国・地域を均してみれば，たしかにQ・C・Dが自社の強みとして認識されている。特に，アジア8カ国・地域のいずれも，自社の強みとして品質をあげる率が高い（**表10-7**）。もちろん，そこでいう品質の程度は，国・地域によって一様ではない。中国製品との競争にさらされている「無理せず安定・質的充実をめざす」日本の中小企業と「規模よりも質の発展をめざす」韓国・台湾の中小企業では，コストよりも独自の加工技術・製品開発力（そして販売力）などが強みとなっていて，これらは平均賃金の上位グループと重なる部分が大きい。

②東アジア中小企業の直面する困難

　原材料価格上昇，人件費上昇，人材不足，資金不足，国内企業間競争激化等，濃淡はあれ，アジア8カ国・地域の多くに共通する問題が存在している（**表10-8**）。そのなかでも，中国をはじめ元気なアジア7カ国・地域，それらとの競争に直面して苦戦する日本の中小企業群という構図がみえる。もちろん日本の

第10章　中小企業

表10-8　経営上の問題（複数回答）

(単位：%)

	N=	資金不足	人材不足	経営後継者難	情報の不足	販売力不足	技術力不足	生産能力不足	管理力不足	以上の問題はない
日　本	650	26.3	42.3	14.3	11.5	26.6	14.0	8.6	16.6	19.8
韓　国	222	50.0	46.4	2.3	20.7	18.9	16.2	8.6	22.1	16.7
台　湾	220	18.6	42.7	19.5	6.4	28.6	19.1	7.7	20.5	21.8
シンガポール	84	8.3	26.2	8.3	3.6	9.5	7.1	1.2	4.8	60.7
中　国	323	41.8	37.2	4.3	9.0	15.5	21.1	8.4	17.0	19.8
マレーシア	195	37.9	30.3	8.2	15.9	33.3	25.1	19.5	7.2	37.4
タ　イ	109	22.9	26.6	7.3	11.0	10.1	15.6	8.3	8.3	45.0
ベトナム	153	51.6	66.0	19.0	19.6	3.9	28.1	7.8	8.5	4.6

	N=	販売価格低下	原材料価格上昇	人件費上昇	エネルギー価格上昇	自社の事業に対する需要の変化	国内企業間の競争激化	販売先の厳しい要求	輸入品や海外企業との競争激化	以上の問題はない
日　本	650	53.5	37.8	12.9	4.6	17.7	25.5	26.3	24.3	8.2
韓　国	224	27.7	70.1	50.4	11.2	8.9	39.3	12.1	12.1	4.5
台　湾	218	39.4	66.1	38.5	17.9	14.7	47.2	12.4	18.3	3.2
シンガポール	84	25.0	61.9	28.6	23.8	3.6	15.5	14.3	28.6	21.4
中　国	323	35.3	67.8	33.1	17.3	5.6	37.8	15.8	4.3	8.0
マレーシア	195	35.4	72.8	59.0	26.7	3.6	22.6	12.8	18.5	15.4
タ　イ	109	11.9	63.3	44.0	32.1	6.4	29.4	9.2	6.4	19.3
ベトナム	153	17.0	66.7	28.1	17.6	3.9	41.8	15.0	30.1	2.6

(出所)　表10-3に同じ。

　個別の中小企業のすべてで元気がないということでは決してなく，オンリーワン企業は多数存在するし，逆にアジア諸国・地域の中小企業のすべての元気がよいわけでもない。この点は強調しておきたい。

　ただ，投入要素価格（原材料，人件費）上昇を問題としてあげる比率が，日本と日本以外とでほぼはっきりとした差として表れており，このことは，日本以外の国・地域の経済活動が活発であることを示している。他方，日本の中小企業群の過半が販売価格の低下を問題として認識している点は，日本の企業群がアジア諸国・地域との価格競争にさらされていることと無縁ではない。

　すでに紙幅が尽きてきているが，資金不足の状況に関して，表には示してい

ない質問項目も踏まえて触れておく。「資金不足」の項目の比率は各様だが，資金不足の理由は日本の場合，主に売上の落ち込みや借入返済であるのに対し，その他アジア諸国・地域の最も比率の高い理由は人件費・原材料の価格上昇（韓国，台湾，中国，タイ），売掛金の回収の遅れ（シンガポール，マレーシア，ベトナム）であり，中国，タイでは売掛金回収の遅れが人件費・原材料価格上昇に劣らず，5割以上の企業に認識されている。

他方，資金が足りていると考える企業も少なからずあった。その理由として，中国等で自己資金の範囲で経営することをあげる企業は多いものの，いずれの国・地域（シンガポールを除く）でも半分以上は，必要であれば借りられることをあげている。借入先は主に（商業）銀行であるが（日・韓・台・中は90％以上の企業が回答），それ以外のルートは各国・地域の特徴が現れている。日本，韓国では政府系中小企業専門金融機関が商業銀行に続くのに対し，中国では知人，家族・親族，民間金融・非正規金融が続く。ベトナムも同様の構成になっている（台湾は経営者の家族・親族が2番目の調達先）。

また，「安定・質的充実」・「規模よりも質的発展」（＝賃金水準上位）グループは「人材不足」，「管理能力不足」を相対的に感じ，「経営規模の拡大」（＝同下位グループ）のほうは相対的に「技術力不足」を感じている。中国の場合，「技術力不足」も「管理能力不足」も感じている比率が高いものの，「輸入品や海外企業との競争激化」を問題とする企業は多くない。この理由としては，国外よりも国内で主に地場企業（ないし進出外資企業）との間の激しい競争に直面していることが考えられる。

「情報の不足」をあげる比率は総じて高くないが，役立つ情報ルートとしては「取引相手」をあげる率がどの国・地域も圧倒的に高い（8カ国・地域の回答率の単純平均で6割）。中国，台湾の場合は「展示会・見本市」の比率が他国と比べて突出して高く（同約2割のところ台湾5割以上，中国4割），8カ国・地域の中でも経営上の情報入手の不足を認識する比率が低い。情報ルートの所在も，取引関係や産業組織面の特徴と密接に関連していると考えられる。

4　東アジア中小企業の行方

　台湾，韓国，中国の事例でみたように，中小企業の位置づけ，発展のありようは，おかれた環境や経済開発の独自の事情によって規定されてきた。しかし，国際政治経済環境の変化につれて——とりわけ中国の市場経済化と国際市場への参入に伴い，アジア諸国・地域間競争は激しくなった。この過程で，「官・公 vs. 民（非公有）」，「財閥 vs. 非財閥」といういわゆる「もう1つの二重構造」は無くなるか薄くなり，「大企業 vs. 中小企業」という関係が徐々に前面に現れてきた。ただし，このことは中小企業が停滞的で劣った存在だと主張するものでは決してない。

　また競争激化の中で，工業化で先導し，賃金水準が高まった国・地域と後発の賃金水準の低い国・地域との間には結果として分業も成立する。しかし，企業のレベルでは，先発国・地域のほうは，技術・品質向上と質的発展に注力し，後発国・地域のほうは相対的に量的拡張に注力し，それぞれの方向に適した労働管理制度をとっているような蓋然的傾向がみて取れる。

　このことを簡単に確認し，東アジア中小企業の行方について簡単に考察して本章を終えたい。アンケートでは現場のワーカーへの対応について，①「出来高賃金を導入している」，②「不良品を出した者にペナルティを課す」，③「技能向上のため指導員を置いている」，④「技能向上のため外部教育機関に派遣することもある」，⑤「冷暖房など作業環境の改善に留意している」⑥「改善提案を推奨している」，⑦「①～⑥は行っていない」という選択肢で複数回答可の質問を行っている。労働者に粗放的ないしネガティブなインセンティブを与える項目（①～②）に−1，労働者の能力開発と企業の内包的発展に資する項目（③～⑥）に＋1というスコアを与え（⑦は0），各回答のパーセンテージをそれに乗じて，国・地域別に合計スコアを算出し，これを賃金水準（図のスペースを節約するために対数に変換）と組み合わせた散布図を描いた（**図10-5**）。そして賃金水準が高いほど，このスコアが高くなるといえるかどうか計測してみた。被雇用者にとっては，賃金水準は所得水準と言い換えることもできるだ

第Ⅱ部　職能・企業形態別編

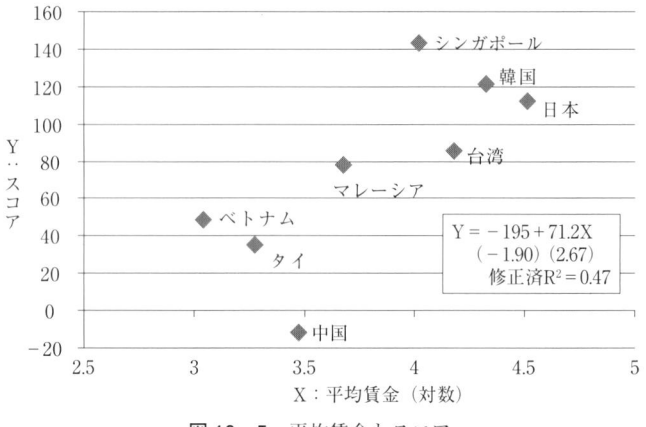

図10-5　平均賃金とスコア

$Y = -195 + 71.2X$
$(-1.90)\ (2.67)$
修正済$R^2 = 0.47$

ろう。

　計測の結果からは，賃金水準（所得水準）が高いほど，スコアが高い傾向が読み取れた。この結果は上記の企業の優位性の差異とも関連をもつと考えられるが，計測結果は賃金水準（所得水準）が高くなるほど，労働者を大切にして能力の発揮を促すことが必要になることを示唆しており，アジア諸国の中小企業には，例えば現場作業員への対応ひとつとってみても，大まかな共通する発展方向が存在することが示唆される。

　データとしては示さないが，日本，韓国の中小企業は経営計画や売上に関する情報を従業員レベルまで共有する率が相対的に高く，他方，中国は経営計画，売上情報のいずれにおいても従業員レベルでの共有率は極端に低い（台湾も相対的には低い）。中国の場合，2000年代初頭まで豊富なワーカーを酷使しながら，量的拡大を遂げ，それで対応できる製品の生産が中国に集中してきた。その中国においても，近年は生活水準全般の上昇とワーカーの需給関係の変化により，作業環境の改善に留意する意思と能力のない中小製造業の存続には厳しい状況が訪れている。

　ただし，賃金水準だけで現場作業員への対応を説明できる部分は，統計学的には半分以下（ある事象を，ある要因でどれだけ説明できるかを示す数字で「決定係数」という。100％説明できると1になるが，ここでは0.47）に過ぎない。説明

▶▶ Column ◀◀

平均値には要注意！

　本章では中小企業について，台湾の…，韓国の…，中国の…と便宜的に括って紹介しています。中小企業の数は膨大で個々の企業を取り上げていると，多様なアジアの中で中小企業がどのような姿をもっているのか調べることが難しくなってしまうので，とりあえず国や地域を単位に大まかにみることを試みているのです。

　けれども，注意していただきたいのは，同じ国や地域の中でも，中小企業のありようは様々だということです。平均値は大まかな特徴を示しますが，よくみると平均値にぴったりあう企業は実際には存在しないということもしばしばです。特に中国のように広大な国になると，平均値は「参考値」に過ぎなくなってしまいます。

　本章で紹介しているアンケートのうち，中国の結果について見てみましょう。中国のアンケートは，計画経済時代から国営企業を中心に工業が発展した北方都市・天津市，公有制農村工業の発展のかつてのモデル地域で現在IT産業が発展する江蘇省蘇州市，そして「資本主義の揺り籠」と呼ばれ，民営経済発展のパイオニアになった浙江省温州市で行われました。

　本章で中国の経営者は相対的に若いと述べました。ところが，温州の経営者には50歳を超えている人が4割もいました。また中国で民営（非公有制）中小企業の発展が顕著になったのは90年代後半以降ですが，温州の中小企業の4割以上はまだ中国において計画経済の色彩が色濃く残る80年代に創業されているのです。80％の経営者が創業者自身であり，企業と経営者の年齢が高いということで，温州では後継者問題を経営上の主要問題としてあげた経営者が，10％近くもいて，この数字は中国の蘇州1.8％，天津の2.7％に比べて突出して高く，むしろ日本の結果（約14％）に近いほどです。

　このことは，中小企業の課題に地域差が大きく，広大な中国ではとりわけ画一的な中小企業政策を採ると地域経済にとっては的外れになりかねないことを示唆しています。

できていない残りの部分は，個々の国・地域のもつ固有の要因による違いである。固有の要因とは何かを1つ1つ検討するにはすでに紙幅が尽きているため，東アジアの中小企業の方向には共通性と多様性とが併存している可能性を指摘して本章を終えたい。

【＊アンケートについて】

　文部科学省オープンリサーチ事業の一部として専修大学に設置された社会知性開発研究センター・中小企業研究拠点が実施した。アンケートの設計は黒瀬直宏教授による。筆者はこの事業に研究員として参加し，アンケート結果の利用について許諾を得ている。

　各国・地域の事情の差異等から，サンプル抽出の方法を共通にはできず，アンケート調査の仕方についても精度面で差があるため，結果の比較には慎重さが必要である。

　①対象国・地域（対象エリア，サンプル抽出先，実施期間，委託先）
- 日本：1）東京都大田区，大阪府東大阪市，福井県，岐阜県（岐阜市，各務原市，可児市，関市），信用調査会社保有企業名簿，2004/10/1-2005/1/31，(有)ブレーンネットワーク，2）東京都墨田区等城東4区，長野県（諏訪市，松本市，塩尻市，岡谷市，茅野市），同上，2005/1/11-2005/4/30，(有)ブレーンネットワーク
- タイ：バンコクとその周辺，Industrial Factory Information Center of Department of Industrial Work, Ministry of Industry 作成のリスト，2004/11/23-2005/2/28，国家開発行政大学院研究センター
- マレーシア：クアラルンプールとその周辺，マレーシア生産性公社（National Productivity Corporation, Malaysia）所有の名簿，2005/4/20-2005/8/31，マレーシア国家生産性公社
- 韓国：首都圏を中心に全国，韓国信用保証基金 Korea Credit Guarantee Fund (KODIT) の保証先，2005/7/1-2005/10/30，建国大学校
- 台湾：台北市を中心とする北部，台中市を中心とする中部，台南市・高雄市を中心とする南部，電子電機協会（TEEMA）および機械公会の名簿，2005/11/11-2006/3/15，(有)ブレーンネットワーク
- 中国：天津市，温州市，蘇州市，天津，蘇州，温州各市工商局の登録データ（天津は市統計局の企業データベースを併用），2005/12/2-2006/3/31，南開大学経済学院
- ベトナム：ハノイ市，ホーチミン市，電話帳，入手可能な業界名簿，2006/10/2-2007/2/9，(有)ブレーンネットワーク
- シンガポール：シンガポール全域，電話帳および入手可能な業界名簿，2006/11/15-2007/3/9，(有)ブレーンネットワーク

②総サンプル数，業種ごとのサンプル数

	N=	紡織業	被服製造業	金属製品製造業	一般機械製造	製造業機器具	電気機械製造業	情報通信機械器具製造業	電子部品・デバイス製造業	輸送用機械器具製造業	精密機械器具製造業	食料品	化学製品	その他	不明・無回答
日 本	650	15.3	30.8	19.8	16.8	7.7	1.5	0.8	2.9	4.3	−	−	−	3
韓 国	226	7.8	13.3	20.6	17.2	12.2	7.2	8.9	11.7	1.1	−	−	−	45
台 湾	223	32.3	4.9	5.4	13.9	13.5	8.5	17.0	2.2	2.2	−	−	−	0
シンガポール	84	2.4	9.5	33.3	15.5	10.7	4.8	1.2	1.2	3.6	1.2	14.3	2.4	0
中 国	333	16.7	17.1	24.8	12.8	6.4	1.3	8.5	7.7	4.7				99
マレーシア	195	15.5	17.0	5.7	45.9	3.1	2.1	3.6	4.1	3.1				1
タ イ	110	53.8	5.8	−	22.1	18.3	−	−	−	−				6
ベトナム	153	15.7	25.5	29.4	11.1	4.6	2.0	7.8	2.0	2.0				0

③アンケート項目

1. 主業務形態，2. 主業種，3. 製品，4. 製品，5. 創設者，6. 創業理由，7. 創業成功理由，8. 代表者前職，9. 家計費・事業経費区別，10. 帳簿の記帳，11. 計画作成，12. コスト見積り，13. 経営の主目的，14. 販売額の多い販売先，15. 他社からの外注生産，16. 最大販売先の売上比率，17. 主製品の価格設定，18. 販売活動の問題点，19. 工場の問題点，20. 技術開発活動，21. 技術開発担当者，22. コンピュータ利用状況，23. 自社の強み，24. 人材の問題点，25. 作業員に実施していること，26. 組織運営（経営理念，組織運営，年間経営計画，売上・利益の公開），27. 資金状況，28. 資金不足要因，29. 資金充足要因，30. 借り入れ状況，31. 借り入れ先，32. 株式上場について，33. 役立つ情報入手先，34. 環境問題への対拠，35. 経営上の問題（経営資源，経営環境），36. 中小企業の役割，37. 不当行為を受けた経験，38. 5年間の会社の変化，39. 会社が実施していること，40. 中国との関係（競合，委託，進出，中国国内市場），41. 代表者国籍，42. 会社形態，43. 会社の規模意識，44. 地域，45. 代表者年齢，46. 創業年，47. 年商（1998，2003年度），48. 売上高成長率，49. 従業員数（1998，2003年度），50. 2003年度1人あたり年間現金給与総額，51. 2003年度総資産額

[推薦図書]

駒形哲哉（2005）『移行期中国の中小企業論』税務経理協会
　中国の計画経済から市場経済への移行を，調査事例に基づきつつ，中小企業に焦点をあてて論じている（一部はその後の改訂論文で発展させている。文献目録は http://seminar.econ.keio.ac.jp/komagata/html/professor.html 参照）

平川均・劉進慶・崔龍浩編著（2006）『東アジアの発展と中小企業——グローバル

化のなかの韓国・台湾』学術出版会
　　アジア NIES を代表した韓国と台湾の経済発展の経過の中に中小企業を位置づけている。ベンチャー企業やハイテク企業についても独立した章を設けて深く論じている。

福島久一編著（2002）『中小企業政策の国際比較』新評論
　　ベトナム，マレーシア，台湾，中国のほか，オーストラリア，イギリス，イタリア，ドイツ，日本の中小企業政策についても紹介，検討がなされ，国際比較のための分析方法の構築が試みられている。

設　問

1．東アジア諸国・地域の国民経済の発展過程で，中小企業はどのような役割を果たしてきたのだろうか？
2．東アジアにおける中小企業の共通性と異質性について，本章に収録したアンケート結果の図表等から気づいたことをあげ，その理由を考えてみよう。

（駒形哲哉）

終 章

東アジアにおける企業経営の展望

1 東アジアのビジネスモデルの成果

（日本を除く）東アジア諸国は1997年のアジア金融危機や2001年の世界的なITバブル崩壊等の停滞はあったが，概ね経済的な発展軌道に乗っており（**図終-1**），多様性をもちつつも，それぞれの優位を生かしたビジネスモデルを構築しつつあるといってよい。

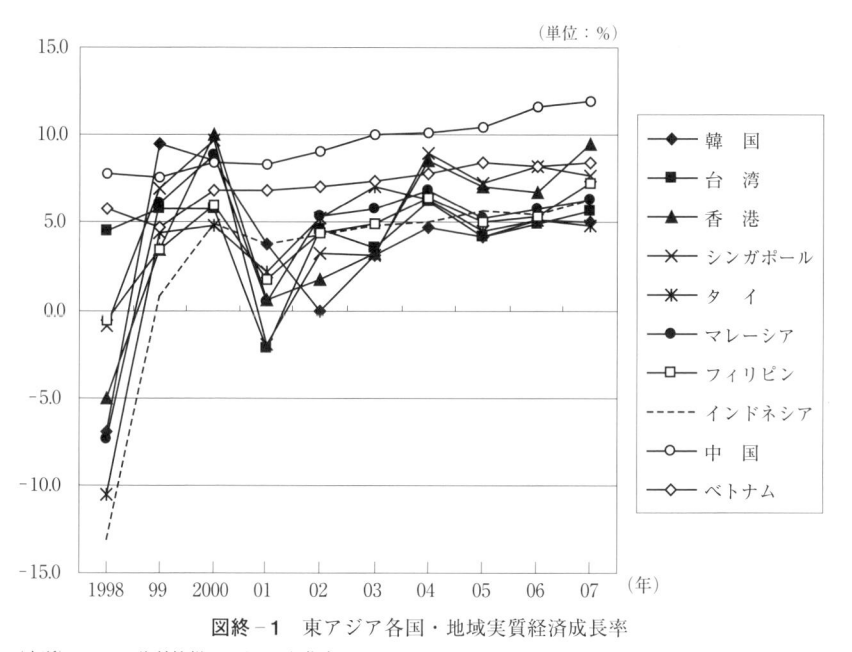

図終-1 東アジア各国・地域実質経済成長率

（出所） JETRO海外情報ファイルより作成。

建国当初は世界の中でも最底辺レベルの低所得国であった韓国は権威主義開発体制の下で，労働集約産業さらに重化学工業へと発展を遂げた。すでに自動車，鉄鋼，DRAM（記憶保持動作が必要な随時読み出し書き込みメモリー）半導体，液晶パネル，携帯電話端末などでは世界でもトップクラスのポジションを獲得してきている。

　台湾はOEM（相手先ブランドによる製品供給）やファウンドリー（半導体受託製造専業）という形で製造受託に道を見出した。

　序章でみた通り，香港とシンガポールは1人あたりGNI（国民総所得）で3万ドル近くにまで到達しており，実質的な購買力からみた為替レートであるPPP（購買力平価）でみると香港はすでに日本を凌駕し，シンガポールもそれに近い。両国・地域の**ビジネス・ハブ**戦略は成功を収めているといってよいだろう。

　ASEAN 4も外資に依拠する形ではあるが，産業構造を引き上げてきた。対外直接投資受入額の対GDP（国内総生産）比でみると，日韓は低く，それに台湾とASEAN 4が続き，中国・ベトナムがさらに高い構造となる。タイの輸出第1位品目がコメから繊維に，さらにコンピュータ周辺機器に変わっていったのは，まさにこのようなグレードアップを象徴している。また，タイについては，食品加工業において独特のビジネスモデルを構築するに至った。フィリピンにおいてはインドに続く形で，高学歴者と英語に堪能な人口の多さを生かした**BPO（業務外部委託）**ビジネス，**ソフトウエア・オフショア・アウトソーシング**ビジネスの展開を行っている。

　中国経済の躍進についてはもはやいうまでもない。1978年に始まった改

ビジネス・ハブ　→序章9頁参照

BPO（業務外部委託）：従来企業内で行っていた業務を外部に委託することである。近年の新しい現象として，総務部や人事部などの間接部門の行う業務の一部も外部委託するようになっており，BPOというとこの間接部門業務の外部委託を指すことが多い。なお，BPOは国外で行われることも多く，その場合はオフショア・アウトソーシングの一形態となる。

ソフトウエア・オフショア・アウトソーシング：ソフトウエア開発やITサービスを国外の業者に外部委託することである。メーカーが部品や製造工程の一部を国外で行うことは従来も行われていたが，電気通信や交通の発展およびインドをはじめとする途上国のソフトウエア開発力の向上を背景に，ソフトウエア開発ITサービスも国外へ外部委託されるようになっている。

革・開放路線によって毎年2桁前後の経済成長を続け，GDP規模は名目為替レートでみても世界第4位，購買力平価で計算すれば世界第2位の規模となった。貿易は2008年において貿易総額世界第1位となる見込みであり，かつては日本が断然1位であった外貨準備高においても日本を抜き去り，1兆ドルを超える水準に達した。「鉄の茶碗」や「鉄の椅子」と呼ばれたかつての国有企業のシステムはほぼ消え去り，国有企業も厳しい競争にさらされるようになった。また，国民経済に占める国有経済の比率はすでに20%を切り，それに替わって私営企業など私有経済の占める比率が上昇している。企業内のシステムも日本をも上回る熾烈な競争主義が導入されるようになっている。

　ベトナムはインドシナ戦争，ベトナム戦争に続き，カンボジア進軍による各国との関係悪化，特に中国との間での中越戦争，ソ連の新思考外交によるソ連からの援助途絶と戦争と外交に翻弄されてきた。しかし，1986年に中国の改革・開放政策を真似たドイモイ政策を導入し，市場化を推進し，経済発展を遂げてきた。近年，中国の沿海部では急激な賃金の上昇がみられるようになっており，また，中国への生産の極度の集中によるリスクを避けるために中国以外に生産拠点を確保するChina＋1（チャイナ・プラス・ワン）の動きがあるが，ベトナムはその格好の投資先となっている。

　日本についても付言しておこう。日本は世界の中では後発工業国であったが，アジアの中ではいち早く政治体制の改革（明治維新）を成し遂げ，産業革命（殖産興業）にも成功し，労働集約産業から，重化学工業化，さらにハイテク化と重点産業を転換させてきた。バブル経済の崩壊した1991年以降，長い停滞状況が続いているが，少なくとも現時点では世界第2位，アジア第1位の経済規模であり，技術的に世界をリードするところも少なくない。

2　東アジアのビジネスモデルの課題

1　東アジア主要国のビジネスモデルの課題

　東アジアのビジネスモデルはそれぞれ大きな成功を収めているが，同時に大きな課題も抱えている。

韓国の場合，1997年の金融危機によっていったん経済規模が縮小し，1万ドルを超えていた1人あたりGDPも7528ドルにまで下がっていたが，V字回復を達成し，2007年には1万9750ドルと2万ドル近いところまで成長してきた。しかし，その過程で，失業率，特に青年層の失業が拡大し，貧富の格差も拡大した。全労働力人口の失業率は3％程度であるが，青年層の失業率は7％を超える。サムソン電子（三星電子）などが躍進する一方で，日本と中国の間で埋没しかねない産業や企業は少なくない。良好な労使関係の構築，透明性のあるガバナンスの構築などを通じて，若年層の力を引き出しつつ，持続的な成長を達成できるビジネスモデルの構築が必要である。

　台湾はOEMビジネスの転機を迎えている。たしかに今でもノートパソコンの8割は台湾企業によって製造されている。しかし，それは必ずしも台湾内での生産を意味しない。いまや世界のPCの約40％は中国で生産されており，台湾企業の多くも実際の生産は中国で行っていることが多い。いまや100万人の台湾人が大陸に仕事のために居住するようになっている。したがって，台湾のOEMビジネスは，台湾を通過点にするだけになっているといって過言ではない。もともと利幅の薄いOEMビジネスにおいてこのような通過点化することは利幅のさらなる縮小を意味する。半導体と液晶パネルの二大支柱産業において技術集約度を高め，台湾内での生産を維持するとともに，バイオテクノロジーなど新たな成長点を切り開くことが必要である。

　香港は中国経済，特に広東省経済と一体化がますます進行している。しかし，中国側からすると改革・開放の初期のような「西側社会に向かって開かれた窓」という位置づけはどんどん失われている。港湾や道路の整備など物的インフラの整備に留まらず，外資政策の透明性の向上や貿易権撤廃などの制度革新によって香港を経由しないヒト，モノ，カネ，情報の動きが拡大している。改革開放初期にあったような制度的な優位を失いつつある中で，シンガポールに匹敵するビジネス・ハブとして再生できるかどうかが課題である。

　シンガポールは空港・港湾，電気通信などの物理的インフラの整備に加えて，各国とFTA（自由貿易協定）を締結し，ビジネス・ハブとしてポジションをますます高めている。強制貯蓄制度に頼る社会保障制度の未整備や民主化の遅れ

がある中で，ビジネス・ハブの担い手としての人材を確保し続けられるかどうか課題であろう。

　タイは東南アジアの中では製造拠点としての位置づけを高めている。しかし，そのことは同時に，中国との競合関係に立つことも意味している。ASEAN自身が人口5億人を抱え，巨大市場であるだけでなくASEAN内の種々の優遇政策があり，また，先進国にも上記のChina＋1の動きもあり，単純に中国との競争で競り負けるということではないにしても，中国企業に対して如何に優位を確保するかが課題となろう。

　タイとマレーシアの順調さに比べ，インドネシアは輸出の対GDP比が低く，輸出志向工業化への転換が充分に進んでいない。かつてオイルブームをもたらした石油が徐々に枯渇し，純輸入に転落したことも同国経済に陰を落としている。また，フィリピンもアウトソーシングビジネスの成功などにより輸出比率は高いものの，経済的な高成長につながるに至らず，高成長を続ける中国に1人あたりGNIを凌駕されるに至った（両国とも1420ドル，中国2010ドル，2006年）。両国とも多くの島々からなる国家であり，地域的独立性も高いという困難はあるが，中国が経済成長ゆえに賃金水準を上げてきたこともあり，両国のビジネスチャンスはまだまだあるだろう。

　躍進を続ける中国であるが問題もある。地域間および個人間の経済格差，環境破壊，社会保障の未整備などが社会的な問題であり，これらに対応することもビジネスモデルの課題である。また，高成長の中で賃金が上昇し，高付加価値化が必要となるという日本，韓国，台湾がいずれも経験した課題が浮かび上がってきている。オープン・アーキテクチャ製品の組み立て工程を担い，「世界の工場」ならぬ「世界の組み立て工場」を続けていることの限界性がみえてきた。それゆえ，中国政府は2006～10年の第11次5カ年計画においても「経済成長方式の転換」を掲げたのである。全般的には技術水準を上げてきている中国企業であるが，コア・パーツの生産や世界的な技術標準を獲得することは容易なことではない。コア・パーツや技術標準を他国に依拠しつつ利益を上げるだけでなく，高付加価値化をもたらす技術開発やビジネスモデルの構築に意識的に経営資源を割いていくことが必要であろう。

ベトナムはアジア金融危機による一時的な停滞からも回復したが，慢性的貿易赤字，未成熟な投資環境等の諸問題は依然大きい。また，2007年より顕在化したインフレは，2008年に入り一層深刻化している。China＋1の受け皿となるにはさらに投資環境の整備が必要であろう。

　日本についても再度言及しよう。日本は，経済成長がほとんど無く，今後人口も減少し，高齢化が進む。この中では，従来の日本の「**ダイヤモンド**」（要素条件，市場条件，関連・支援産業，企業の戦略・構造・競争関係）を生かした「国の競争優位」を維持発展しつつも，グローバル化による劣位の補完を急速に進める必要がある。国際協力銀行の調査では2006年度の日本企業の海外生産比率実績は30.5％で調査開始以降初めて30％を超過し，また，海外売上高比率も2006年度実績33.2％となった（国際協力銀行開発金融研究所〔2007〕『わが国製造業企業の海外事業展開に関する調査報告──2007年度海外直接投資アンケート結果（第19回）』 http：//www.jbic.go.jp/autocontents/japanese/news/2007/000208/sokuhou.pdf）。技術的にも，ビデオディスク（ブルーレイディスク），第3世代携帯電話（W-CDMA），ハイブリッド車，第8世代（まもなく第10世代）液晶パネル生産など，世界をリードする技術も依然数多い。しかし，それらが，経済成長に充分につながっていかず，成長率は0に近い。技術力やグローバル化を経済成長につなげていけるビジネスモデルの構築が必要である。

2　その他東アジア諸国のビジネスモデルの課題

　東アジアでも本書でこれまで触れてこなかった国々にはもっと多くの問題を抱えるところが少なくない。モンゴル，北朝鮮，カンボジア，ラオス，ミャンマーといった国々であるが，これらの国々はいずれも1人あたりGNIが1000ドルに満たないか，ぎりぎり上回る水準である。これらの国には共通点がある。それはいずれも社会主義的で閉鎖的な計画経済から資本主義的で開放的な市場

ダイヤモンド：アメリカの著名な経営学者，M.E.ポーターによる造語である。同氏によれば，すべての産業において競争優位をもつ国はなく，ある特定の産業クラスターにおいて優位をもつに過ぎない。その産業クラスターの優位の背景にあるのが，「ダイヤモンド」すなわち要素条件，市場条件，関連・支援産業，企業の戦略・構造・競争関係である。

経済への転換が行われていないか，移行過程において経済混乱に陥ってしまっていること，戦争（熱戦，冷戦）や内戦の負の影響がまだ残っているか，ないしは現在も継続中であるということである。

　モンゴルは社会主義からの市場経済への移行において混乱があった上にそれまでのソ連（ロシア）の後ろ盾が失われ，また，内陸部であって，先進国からの対外直接投資の誘致にも不利な条件にある。北朝鮮は極端なまでの軍事経済および「先軍政治」による統制，中国等を除くと封鎖的経済関係を採っていること等によって経済的には停滞している。カンボジアは長期間にわたって続けられた戦争と内戦の傷跡から完全に脱し切れていない。ラオスについてはもともと山間の不利な条件にある上に，ベトナムに追随する形での市場経済化の過程にあり，離陸できていない。ミャンマーは独特の封鎖的な「仏教社会主義」ともいわれる体制にあったが，今日では軍政が引かれており，国内的混乱もあって，外資誘致等は困難な状況にある。

　もっともこれらの国でも光明はある。モンゴルは日本の援助もあり移行経済に伴う経済の縮小局面から脱することができた。北朝鮮では韓国との共同による開城工業団地の成功の事例がある。カンボジアは中国がMFA（多角的繊維取り決め）によるクォータを回避するために同国に進出，繊維産業の勃興をみている。ラオスではアジア開発銀行のイニシアティブで着手されたインドシナ「東西経済回廊」のうち，バンコクからラオスを経由して，ベトナムのダナンにまで抜けるルートが2006年に開通した。陸の孤島というべき同国が，経済発展をする2つの隣国の回廊の中継地点となったのである。過密なバンコクから抜け出してラオスに工場立地をするといったことも期待できる。ミャンマーは国内政治の混乱が収まり，市場開放等が進めば，地理条件や人的資源等は決して悪くないので，経済発展の軌道に乗ることも可能であろう。

　これらの国ではいったいどのようなビジネスモデルの構築が好ましいのか，また，そのビジネスモデルを支えるビジネス職能はどのように組み立てられればいいのか。東アジアの企業経営を論じるのであればこういった問題の解明も大きな課題として存在している。他日を期したい。

[推薦図書]

塩地洋編著（2008）『東アジア優位産業の競争力――その要因と競争・分業構造』ミネルヴァ書房

　　東アジア4カ国・地域（日本，韓国，中国，台湾）が高い世界的シェアを握る産業に着目し，その競争力がいかに形成されたかを分析している。その要因として，「日本モデルの波及」があるとともに，後発国の独自の革新的転換があり，結果として，地域として高い競争力をもつ「競争・分業構造」が出来上がっているとしている。

末廣昭（2000）『キャッチアップ型工業化論――アジア経済の軌跡と展望』名古屋大学出版会

　　アジアの経済発展をキャッチアップ工業化と捉え，政府，企業，職場の3つのレベルで「工業化の担い手」の主体的能力とそれらを取り巻く制度・組織を検討するものである。マクロ数字だけでは捉えられない，リアルな発展の姿が描かれている。

アナリー・サクセニアン／酒井泰介訳（2008）『最新・経済地理学――グローバル経済と地域の優位性』日経BP社

　　かつての途上国から先進国への頭脳流出（brain drain）がいまでは頭脳循環（brain circulation）に変化しており，シリコンバレーから帰国した技術者たちがいまではインドや台湾そしてより新しくは中国のIT産業の発展をもたらしていることを明らかにしている。

　　　　　　　　　　　　　　　　　　　　　　　　　　　　　　（中川涼司）

索　引

あ　行

アーキテクチャ　57, 58
IMF 経済危機　35, 36, 45
IMF 8 条国　34
IC　59
IT 産業　7
IT バブル崩壊　281
IBM 互換　58
アジア金融危機　7, 130, 135, 139, 140, 281
アジア的価値観　6
ASEAN　1, 2, 9, 10, 133
ASEAN 憲章　120
暗黙知　58
ERP パッケージ（統合基幹業務パッケージ）
　15, 207
EMS　64, 67
EPA　116, 120
移行経済　10
李健熙（イ・ゴンヒ）　24, 36, 41, 44
李在鎔（イ・ジェヨン）　41, 42
李承晩（イ・スンマン）　30, 32
李秉喆（イ・ビョンチョル）　29, 31
異文化摩擦　134, 136
違法ストライキ　102, 109
李明博（イ・ミョンバク）　43
インテグラル（擦り合わせ）型製品アーキテク
　チャ　12, 13, 179
インドネシア　2-4, 9, 10, 232, 281, 282, 285
エイサー（宏碁電脳）　60-62
SK　24-27, 36
SCM　15
STP 戦略　241

越僑　99
FDI（対外直接投資）　4, 9, 10, 282
FTA（自由貿易協定）　116, 133, 134, 284
FTA 政策　134
MRP II パッケージ　207
OEM　8, 55, 56, 57, 282, 284
OEM ビジネス　12, 13
OEC 管理法　84, 85
ODA　96, 112, 113, 115, 116
ODM　53-58, 60-64, 255
オーナー　26-28
オーナー経営体制　28, 29, 33, 42, 44
オープン・アーキテクチャ　285
オペレーショナルリスク　98

か　行

改革・開放　10, 70, 71, 73, 74, 76, 79, 80, 82,
　88, 93, 152-154, 163, 171, 174, 282, 284
外資系企業（中国の）　9, 12, 13, 51, 71, 74, 76,
　79, 126, 141, 153, 158-161, 167-170, 172, 173
会社法（中国の）→公司法（会社法）
会長秘書室　36, 41
開発独裁　7, 250
外部技術の導入　53
外部経済　264
価格（Price）　230
価格戦略　244
華人　123
華人・華僑　130
華人財閥　10
価値観　11, 15
合作企業　74, 75
GATT 11 条国　34

289

金型　64
株式会社（中国の）　74-76, 79, 93
株式制企業　75, 76, 79, 93
株主価値最大化　56
株主総会　79
為替リスク　101
環境問題　137, 138
関係（グワンシ）　86, 87, 155
関係網　86
雁行形態　5
韓国　6-9, 14, 17, 23-47, 149-152, 232, 256-260, 266-272, 281, 282, 284
監査役会（中国の）　79
官治経済　32, 35
姜哲圭（カン・チョルギュ）　39
カントリーリスク　97
カンボジア　4, 5, 95, 96, 112-114, 132, 287
官民二重構造　252
管理能力　227
起業家精神　51
企業間関係　270
企業間技術移転　58
企業間戦略連携　256
企業情報化　210, 211, 220, 221, 227
企業内技術移転　58
企業内党委員会　77, 78
帰国者　51, 52, 67
帰国人材　14
疑似オープン・アーキテクチャ　12, 166
北朝鮮　4, 5, 287
規模の経済　8, 12
金宇中（キム・ウジュン）　33, 39, 45
金大中（キム・テジュン）　36, 39
金泳三（キム・ヨンサム）　34
キャッチアップ　176
キャッチアップモデル　12
Q・C・D　272
QCDSS　108

共同富裕論　→ともに豊かになる（共同富裕）
クアンタ（広達電脳）　63
組み合わせ型　→モジュラー（組み合わせ）型製品アーキテクチャ
グローバリズム　139, 142
グローバル産業　240
グローバルプラットフォーム　236
経営環境　231
経営メカニズム　73, 76, 84
経営メカニズム転換条例　77-79
経済環境の多様性　238
経済発展　235
経実連　40, 45
携帯電話機　61, 63
経理（中国の）　78, 79
権威主義開発体制　6, 7, 10, 250, 282
現代（ヒョンデ）自動車　24, 25, 29, 42
現地適応化　231
コアコンピタンス　56
公営・官営企業　252
工会　77-80, 155, 171-173
工業企業法　77-80
工業技術研究院　17, 51, 52, 54, 60, 67
広告　242
公司法（会社法）　79
構造転換連鎖　5
郷鎮企業　80-84, 92, 93, 261
合弁企業（中国の）　74, 75, 81
公有制企業　74, 76, 80
胡錦濤　87
国際ロジスティクス　244
国民年金公団　44, 46
国有企業（中国の）　10, 16, 17, 71, 74-78, 81, 82, 158-167, 207, 209, 216, 217, 219, 227, 261, 262
国有組織（中国の）　156
国有独資会社　74-76
国連軍　32

索　引

個体戸　75
コンパル（仁宝電脳）　63
コンビニエンスストア　245

さ　行

サイノット，W.R.　208, 213
財閥（チェボル）　7, 23, 25, 27-30, 33, 38, 40, 44, 46, 251
財閥化　39
財閥改革　36
サムスン（三星）　23, 25, 29, 41
サムスン（三星）自動車　38
サムスン（三星）電子　23, 38, 42
産業集積　264
三資企業　75, 159
三農問題　80
参与連帯　37, 40, 45
CIO（情報管理担当役員）　15, 16, 207-228
CEO（最高経営責任者）　16, 27, 40, 41, 84, 117, 207, 212, 215, 227
GNI（国民総所得）　2-4, 232, 285
CFO（最高財務責任者）　16, 207, 215
COO（最高執行責任者）　16, 79, 207
GDP（国内総生産）　2-4, 10, 17, 23, 89, 95, 96, 124, 233, 238, 242
私営企業　71, 74, 76, 81, 93
自営業者　71, 75, 76, 81, 93
資金不足　274
市場参入　234
市場特性　239
市場分断　154, 164
自然環境　236
自然の天　70
私的経営　261
市民団体　37, 40, 45, 46
社会主義　69-71, 73, 74, 76, 77, 103-105, 108, 109
社会主義市場経済　70, 71, 88, 93, 261, 265

社外取締役　37
従業員代表大会　77, 78
重工業化宣言　258
集団所有制企業　74-76, 81, 82, 85
儒家思想　70, 90
儒教資本主義　5
珠江デルタモデル　83
儒法モデル　73, 89
蒋介石　6
蒋経国　6
消費財　239
承包制　77
所得格差　244
ジョブ・ホッピング　15, 102, 134, 135
所有制形態　71, 73-75
自力更生　71
シリコンバレー　48, 51, 52, 67
シンガポール　2-4, 6-9, 232, 266-272, 281, 282, 284, 285
新興市場　234
新三会　79
人事・労務　14, 147-175
新竹科学工業園区（新竹サイエンスパーク）　51, 53, 59, 67, 255
浸透価格　245
親日派　30
人民元切り上げ　98
人民公社　81
スーパーマーケット　245
スキミング価格　245
頭脳還流　67
スピンアウト　51, 52, 60
スマイルカーブ　60
擦り合わせ距離　197
擦り合わせ型　→インテグラル（擦り合わせ）型製品アーキテクチャ
擦り合わせ要素のカプセル化　181, 183
成果主義的人事管理　149-151, 161, 164, 166,

291

167, 173	WTO　92, 96, 97, 106, 110, 112, 114, 116
生産財　240	WTO加盟　14
生産モデル　12	足るを知る経済　140
政治−法的環境　237	単位（ダンウェイ）　156, 161, 162, 164
製品（Product）　230	崔泰源（チェ・テウォン）　24, 26, 44
製品アーキテクチャ　179	China＋1　283, 285, 286
製品アーキテクチャ論　177	チャネル戦略　245
製品設計ソリューション　192	中関村　17, 84
製品統合知識・システム化知識　183	中国　2, 10, 16-18, 28, 69-93, 122, 123, 129-
製品のコモディティ化　178	135, 152-174, 190-205, 207-228, 232, 238, 243,
政冷経熱　98	246, 247, 260-265, 266-279, 281, 283, 285
世界の工場　285	中国共産党　10, 71, 77, 88, 155, 163-167, 172,
セグメンテーション　230	261
セグメント　230	中小企業　16, 17, 249-280
世襲　37, 40, 42	中小企業間の分業ネットワーク　49, 59
先富論　88	中小企業基本法　258
専門品　240	中小企業司　260
創業　269	中小企業処　253
総経理　79	中小企業促進法　260
速度の経済　8, 12	中小企業発展条例　253
蘇南モデル　83	張瑞敏　85
ソフトウエア・オフショア・アウトソーシング	朝鮮戦争　28, 30-32
282	調和のとれた社会　87-90
ソブリン　26, 27	鄭周永（チョン・ジュヨン）　29, 31, 36
	全斗煥（チョン・ドファン）　34

た　行

ターゲティング　230	鄭夢九（チョン・モング）　24, 36, 43
タイ　9, 10, 122-143, 232, 266-272, 281, 282,	TSMC（台湾積体電路製造）　59, 60
285	デザイン・ハウス　255
大宇（デウ）　33, 39	デファクトスタンダード　57, 58
大企業を摑み，小企業を放つ　17, 262	展示会・見本市　274
大規模企業集団　24, 25	天人合一　70, 90
タイ財閥　123, 126	天命の天　70
第11期3中全会　71	ドイモイ政策　10, 103, 283
第11次5カ年計画　265	党委書記　77-79
ダイヤモンド　286	道家思想　70
台湾　6-9, 48-68, 232, 252-256, 266-272, 281,	東西経済回廊　287
282, 284	董事会　→取締役会（中国の）
	鄧小平　71

動態的有益性 264
独資企業 74, 75
独占禁止法 265
戸口登記条例 80
ともに豊かになる（共同富裕）71, 88
取締役会（中国の）79

な 行

内部労働市場 50
NIES（新興工業経済地域）2, 6-9, 34
ニーズ（消費者の）229
二重構造 250, 252, 256, 275
日系企業 9, 14, 80, 114, 115, 132-134, 137, 167-171, 173, 203, 236
日系ハイブリッド工場 195
日本 186-189, 232, 266-272, 283, 286
日本的経営の海外移転 11
人情（レンチン）87
農村戸籍 82
農民工 82, 92
盧泰愚（ノ・テウ）34
盧武鉉（ノ・ムヒョン）39, 40

は 行

海爾集団（ハイアール）84, 85, 159, 160, 165, 166, 209, 210
ハイテク加工輸出志向 254
ハイテク企業 84
ハイパーマーケット 245
朴正熙（パク・チョンヒ）6, 31-33
パソコン 49
服部民夫 28
海帰 91
半導体 59
BOI（タイの）124
BOP マーケティング 241
BPO（業務外部委託）282
PPP（購買力平価）2

東アジアの奇跡 5, 19
東アジアの範囲 1, 2
非公有制企業 76, 262, 267
非公有制経済 261
ビジネス職能 11, 287
ビジネス・ハブ 9, 284
ビジネスモデル 1, 5, 8, 11, 48, 54, 59, 60, 69, 72-74, 87, 88, 90, 92, 281, 282, 285-287
ビッグ・ディール 38, 39
標準化 231
貧富の格差 284
ファウンドリー（半導体受託製造専業）54, 59, 255, 282
ファブレス企業 59
ファミリービジネス（財閥）10, 127, 128
フィリピン 2-4, 9, 10, 232, 281, 282
不正蓄財者 31, 32
プラザ合意 7, 9, 254
ブランド戦略 242
ブランド品 245
BRICs 94, 234
プロモーション（Promotion）230
文化大革命 71
ベトナム 2, 10, 94-121, 232, 266-272, 281, 283, 286
ベトナム共産党 10, 103, 105
ベトナム戦争 104, 105
変則相続・贈与（韓国の）37
ベンチャー企業 17, 259
ベンチャー・キャピタル 17, 51, 52
法家思想 90
放権譲利 76
ポーター, M.E. 240
北東（東北）アジア 1
母国市場 236
ポジショニング 230
香港 2-4, 6-9, 281, 282, 284, 285
ホンハイ（鴻海）64, 67, 68

293

ま 行

マーケティング　13, 229-248
マーケティングの４Ｐ　230
マーケティング・ミックス戦略　230
マネーゲーム　110, 111
マルチドメスティック産業　240
マレーシア　2-4, 9, 10, 232, 266-272, 281, 282
ミッション　11
ミャンマー　4, 132, 287
民営企業　76, 80, 84, 90, 252, 267
民主化宣言　34, 45
ミンツバーグ，H.　213
明治維新　283
面子（ミエンツ）　86, 87
毛沢東　71
モジュラー化　57, 58, 177
モジュラー（組み合わせ）型製品アーキテクチャ　13, 179
モジュラー型製品の収益悪化サイクル　202
最寄品　240

森川英正　27
モンゴル　4, 5, 287

や・ら・わ 行

安岡重明　27
UMC（聯華電子）　59, 60
有限責任公司（中国の）　74-76, 79, 93
輸出志向工業化　6, 10
輸入代替工業化　6
４Ｓ店　14
ライフサイクル　266
ラオス　4, 5, 95, 96, 114-116, 132, 287
利改税　76
流通チャネル（Place）　230
レヴィット，T.　231
聯想集団（レノボ）　158-160, 209, 210, 214
老三会　77
労働集約型輸出志向　252
労働力の無制限供給　15
和諧社会　87, 89
ワン・ストップ・サービス　100

執筆者紹介（所属，執筆分担，執筆順，＊は編者）

＊中川　涼司（立命館大学国際関係学部教授，序章，第8章，終章）

　柳町　　功（慶應義塾大学総合政策学部教授，第1章）

　中原　裕美子（九州産業大学経営学部講師，第2章）

＊髙久保　豊（日本大学商学部教授，第3章）

　上田　義朗（流通科学大学情報学部教授，第4章）

　木村　有里（杏林大学総合政策学部准教授，第5章）

　中村　良二（労働政策研究・研修機構主任研究員，第6章）

　善本　哲夫（立命館大学経営学部准教授，第7章）

　李　　　東（北京大学光華管理学院教授，第8章）

　齋藤　雅通（立命館大学経営学部教授，第9章）

　駒形　哲哉（慶應義塾大学経済学部准教授，第10章）

〈編著者紹介〉

中川　涼司（なかがわ　りょうじ）
　　1960年　生まれ
　　　　　　大阪市立大学大学院経営学研究科後期博士課程満期退学
　　現　在　立命館大学国際関係学部教授，博士（国際関係学，立命館大学）
　　主　著　『国際経営戦略——日中電子企業のグローバルベース化』ミネルヴァ書房，2000年
　　　　　　『中国のIT産業——経済成長方式転換の中での役割』ミネルヴァ書房，2007年

髙久保　豊（たかくぼ　ゆたか）
　　1964年　生まれ
　　　　　　慶應義塾大学大学院商学研究科後期博士課程単位取得退学
　　現　在　日本大学商学部教授
　　主　著　『東アジア経済研究のフロンティア』（共著）慶應義塾大学出版会，2004年
　　　　　　『日本産業と中国経済の新世紀』（共著）唯学書房，2004年

　　　　　　　　　　　　　現代社会を読む経営学⑫
　　　　　　　　　　　　　東アジアの企業経営
　　　　　　　　　　　　──多様化するビジネスモデル──

　　　　2009年7月20日　初版第1刷発行　　　　　　　　検印廃止
　　　　2010年10月20日　初版第2刷発行

　　　　　　　　　　　　　　　　　　　　　　定価はカバーに
　　　　　　　　　　　　　　　　　　　　　　表示しています

　　　　　　　　　　　　編　著　者　　中　川　涼　司
　　　　　　　　　　　　　　　　　　　髙　久　保　　豊
　　　　　　　　　　　　発　行　者　　杉　田　啓　三
　　　　　　　　　　　　印　刷　者　　藤　森　英　夫

　　　　　　　　　　発行所　株式会社　ミネルヴァ書房
　　　　　　　　　　　　607-8494　京都市山科区日ノ岡堤谷町1
　　　　　　　　　　　　　　　　　電話代表（075）581-5191番
　　　　　　　　　　　　　　　　　振替口座　01020-0-8076番

　　　　　　　　　　ⓒ中川・髙久保ほか，2009　　亜細亜印刷・藤沢製本

　　　　　　　　　　　　ISBN978-4-623-05474-9
　　　　　　　　　　　　　Printed in Japan

現代社会を読む経営学

全15巻
（A5判・上製・各巻平均250頁）

① 「社会と企業」の経営学　　　　　　　　國島弘行・重本直利・山崎敏夫　編著
② グローバリゼーションと経営学　　　　　赤羽新太郎・夏目啓二・日髙克平　編著
③ 人間らしい「働き方」・「働かせ方」　　　黒田兼一・守屋貴司・今村寛治　編著
④ 転換期の株式会社　　　　　　　　　　　細川　孝・桜井　徹　編著
⑤ コーポレート・ガバナンスと経営学　　　海道ノブチカ・風間信隆　編著
⑥ CSRと経営学　　　　　　　　　　　　　小阪隆秀・百田義治　編著
⑦ ワーク・ライフ・バランスと経営学　　　遠藤雄二・平澤克彦・清山　玲　編著
⑧ 日本のものづくりと経営学　　　　　　　鈴木良始・那須野公人　編著
⑨ 世界競争と流通・マーケティング　　　　齋藤雅通・佐久間英俊　編著
⑩ NPOと社会的企業の経営学　　　　　　　馬頭忠治・藤原隆信　編著
⑪ 地域振興と中小企業　　　　　　　　　　吉田敬一・井内尚樹　編著
⑫ 東アジアの企業経営　　　　　　　　　　中川涼司・髙久保　豊　編著
⑬ アメリカの経営・日本の経営　　　　　　伊藤健市・中川誠士・堀　龍二　編著
⑭ サステナビリティと経営学　　　　　　　足立辰雄・所　伸之　編著
⑮ 市場経済の多様化と経営学　　　　　　　溝端佐登史・小西　豊・出見世信之　編著

──────── ミネルヴァ書房 ────────

http://www.minervashobo.co.jp/